Daniel Tibi OSB

Ordensrecht

Einführung in Rechtslage und Rechtsfragen

Daniel Tibi OSB

Ordensrecht

Einführung in Rechtslage und Rechtsfragen

mail@eos-verlag.de
www.eos-verlag.de

ISBN 978-3-8306-8208-0
eISBN 978-3-8306-1142-4

Bibliografische Information der Deutschen Bibliothek
Die Deutsche Bibliothek verzeichnet diese Publikation
in der Deutschen Nationalbibliografie;
detaillierte bibliografische Angaben
sind im Internet unter http://dnb.ddb.de abrufbar.

Inprint Druckerei, Erlangen
Printed in Germany

Inhaltsverzeichnis

Vorwort

Papst Franziskus ist gesetzgeberisch sehr aktiv. Seit Inkrafttreten des geltenden CIC wurde dessen Wortlaut dreizehnmal geändert, davon entfallen elf Änderungen auf die Amtszeit von Papst Franziskus. Fünf dieser Änderungen betreffen das Recht der Institute des geweihten Lebens und der Gesellschaften des apostolischen Lebens. Hinzu kommen Rechtsänderungen, die keine Veränderung am Wortlaut des CIC nach sich gezogen haben. Als eine Tendenz der rechtlichen Änderungen lässt sich Dezentralisierung und Stärkung der Subsidiarität ausmachen. Institute des geweihten Lebens und Gesellschaften des apostolischen Lebens haben mehr Kompetenzen erhalten, ihre eigenen Angelegenheiten selbst zu regeln. Mehr Kompetenz bedeutet aber auch mehr Verantwortung und erfordert eine genaue Kenntnis des geltenden Rechts.

Das vorliegende Buch bietet eine aktuelle Gesamtdarstellung des Rechts der Institute des geweihten Lebens und der Gesellschaften des apostolischen Lebens nach dem CIC. In einem Anhang wird der kirchliche Rechtsschutz in Verwaltungsangelegenheiten skizziert. Dieses Buch richtet sich an Obere, Leiter und Mitglieder der Institute und Gesellschaften wie auch an Mitarbeiter der kirchlichen Verwaltung, um ihnen eine Einführung in die Rechtsmaterie zu bieten. In der Ausbildung kann es im Noviziatsunterricht verwendet werden. Im wissenschaftlichen Bereich bietet es Studenten eine erste Übersicht.

Der Aufbau dieses Buches orientiert sich am Aufbau des dritten Teils des zweiten Buches des CIC über die Institute des geweihten Lebens und die Gesellschaften des apostolischen Lebens. So bleibt die Übersicht gewahrt und ein paralleles Lesen dieses Buches mit den Normen des CIC wird erleichtert. Einzelnen Abschnitten dieses Buches sind Quellenhinweise und weiterführende Literaturhinweise vorangestellt, die als Einstieg in die tiefere Auseinandersetzung mit einem Themenbereich dienen können.

Wien, 15. August 2023
Daniel Tibi

I. Einleitung: Geschichtlicher Hintergrund

Literatur: Karl Suso FRANK: *Geschichte des christlichen Mönchtums*, Darmstadt: WBG, ^{6}2010.

Ordensleben lässt sich nicht in rein rechtlichen Dimensionen erfassen. Am Anfang des Ordenslebens steht das Charisma. Die charismatischen Anfänge werden im Laufe der Zeit institutionalisiert und in einen rechtlichen Rahmen gefasst. Im Laufe der Geschichte hat sich in der lateinisch-katholischen Kirche eine reiche Vielfalt verschiedener Formen des Ordenslebens entwickelt. Dieses einleitende Kapitel gibt einen geschichtlichen Überblick, der einen wichtigen Hintergrund liefert für das Verständnis der geltenden Normen.

1. Monastische Orden

Literatur: Immo EBERL: *Die Zisterzienser. Geschichte eines europäischen Ordens*, Stuttgart: Thorbecke, 2002; David KNOWLES: *Geschichte des christlichen Mönchtums. Benediktiner, Zisterzienser, Kartäuser*, München: Kindler, 1969; Robin Bruce LOCKHART: *Botschaft des Schweigens. Das verborgene Leben der Kartäuser*, Würzburg: Echter, ^{2}1992; Philibert SCHMITZ: *Geschichte des Benediktinerordens. 4 Bde.* Zürich: Benziger, 1947.

Die Anfänge monastischen Lebens gehen bis in biblische Zeit zurück. Die Evangelien sehen asketische Lebensweise als eine Notwendigkeit für das Leben als Wanderprediger an, das Jesus und seine Jünger führten. Sie zogen umher und verkündeten die Botschaft vom Reich Gottes. Eine solche Lebensweise ist von ihrem Wesen her asketisch (vgl. Mt 10,9f par). Auch die Wanderprediger der ersten Jahrhunderte übernahmen diese asketische Lebensweise, die als ein Kriterium für die Ernsthaftigkeit ihrer Verkündigung und für die Glaubwürdigkeit ihrer Botschaft galt. Später übernahmen auch Christen, die nicht predigend umherzogen, eine asketische Lebensweise, um sich intensiver der Gottsuche zu widmen. Eine solche religiös oder weltanschaulich motivierte Askese ist nichts genuin Christliches, vielmehr war dieses Motiv in der Antike sowohl aus dem Judentum, etwa durch die Essener oder die Therapeuten, als auch in der philosophischen Tradition, etwa durch die Kyniker, Pythagoreer oder Stoiker, bekannt. Die ersten christlichen Asketen blieben zunächst noch in der Gemeinde und im Haus ihrer Familie, später zog es sie aus dem gemeindlichen und bürgerlichen Kontext hinaus in die größere Einsamkeit der Wüste, um sich als Einsiedler vollständig der Gottsuche widmen zu können. Dem liegt ein anderes Verständnis von Christusnachfolge zugrunde. Askese bedeutete nun nicht mehr, wie Jesus und seine Jünger als Wanderprediger umherzuziehen, sondern die bürgerliche Welt zu verlassen und sich wie Jesus in der Wüste dem geistlichen Kampf zu stellen. Die Wüste galt als Wohnort der Dämonen. In der Einsamkeit der Wüste stellten sich die Mönche den eigenen negativen Gedanken, die als Dämonen personifiziert wurden und die es im geistlichen Kampf zu besiegen galt. Die Wüsteneremiten lebten entweder allein oder mit wenigen Personen in einer Meister-Schüler-Gemeinschaft in einer Einsiedelei. Es gab lockere Zusammenschlüsse in einer Eremitensiedlung, in der sich die Einsiedler gegenseitig Hilfe leisteten und gemeinsam die

Messfeier besuchten. Die konkrete Lebensgestaltung eines Wüsteneremiten lag in seiner persönlichen Verantwortung. Dadurch hatte der Einzelne große Freiheit in der Gestaltung seines monastischen Lebens, aber auch die große Verantwortung, die monastische Observanz aufrechtzuerhalten. Wer Wüsteneremit werden wollte, suchte sich einen erfahrenen Mönch und schloss sich ihm als Schüler an. Es gab noch keine schriftlichen Mönchsregeln. Oberste Lebensregel war das Wort Gottes. Ein Meister unterwies seinen Schüler durch sein Beispiel und durch sein Wort. Solche Aussprüche der Wüstenväter wurden zunächst mündlich tradiert und spätestens Ende des 5. Jahrhunderts in den *Apophthegmata Patrum*[1] verschriftlicht. Der erste Schriftsteller unter den Wüstenvätern war Evagrius Ponticus († 345), der als „Vater der geistlichen Literatur" bezeichnet werden kann. Er schöpfte in seinen Schriften nicht nur aus der Bibel und der monastischen Tradition der Wüstenväter, sondern auch aus der stoischen Philosophie. Sein Schüler Johannes Cassian († 435) hat mit seinen Schriften *De institutis coenobiorum*[2] und *Collationes patrum*[3] die Lehre der ägyptischen Mönche der lateinischen Kirche zugänglich gemacht. Unter dem Namen des Mönchsvaters Antonius' des Großen († 356) ist zwar eine Regel überliefert,[4] doch

1 Deutsche Ausgabe: Erich SCHWEIZER (Hrsg.): *Apophthegmata Patrum. Das Alphabetikon. Die alphabetischanonyme Reihe* (Weisungen der Väter 14), Beuron: Beuroner Kunstverlag, 2012.

2 Deutsche Ausgabe: JOHANNES CASSIAN: *Von den Einrichtungen der Klöster. De institutis coenobiorum*, hrsg. v. Antonius ABT (Bibliothek der Kirchenväter I/59), Kempten: Kösel, 1879.

3 Deutsche Ausgabe: JOHANNES CASSIAN: *Unterredungen mit den Vätern. Collationes patrum. 3 Bde.* Hrsg. v. Gabriele ZIEGLER, Münsterschwarzach: Vier Türme, 2011.

4 Deutsche Ausgabe: Daniel TIBI (Hrsg.): *Kleine ägyptische Mönchsregeln: Regel des Antonius, Regel des Isaias*, St. Ottilien: EOS, 2011.

handelt es sich dabei um eine nachträgliche Zusammenstellung der mündlichen Lehre des Antonius durch seine Schüler.

Als Begründer des zönobitischen Mönchstums gilt Pachomius († 346). Er war zunächst selbst Wüsteneremit. Um 325 gründete er in Tabennisi (Ägypten) ein Kloster mit zönobitischer Lebensform und verfasste für seine Mönche eine Regel,[5] die jedoch kein einheitlicher systematisch entworfener Text ist, sondern vermutlich durch kontinuierliche Fortschreibung aus der praktischen Erfahrung des Klosterlebens entstanden ist. In der Tradition der Wüstenväter war das Wort Gottes für Pachomius oberste Lebensregel. Die schriftliche Regel bestimmte Details der praktischen Organisation im Kloster. Noch zu Lebzeiten des Pachomius nahmen neun Klöster seine Regel an. Sie bildeten zusammen einen Klosterverband, an dessen Spitze ein Oberer über alle Klöster stand, der die einzelnen Klöster visitierte und die Ämter in den Klöstern besetzte. So hat Pachomius mit seiner Regel das zönobitische Leben rechtlich verfasst und erstmals einen zentralistisch organisierten Klosterverband mit hierarchischer Leitungsstruktur geschaffen. Weitere bedeutende Regeln für zönobitische Mönche sind die Mönchsregeln Basilius' von Caesarea († 379)[6], die Magisterregel[7] sowie die Benediktsregel[8]. Die beiden Mönchsregeln Basilius' von Caesarea, die *Regulae fusius tractatae* und die *Regulae brevius tractatae*, behandeln in Form von Frage

5 Deutsche Ausgabe: PACHOMIUS: *Klosterregeln*, hrsg. v. Heinrich BACHT, St. Ottilien: EOS, ^{2}2010.

6 Deutsche Ausgabe: BASILIUS VON CAESAREA: *Mönchsregeln*, hrsg. v. Karl Suso FRANK, St. Ottilien: EOS, ^{2}2010.

7 Deutsche Ausgabe: Karl Suso FRANK (Hrsg.): *Die Magisterregel*, St. Ottilien: EOS, 1989.

8 Deutsche Ausgabe: SALZBURGER ÄBTEKONFERENZ (Hrsg.): *Die Benediktusregel. Regula Benedicti*, St. Ottilien: EOS, ^{4}2006.

und Antwort vorwiegend geistliche Themen, die das monastische Leben betreffen. Sie verstehen sich als Auslegung des Wortes Gottes für das Leben im Kloster. Anders als die Pachomiusregel behandeln sie die praktische Organisation des Klosters nur am Rande. Die Mönchsregeln des Basilius sind für das ostkirchliche Mönchtum von zentraler Bedeutung. Die Magisterregel ist die umfangreichste erhaltene lateinische Mönchsregel. Ihr Verfasser ist unbekannt. Sie behandelt sowohl geistliche Themen wie auch die praktische Organisation des Klosters. Aufgebaut ist die Magisterregel in dialogischer Form von Frage und Antwort, durch die ein Unterweisungsgespräch zwischen einem Schüler und einem Meister fingiert wird, in der Weise, dass auf eine *interrogatio discipuli* eine Antwort, eingeleitet mit den Worten *respondet Dominus per magistrum*, folgt. Daher hat die Regel ihren Namen. Die deutlich kürzere Benediktsregel, die Benedikt von Nursia († 547) zugeschrieben wird, stimmt mit der Magisterregel über weite Teile wörtlich überein, sodass eine Abhängigkeit der einen Regel von der anderen offensichtlich ist. Während zunächst die kürzere Benediktsregel als die ältere und die längere Magisterregel als von ihr abhängig angesehen wurde, wird heutzutage angenommen, dass die Magisterregel der ältere Text ist und die Benediktsregel von ihr abhängt. Karl der Große († 814) kam während eines Italienfeldzugs im Jahr 774 in das Kloster Montecassino, dessen Mönche nach der Benediktsregel lebten. Bei dieser Gelegenheit erbat er sich eine Abschrift der Benediktsregel, die sich so im Frankenreich verbreitete. Auf der Synode von Aachen (816) wurde die Benediktsregel als allgemeinverbindliche monastische

Regel für das Frankenreich bestimmt.[9] Ludwig der Fromme († 840) beauftragte Benedikt von Aniane († 821) mit der Umsetzung dieses Beschlusses. Damit wurde die Benediktsregel, die ursprünglich als Klosterregel für einzelne Klöster verfasst worden war, zur einheitlichen Regel aller Klöster im Frankenreich. Obwohl noch kein Orden im rechtlichen Sinne entstanden ist, liegen hier die Wurzeln der Benediktsregel als Ordensregel. Durchgesetzt wurde diese Einheitlichkeit in der klösterlichen Lebensweise mit der Autorität des Kaisers. Sie war den Klöstern von außen auferlegt worden. Daher wurde das Band der Einheit schwächer als der äußere Druck durch den weltlichen Herrscher schwand. Es gab aber auch vonseiten der Klöster Bestrebungen zur Zusammenarbeit untereinander. Ein autonomes Einzelkloster war zwar in der Regelung seiner Angelegenheiten an keine übergeordnete klösterliche Instanz gebunden, war aber dadurch in der Gefahr, nur um sich selbst zu kreisen, ein Nachlassen der Observanz nicht bemerken und korrigieren zu wollen oder zu können und in zu große Abhängigkeit von weltlichen Herrschern oder vom Bischof zu geraten. Daher gab es seit dem 7. Jahrhundert lockere Zusammenschlüsse untereinander, zunächst in Form von Gebetsgemeinschaften. Daneben sicherten sich Klöster untereinander Gastfreundschaft zu, indem sie Mönche anderer Klöster nicht einfach nur als Gäste aufnahmen, sondern sie wie eigene Mitbrüder behandelten. Es gab auch klösterliche Schlichtungsinstanzen, die bei internen Streitigkeiten oder Streitigkeiten von Klöstern untereinander angerufen wurden, und deren Schlichterspruch wie die Entscheidung einer übergeordneten Instanz akzeptiert wurde.

9 Vgl. dazu Josef SEMMLER: „Die Beschlüsse des Aachener Konzils im Jahre 816“, in: *Zeitschrift für Kirchengeschichte* 74 (1963), S. 15–82, hier S. 20–58.

Eine andere Weise der einheitlichen Observanz und Zusammengehörigkeit von Klöstern bildete das Eigenkirchenwesen. Stiftete ein Stiftsherr mehrere Klöster, blieben all diese Klöster unter seinem Patronat, und er hatte Einfluss auf seine Klöster wie auch auf die von diesen neu gegründeten Klöster. Auch Klöster selbst konnten sich andere Klöster zu eigen erwerben, entweder indem ein Kloster ein anderes Kloster stiftete oder indem ein Stifter sein Kloster oder ein Kloster sich selbst der Oberhoheit eines anderen Klosters unterstellte. Dies konnte geschehen, um die monastische Observanz in einem Kloster zu reformieren, konnte aber ebenso wirtschaftliche und politische Gründe haben, wenn ein kleines Kloster sich einem starken und einflussreichen Kloster anschloss. Die Rechte und Pflichten der Klöster untereinander wurden jeweils im Einzelfall festgelegt. Üblicherweise nahmen die untergeordneten Klöster die Observanz des Hauptklosters an und wurden von dessen Abt visitiert. Die Oberen der untergeordneten Klöster wurden entweder vom Abt des Hauptklosters eingesetzt oder bedurften, wenn sie vom eigenen Konvent gewählt wurden, der Bestätigung durch den Abt des Hauptklosters. In diesem Kontext ist der Klosterverband von Cluny entstanden. Als Herzog Wilhelm I. von Aquitanien († 918) im Jahr 910 die Abtei Cluny stiftete, verzichtete er auf sein Recht als Eigenkirchenherr über seine Stiftung und unterstellte Cluny direkt dem Papst, sodass keine andere Instanz, weder weltliche Herrscher noch Bischöfe, befugt waren, sich in interne Angelegenheiten des Klosters einzumischen. Dadurch wollte er seiner Gründung Unabhängigkeit und größtmögliches Freisein für den Gottesdienst sichern. Cluny selbst indes machte sich das Eigenkirchensystem zur Ausbreitung und Festigung seines Verbands zunutze. Von Cluny wurden weitere Klöster gegründet, die der Oberhoheit des Abtes von Cluny unterstellt blieben. Daneben schlossen sich Klöster dem Verband von Cluny an oder wurden von ihrem Eigenkirchenherrn Cluny unterstellt. Die rechtliche Stellung im Verband und der Grad der Abhängigkeit von Cluny konnte von Kloster zu Kloster unterschiedlich sein, doch übernahmen alle Klöster im Verband die Observanz von Cluny und unterstellten sich der Oberhoheit des Abtes von Cluny. So etablierte sich mit dem *ordo Cluniacensis*, was der benediktinischen Tradition bis dahin fremd war: ein Klosterverband mit dem Abt von Cluny an der Spitze als einer dem lokalen Oberen übergeordneten Autorität.

Die Reformbewegung der Zisterzienser ging nicht nur in der monastischen Observanz andere Wege als Cluny, sondern auch in der Organisationsstruktur. Gemeinsam war beiden, dass die jeweiligen Klöster zu einem Verband zusammengeschlossen waren, dem der Abt des jeweiligen Mutterklosters als höchster Oberer vorstand. Die Zisterzienser nutzten im Gegensatz zum Verband von Cluny das Filiationsprinzip, das einerseits eine hierarchische Verbandsstruktur ermöglichte, andererseits aber das Subsidiaritätsprinzip stärkte. Alle zisterziensischen Klöster befolgten eine einheitliche Observanz. Über diesen gemeinsamen Rahmen hinaus waren die einzelnen Klöster in der Regelung ihrer Angelegenheiten autonom. Dem Abt eines Einzelklosters war nicht direkt der Abt des zisterziensichen Mutterklosters Cîteaux übergeordnet, sondern der Abt des jeweiligen Gründungsklosters. Außerdem war die Macht des Abtes von Cîteaux durch das Generalkapitel beschränkt, zu dem sich jedes Jahr alle zisterzienischen Äbte in Cîteaux einfanden und auf dem der Abt von Cîteaux lediglich *primus inter pares* war. Die von Armand Jean Le Bouthillier de Rancé († 1700) ins Leben gerufene

Reformbewegung der Zisterzienser von der strengeren Observanz (Trappisten) lehnte sich in ihrer Organisationsstruktur eng an die Zisterzienser an. Auch die benediktinischen Zweigorden (Vallumbrosaner, Kamaldulenser, Silvestriner, Coelestiner und Olivetaner) bildeten von Anfang an Verbände mit je eigener Organisationsstruktur. Der Weg der „schwarzen Benediktiner“[10] zur Einheit dagegen war noch weit. Ohne dass es rechtlich zur Bildung von festen Verbänden gekommen wäre, gab es zwar mitunter Zusammenkünfte von Äbten der „schwarzen Benediktiner“ eines Gebietes, jedoch mit recht unterschiedlicher Häufigkeit und Regelmäßigkeit. Seit dem 13. Jahrhundert waren die Päpste bemüht, benediktinische Klöster zu Zusammenschlüssen untereinander zu bewegen. Papst Innozenz III. wollte die „schwarzen Benediktiner“ nach dem Vorbild der Zisterzienser zu regelmäßigen Versammlungen bewegen. Daher wurde auf dem Vierten Laterankonzil (1215) verordnet, dass sich alle Oberen der Klöster, die nicht innerhalb eines Verbandes zur Teilnahme an einem Generalkapitel verpflichtet waren, alle drei Jahre zu regionalen Äbtekapiteln versammeln müssen. Erst auf dem Konzil von Trient (1545–1563) wurde die Bildung von Kongregationen der „schwarzen Benediktiner“ rechtlich vorgeschrieben. Einen einheitlichen Benediktinierorden gibt es bis heute nicht. Die verschiedenen Kongregationen der „schwarzen Benediktiner“ wurden von Papst Leo XIII. mit dem Dekret *Inaestimabilis* vom 16. September 1893 zur Benediktinischen Konföderation mit einem Abtprimas als obersten Repräsentanten zusammengeschlossen.

10 So genannt nach der schwarzen Farbe ihres monastischen Gewands in Abgrenzung zu den Reform- und Zweigorden, die in der Regel ein weißes Gewand trugen.

Für das Mönchtum der lateinischen Kirche ist die Benediktsregel von zentraler Bedeutung, da sich die Benediktiner sowie die benediktinischen Reform- und Zweigorden auf die Benediktsregel als Ordensregel berufen. Neben dem zönobitischen Mönchtum benediktinischer Prägung gab es in der lateinischen Kirche auch eremitisch lebende Mönche, die sich zu Eremitengemeinschaften zusammengeschlossen haben. Im 10. Jahrhundert erlebte das eremitische Mönchtum von Italien ausgehend eine neue Blüte, aus der unter anderem der benediktinische Zweigorden der Kamaldulenser hervorging, der sowohl zönobitische wie auch eremitische Klöster kennt. Im 11. Jahrhundert entstand in Frankreich der Eremitenorden der Kartäuser. Bruno von Köln († 1101), der Begründer des Kartäuserordens, wollte eigentlich gar keinen neuen Orden ins Leben rufen als er sich 1084 mit sechs Gefährten in der Gebirgsregion Chartreuse in den französischen Alpen nördlich von Grenoble in eine Einsiedelei zurückzog. Doch wurde die Einsiedelei zum Ursprung der Großen Kartause, des Mutterklosters des Kartäuserordens. Da Bruno keinen neuen Orden gründen wollte, hat er auch keine Ordensregel geschrieben. Zum Gesetzgeber des Kartäuserordens wurde Guigo von Kastel († 1137), der fünfte Prior der Großen Kartause, der 1127 die *Consuetudines Cartusiae*, das Gebräuchebuch der Kartäuser, verfasste, die 1133 von Papst Innozenz II. approbiert wurden. Bereits etwa 60 Jahre nach Gründung der Großen Kartause zeigte der erste Frauenkonvent Interesse an der Lebensweise der Mönche von Chartreuse. Um das Jahr 1145 wandten sich die Nonnen des Klosters St. André de Ramières im südfranzösischen Prébayon an Johannes von Spanien († 1160), den Prior der nahegelegenen Kartause Montrieux, da sie von der zönobitischen Lebensweise zur eremitischen Lebensweise der Kartäuser wechseln wollten. Prior Johannes passte die *Consuetudines Cartusiae* für ein eremitisches Leben in einem Schwesternkonvent an. Im Jahr 1228 übernahmen die Nonnen von Prébayon die für sie überarbeiteten *Consuetudines* und riefen damit die erste weibliche Kartause ins Leben.

2. Regularkanoniker

Literatur: Ulrich G. Leinsle: *Die Prämonstratenser* (Urban Kohlhammer Taschenbücher: Geschichte der christlichen Orden), Stuttgart: Kohlhammer, 2020; Andreas Redtenbacher: *Zukunft aus dem Erbe. Charisma und Spiritualität der Augustiner-Chorherren*, Wien: Tyrolia, 2007.

Neben dem *ordo monasticus*, dem monastischen Ordenswesen in seinen verschiedenen Ausprägungen, etablierte sich bereits in der frühen Kirche der *ordo canonicus*, die Lebensform der Regularkanoniker, indem sich Kleriker an Kathedralkirchen zum Gemeinschaftsleben zusammenfanden. Anders als Mönche legten sie keine Gelübde ab und verzichteten damit nicht auf persönliches Eigentum. Als Bischof von Hippo führte Augustinus († 430) mit Klerikern seines Bistums ein Gemeinschaftsleben, sodass er als Begründer des *ordo canonicus* angesehen wird. Es gab verschiedene lokale Regeln für Regularkanoniker. Die bekannteste war wohl die *Regula canonicorum* des Chrodegang von Metz († 766), die er als Bischof von Metz für die Kleriker seines Domkapitels verfasst hat. Auf der Synode von Aachen (816) wurde nicht nur die monastische Observanz im Frankenreich vereinheitlicht. Mit der Aachener *Institutio canonicorum* wurde auch eine einheitliche Regel für Regularkanoniker geschaffen.

In den kirchlichen Reformbewegungen des 11. und 12. Jahrhunderts gewann die Lebensweise als Regularkanoniker für Kleriker an Bedeutung, die ein asketisches Leben in Gütergemeinschaft nach dem Vorbild der Jerusalemer Urgemeinde führen wollten. Im Rückgriff auf Augustinus von Hippo und seine eigentlich für Mönche verfasste Regel entstanden Augustiner-Chorherren-Stifte, deren Mitglieder Gelübde ablegen und damit zugunsten der Gemeinschaft auf Privateigentum verzichten. Die selbstständigen Niederlassungen der Augustiner-Chorherren sind in Kongregationen zusammengeschlossen. Mit dem Apostolischen Schreiben *Caritatis Unitas* vom 4. Mai 1959 gründete Papst Johannes XXIII. die Konföderation der Augustiner-Chorherren mit einem Abtprimas als oberstem Repräsentanten.

Zu den Regularkanonikern zählt auch der im Jahr 1126 durch Norbert von Xanten († 1132) gegründete Prämonstratenserorden, nach seinem Gründer auch Norbertinerorden genannt. Norbert war zunächst Stiftskanoniker in Xanten. Ab 1120 lebte er einige Zeit als Einsiedler in der Nähe von Xanten und zog später als Wanderprediger umher. In seinen Predigten kritisierte er die Amtsführung der Kleriker seiner Zeit, was ihn einerseits beim Volk beliebt machte, ihm andererseits aber den Verdacht der Häresie einbrachte. Um seine Rechtgläubigkeit und Verbundenheit mit der kirchlichen Hierarchie unter Beweis zu stellen, gründete er im nordfranzösischen Prémontré ein Kloster, das zum Ursprung und Namensgeber des Prämonstratenserordens wurde. Als Regel nahm die neugegründete Gemeinschaft die Augustinerregel an. Als Norbert im Jahr 1126 Erzbischof von Magdeburg wurde, schloss er das dortige Augustiner-Chorherren-Stift dem Prämonstratenserorden an und leitete damit die Ausbreitung seiner Gründung ein. Der Prämonstratenserorden besteht aus selbstständigen Einzelklöstern, die einen hierarchisch strukturierten Verband mit einem Generalabt an der Spitze bilden.

3. Ritter- und Hospitalorden

Literatur: Alain DEMURGER: *Die Ritter des Herrn. Geschichte der geistlichen Ritterorden*, München: Beck, 2003; Jürgen SARNOWSKY: *Die geistlichen Ritterorden. Anfänge – Strukturen – Wirkungen* (Urban Kohlhammer Taschenbücher: Geschichte der christlichen Orden), Stuttgart: Kohlhammer, 2018; Jürgen SARNOWSKY: *Der Deutsche Orden* (Beck'sche Reihe 2428), München: Beck, 2007; Florian SCHWETZ: *Der souveräne Malteser-Ritter-Orden. Eine kirchen- und staatsrechtliche Betrachtung*, Wien: Sramek, 2019

War in der Kirchengeschichte bisher Ordensleben Selbstzweck, wurden mit den Ritter- und Hospitalorden ab dem 11. Jahrhundert erstmals Orden gegründet, die aus einem bestimmten Anlass und zu einem bestimmten Zweck entstanden. Anlass der Gründung der Ritter- und Hospitalorden in jener Zeit waren die Kreuzzüge, Zweck war insbesondere der Schutz und die Betreuung von Heilig-Land-Pilgern, bei den Ritterorden aber auch der bewaffnete Kampf gegen äußere Feinde des Christentums. Ritterorden gibt es bis heute. Ihre Aufgaben umfassen heute caritative Tätigkeiten wie Unfallhilfe und Krankenfürsorge sowie pastorale Tätigkeiten.

Hugo von Payens († 1136), ein französischer Adeliger, nahm am Ersten Kreuzzug teil und machte dabei die Erfahrung, dass zum einen ein besserer Schutz von Pilgern und zum anderen eine geistlichere Ausrichtung der Ritter erforderlich war. Zusammen mit acht Gleichgesinnten aus dem Ritterstand legte er die Ordensgelübde ab und gründete im Jahr 1119 die Arme Ritterschaft Christi vom salomonischen Tempel zu Jerusalem, besser bekannt als Templerorden. Die Mitglieder, die aus dem Adel stammten, verbanden die militärischen Aufgaben eines Ritters mit der Lebensweise als Ordensangehöriger. Eine theologische Begründung dieses neuen Stands einer geistlichen Ritterschaft legte Bernhard von Clairvaux in seiner Schrift *Liber ad milites templi de laude novae militiae* vor.[11] Heute besteht der Templerorden nicht mehr. Er wurde 1312 durch Papst Clemens V. aufgelöst.

Den engen Zusammenhang von Ritter- und Hospitalorden zeigt der Orden vom Hospital des Heiligen Johannes zu Jerusalem (Johanniterorden), dessen Wurzeln bis zur Gründung eines Pilgerhospitals in Jerusalem durch Gerhard Sasso († 1120) im Jahr 1048 zurückreichen. Im Laufe der Zeit kam zum Dienst an kranken Pilgern, der von nichtadeligen Ordensangehörigen geleistet wurde, der militärische Schutz der Pilger hinzu, dem sich adelige Ritter widmeten. So wurde der Orden im 13. Jahrhundert zum Ritterorden. Bedingt durch den Untergang der Kreuzfahrerstaaten im Heiligen Land wurde der Sitz des Ordens Anfang des 14. Jahrhunderts zunächst nach Rhodos verlegt und zu Beginn des 16. Jahrhunderts nach Malta, wo der Orden die Bezeichnung Souveräner Ritter- und Hospitalorden vom Heiligen Johannes von Jerusalem von Rhodos und von Malta (Malteserorden) erhielt. Etwa zeitgleich, im Jahr 1536, schloss sich die Ballei (Ordensprovinz) Brandenburg der Reformation an, was zur

11 Vgl. Josef Fleckenstein: „Die Rechtfertigung der geistlichen Ritterorden nach der Schrift ‚De laude novae militiae' Bernhards von Clairvaux", in: *Die geistlichen Ritterorden Europas*, hrsg. v. Josef Fleckenstein/Manfred Hellmann (Vorträge und Forschungen des Konstanzer Arbeitskreises für Mittelalterliche Geschichte 26), Sigmaringen: Thorbecke, 1980, S. 9–22.

Spaltung des Ordens in den protestantischen Johanniterorden und den katholischen Malteserorden führte. Der Malteserorden kennt heute drei Stände von Mitgliedern: Den ersten Stand bilden die Justiz- oder Professritter, die Gelübde ablegen und damit Religiosen im kirchenrechtlichen Sinne sind. Den zweiten Stand bilden Ritter und Damen, die keine Gelübde ablegen, sich aber durch ein Versprechen an den Orden binden. Den dritten Stand bilden Ritter und Damen, die weder Gelübde noch Versprechen ablegen. Angehörige des zweiten und dritten Standes sind daher keine Religiosen im kirchenrechtlichen Sinne.

Der dritte große Ritterorden ist der Orden der Brüder vom Deutschen Hospital Sankt Mariens in Jerusalem (Deutscher Orden), der seinen Ursprung in einem Feldlazarett im Heiligen Land während des Dritten Kreuzzugs Ende des 12. Jahrhunderts hat. Was als Feldlazarett begonnen hatte, wurde im Laufe der Zeit zu einer festen Einrichtung unter dem Namen „Hospital Sankt Mariens der Deutschen zu Jerusalem". Der Hospitalorden wurde 1199 zum Ritterorden. Die Krankenfürsorge behielt allerdings stets einen großen Stellenwert im Orden. Heute sind die Angehörigen des Deutschen Ordens kirchenrechtlich Regularkanoniker (→ S. 23). Der Orden gliedert sich in den männlichen Zweig oder ersten Orden, dem Priester mit feierlichen Gelübden und Brüder mit einfachen Gelübden angehören, die hauptsächlich in der Pfarrseelsorge tätig sind. Den weiblichen Zweig oder zweiten Orden bilden Schwestern mit einfachen Gelübden, die hauptsächlich in der Krankenfürsorge tätig sind. Den dritten Orden, kirchenrechtlich einen Verein von Gläubigen i. S. d. c. 303 CIC, bilden Familiaren, die keine Gelübde, sondern ein Versprechen ablegen.

In den Kontext der Kreuzzüge fällt auch die Gründung des Ordens der allerheiligsten Dreifaltigkeit und des Loskaufs der Gefangenen (Trinitarierorden) Ende des 12. Jahrhunderts. Der Orden hatte seine Wurzeln in einer monastischen Gründung in Frankreich, die sich nicht den militärischen, sondern den geistlichen Kampf gegen die äußeren Feinde des Christentums zum Ziel setzte. Dem gesellte sich ein konkreter Zweck hinzu: der Loskauf gefangener Christen. Zu Beginn des 13. Jahrhunderts entstand im nordspanischen Aragonien der Mercedarierorden mit demselben Zweck. Den Trinitarierorden wie auch den Mercedarierorden gibt es bei heute. Ihre Aufgaben erstrecken sich nunmehr auf den pastoralen, caritativen und erzieherischen Bereich.

Ritter- und Hospitalorden standen historisch in engem Zusammenhang, doch entstanden Hospitalorden auch außerhalb des Kontextes der Kreuzzüge. Ein bekanntes Beispiel ist der Hospitalorden des heiligen Johannes von Gott (Barmherzige Brüder), der auf die Gründung eines Krankenhauses im südspanischen Granada im Jahr 1547 zurückgeht. Heute ist der Orden weltweit vertreten und widmet sich neben der Kranken- und Altenfürsorge auch der Obdachlosenfürsorge.

4. Bettelorden

Literatur: Gisela Fleckenstein: *Die Franziskaner* (Urban Kohlhammer Taschenbücher: Geschichte der christlichen Orden), Stuttgart: Kohlhammer, 2023; William A. Hinnebusch: *Kleine Geschichte des Dominikanerordens* (Dominikanische Quellen und Zeugnisse 4), Leipzig: Benno, 2007.

In Zuge der kirchlichen Reformbewegungen des 11. und 12. Jahrhunderts entwickelten sich neue Formen des Ordenslebens. Die kirchliche Autorität versuchte das Charisma hinter dieser Bewegung in rechtliche Schranken zu weisen und verbot auf dem Vierten Laterankonzil (1215) in Canon 13 die Einführung neuer Ordensregeln. Wer einen neuen Orden gründen wollte, brauchte dazu die Genehmigung des Apostolischen Stuhls und musste eine der bereits anerkannten Ordensregeln übernehmen. Damit beschränkte sich die Wahlmöglichkeit auf die Benediktsregel für monastische Orden und auf die Augustinerregel für Regularkanoniker. Doch waren die Grenzen, die das Recht dem Charisma zu setzen versuchte, nicht allzu eng. Beide Regeln waren spätestens seit der Synode von Aachen (816) nicht mehr in ihrer Reinform in Gebrauch. An ihre Seite traten *consuetudines*, Gebräuchebücher, die die Regeln für eine bestimmte Gemeinschaft auslegten und ergänzten. So erwiesen sich beide Regeln als flexibel genug, sich an geänderte Rahmenbedingungen anpassen zu lassen.

Dass das Charisma sich nicht vom Recht beschränken lässt, spiegelt sich darin wider, dass es nach dem Vierten Laterankonzil zu verschiedenen Neugründungen kam, die auch in der Struktur des Ordenslebens neue Wege einschlugen. Bereits kurz nach dem Vierten Laterankonzil erlangte der älteste Bettelorden der katholischen Kirche seine offizielle Anerkennung: der Dominikanerorden, offiziell *Ordo Praedicatorum* (Predigerorden) genannt. Gründer ist Dominikus († 1221), der nach dem Theologiestudium Regularkanoniker des Chorherrenstifts im nordspanischen Osma wurde. Auf einer Missionsreise nach Südfrankreich im Jahr 2006 kam Dominikus mit den Katharern in Berührung, einer antiklerikal und antikirchlich eingestellten Armutsbewegung, deren Mitglieder predigend umherzogen und den Reichtum sowie die mangelnde Seelsorge der Kirche kritisierten. Den einfachen Lebensstil, den sie predigten, lebten sie selbst vor. Dadurch waren sie beim Volk beliebt. Dominikus erkannte die seelsorgerischen Erfordernisse seiner Zeit. Wollte die Kirche den Katharern etwas entgegenhalten, mussten die kirchlichen Prediger authentisch sein. Dominikus sammelte Wanderprediger um sich, die ähnlich wie die Katharer in Armut lebten und predigend umherzogen, dabei aber der kirchlichen Hierarchie untergeordnet blieben. Im südfranzösischen Toulouse gründete Dominikus ein Kloster, das als Stützpunkt für die Wanderprediger diente. Weitere Gründungen in Frankreich, Spanien und Italien folgten. Damit war ein neuer Orden entstanden. Um den kirchlichen Vorgaben gerecht zu werden, nahm die Neugründung die Augustinerregel mit ergänzenden *consuetudines* an. Papst Honorius III. bestätigte mit der Bulle *Religiosam vitam* vom 22. Dezember 1216 die Ordensregel des neu entstandenen Dominikanerordens. In seiner Verfassung ging der neue Orden einen eigenen Weg. Der Orden war nicht mehr ein Zusammenschluss von selbstständigen Einzelklöstern, sondern ein Personalverband. Die einzelnen Niederlassungen waren unselbstständig. Dominikaner traten nicht mehr wie Mönche oder Chorherrn bisher in ein bestimmtes Kloster, sondern in den Orden ein. Diese Neuerung war ein Erfordernis, das sich aus der Aufgabe als Predigerorden ergab. Die einzelnen Niederlassungen des Dominikanerordens hatten weder großen Landbesitz noch feste Einkünfte, sondern waren auf Almosen angewiesen, sodass das Armutsideal nicht nur von den einzelnen Dominikanern, sondern auch vom Orden als solchem gelebt wurde, was die Dominikaner zum ersten Bettelorden der katholischen Kirche macht.

Zeitlich parallel und in demselben kirchlichen Kontext von Reformbestrebung und Armutsbewegung entstand ausgehend von Mittelitalien der zweite große Bettelorden der katholischen Kirche: der Franziskanerorden, offiziell *Ordo fratrum minorum* (Orden der Minderbrüder) genannt. Von zentraler Bedeutung für diesen Orden war und ist bis heute das Lebensvorbild seiner Gründerpersönlichkeit Giovanni Bernardone († 1226), der von seinem Vater mit dem Spitznamen Francesco bedacht wurde und daher besser bekannt ist unter dem Namen Franz von Assisi. Er stammt aus einer wohlhabenden Kaufmannsfamilie des mittelitalienischen Ortes Assisi und war wie sein Vater für den Beruf des Kaufmanns vorgesehen. In einem Städtekrieg 1202 mit der Nachbarstadt Perugia versuchte Franz die Ritterehre zu erhalten, scheiterte jedoch und verbrachte ein Jahr in Kriegsgefangenschaft. Diese Erfahrung sowie eine Wallfahrt nach Rom dürften mit zu seiner Bekehrung beigetragen haben. In seiner Heimatstadt begann Franz verfallene Kirchen wiederherzustellen und sich der Armen anzunehmen. Dazu verwendete er Geld aus dem Familienvermögen, was im Jahr 1207 zum Bruch mit seinem Vater führte. Danach lebte Franz zunächst einige Zeit als Einsiedler in der Nähe seiner Heimtatstadt und begann später als Bußprediger umherzuziehen. Bald schlossen sich ihm Gleichgesinnte an. Die kleine Kirche Portiuncula in der Nähe von Assisi wurde zum Zentrum der neuen Bewegung. Franz wollte keinen Orden gründen und hat für seine neue Gemeinschaft keine Regel verfasst. Regel sollte ihm und seinen Gefährten ein Leben nach dem Evangelium sein. Im Jahr 1210 erhielt Franz von Papst Innozenz III. die Bestätigung seiner Lebensweise, was für die neue Gemeinschaft wichtig war, um dem Verdacht der Häresie zu entgehen. Für eine kleine Gruppe Gleichgesinnter kann ein Leben nach dem Evangelium und dem Lebensvorbild einer Gründerpersönlichkeit Lebensregel genug sein. Doch die neue Gemeinschaft breitete sich schnell über ganz Europa aus, und das Charisma der neuen Bewegung musste in rechtlichen Strukturen verfasst werden. Ab 1217 wurde der neue Orden in Provinzen eingeteilt, die Personalverbände waren. Die einzelnen Niederlassungen waren unselbstständig. Die Ämter der Oberen wurden als Dienstämter für die Gemeinschaft verstanden, weshalb die Oberen als Minister (v. lat. *minister* – Diener) bezeichnet wurden. An Pfingsten im Jahr 1221 fand das sog. Mattenkapitel mit etwa dreitausend Brüdern des neuen Ordens statt. Die Brüder versammelten sich dazu um die Kirche Portiuncula auf einfachen Strohmatten, daher die Bezeichnung des Kapitels. Verabschiedet wurde eine erste schriftliche franziskanische Regel (*Regula non bullata*),[12] die keine päpstliche Bestätigung erhalten hat. Erst eine überarbeitete Version der Regel (*Regula bullata*),[13] wurde von Papst Honorius III. am 29. November 1223 mit der Bulle *Solet annuere* bestätigt. Besonders hervorgehoben wird darin die Armut sowohl der einzelnen Brüder wie auch des Ordens als solchem. Um ihren Lebensunterhalt zu verdienen, wurden die Brüder zur Arbeit verpflichtet. Almosen in Form von Geld durften sie nicht annehmen. Als Aufgabe des Ordens wird die Predigt genannt. In seinem Testament schärfte Franz von

12 Der Text der Regel ist abgedruckt in: Lothar HARDICK/Engelbert GRAU (Hrsg.): *Die Schriften des Heiligen Franziskus von Assisi*, Kevelaer: Butzon und Bercker, 2001.

13 Der Text der Regel ist abgedruckt in: ebd.

Assisi den Brüdern des Ordens ein, die Regel ohne Erklärung und Deutung zu befolgen.

Zu den Anhängern der Gemeinschaft um Franz von Assisi gehörte seit 1212 Klara von Assisi († 1253), die zur Gründerin der Klarissen wurde, des weiblichen Zweigs der Franziskaner. Papst Innozenz IV. bestätigte die von Klara verfasste Regel mit der Bulle *Solet annuere* vom 9. August 1253, die bewusst mit denselben Worten beginnt wie die Bulle Papst Honorius' III. aus dem Jahr 1223. Neben den Klarissen berufen sich auch die klarissischen Zweigorden der Alcantarinnen, Colettinnen, Klarissen-Kapuzinerinnen und Urbanistinnen auf Klara von Assisi als ihre Begründerin. Anders als der männliche Zweig des Franziskanerordens führt der weibliche Zweig ein kontemplatives Ordensleben.

Innerhalb des männlichen Zweigs kam es schon bald nach dem Tod des Franz von Assisi zu einem Richtungsstreit. Die eine Seite wollte im Geist des Ordensgründers die Regel getreu bewahren und leben. Die andere Seite stand notwendigen Anpassungen offen gegenüber. Eine Vielzahl der Brüder empfing die Priesterweihe, was zu einer Klerikalisierung des Ordens führte. Außerdem erhielten das Studium und die Lehre an den neu entstandenen Universitäten eine große Bedeutung für den Orden, was zu seiner Akademisierung führte. Nicht zuletzt ließ sich die konsequente Armut des Ordens als ganzem nicht mehr durchhalten. Insbesondere in Städten entstanden Niederlassungen des Ordens, die von den Bürgern mit Grundbesitz ausgestattet wurden. Mit einem juristischen Kunstgriff versuchte Papst Gregor IX. den Armutsstreit innerhalb des jungen Ordens zu beenden. In der Bulle *Quo elongati* vom 28. September 1230 erließ er eine verbindliche Regelerklärung.[14] Darin erklärte er das Testament des Franz von Assisi für juristisch nicht verbindlich. Die Armut des Ordens als ganzem sollte dadurch gewahrt bleiben, dass der Orden zwar kein Eigentum, aber doch Gebrauchsrecht zu eigen erhalten konnte. Außerdem gestattete er, dass der Orden über Mittelspersonen Almosen in Geldform annehmen durfte. Allerdings führte die Bulle nicht zu einer Beilegung des Armutsstreits, sondern zu seiner Verschärfung, die schließlich in einer Spaltung des Ordens endete. Papst Leo X. richtete in seiner Bulle *Ite et vos* vom 29. Mai 1517 zwei selbstständige Zweige des Franziskanerordens ein: die Observanten (*Ordo fratrum minorum [regularis observantiae]*), heute Franziskaner genannt, die für eine strikte Befolgung der Regel im Geiste des Franz von Assisi eintraten, sowie die Konventualen (*Ordo fratrum minorum conventualium*), heute Minoriten genannt, die einer Reform der franziskanischen Observanz offen gegenüberstanden. Aus einer franziskanischen Reformbewegung ging im Jahr 1528 der Kapuzinerorden (*Ordo fratrum minorum capucinorum*) hervor, so benannt nach der langen Kapuze am Ordensgewand, die das herausstechende äußere Unterscheidungsmerkmal zu den anderen franziskanischen Orden war.

Franziskaner, Minoriten und Kapuziner bilden heute den ersten franziskanischen Orden und damit den männlichen Zweig der franziskanischen Ordensfamilie. Die weiblichen Orden bilden den zweiten franziskanischen Orden. Der dritte franziskanische Orden (Terziaren) geht auf Menschen zurück, die das franziskanische Ideal

14 Vgl. zum Inhalt der Bulle und ihrer Auswirkungen auf die weitere Entwicklung des Franziskanerordens: Herbert GRUNDMANN: „Die Bulle ‚Quo elongati‘ Papst Gregors IX.“ In: *Archivum Franciscanum Historicum* 54 (1961), S. 3–25.

in der Welt leben wollen und sich deshalb zu einer Gemeinschaft zusammengefunden haben, ohne jedoch in eine klösterliche Gemeinschaft einzutreten und Gelübde abzulegen. Diese weltweite Gemeinschaft wird heute Franziskanischer Säkularorden (*Ordo franciscanus saecularis*) genannt. Neben dem Säkularorden gibt es den regulierten Drittorden. Im Laufe der Zeit sind auch klösterliche Gemeinschaften entstanden, die dem dritten franziskanischen Orden zugerechnet werden und deren Mitglieder Gelübde ablegen. In der Regel handelt es sich dabei um caritativ tätige Kongregationen mit einfachen Gelübden (→ S. 37).

5. Regularkleriker

Literatur: Peter C. HARTMANN: *Die Jesuiten* (Beck'sche Reihe 2171), München: Beck, ²2008.

In der Reformationszeit entwickelte sich ein neuer Typus von Religioseninstitut, in dem die Seelsorge in den Vordergrund rückte und dafür Elemente des klassischen Ordenslebens in den Hintergrund traten: die Regularkleriker. Dabei handelt es sich um Priestergemeinschaften, deren Mitglieder Gelübde ablegen. Von Regularkanonikern unterscheiden sich Regularkleriker vor allem dadurch, dass sie zugunsten der Seelsorge oder anderer apostolischer und caritativer Tätigkeit kein klösterliches Leben mit Bindung an einen bestimmten Ort führen. Je nach Erfordernis ihrer Tätigkeit leben sie entweder allein oder in Kommunitäten in unselbstständigen Niederlassungen. So sind Institute von Regularklerikern, wie auch die Bettelorden, Personalverbände. Eine eigene Ordenskleidung haben Regularkleriker nur teilweise, teilweise tragen sie die ortsübliche

Klerikerkleidung. An die Stelle des feierlichen Chorgebets tritt das einfache Stundengebet der Kleriker, entweder allein oder gemeinsam in den Kommunitäten vollzogen.

Die ältesten Regularkleriker sind die Theatiner, die im Jahr 1524 von Cajetan von Thiene († 1547) und Gian Pietro Carafa († 1559), dem späteren Papst Paul IV., im mittelitalischen Theate (heute: Chieti) gegründet wurden. Die Gemeinschaft nahm die Augustinerregel mit ergänzenden *consuetudines*, die das Spezifische ihrer neuen Lebensweise regelten, an. Die Theatiner verbreiteten sich zunächst vor allem innerhalb Italiens, wo sie eine wichtige Rolle in der Gegenreformation einnahmen. Eine bedeutende Niederlassung im deutschsprachigen Raum wurde im 17. Jahrhundert im München gegründet. Neben Italien sind die Theatiner heute in Spanien sowie in Nord- und Südamerika mit Niederlassungen vertreten.

Die wohl bekanntesten Regularkleriker sind die Jesuiten. Sie gehen zurück auf Ignatius von Loyola († 1556), der aus einer vornehmen nordspanischen Familie stammte. Während seines Militärdienstes wurde er verwundet und hatte ein Bekehrungserlebnis. Ignatius studierte zunächst in Spanien, später in Paris. Am 15. August 1534 legte Ignatius zusammen mit Nicolás Bobadilla, Simão Rodrigues de Azevedo, Peter Faber, Diego Laínez, Alfonso Salmerón und Franz Xaver Gelübde ab. Die sieben Gefährten legten damit den Grundstein für das neue Institut. Die Gemeinschaft und ihre Regel, *Formula instituti* genannt, wurden am 27. September 1540 mit der Bulle *Regimini militantis ecclesiae* durch Papst Paul III. bestätigt. Das neue Institut erhielt den Namen Gesellschaft Jesu (*Societas Jesu*). Organisiert sind die Jesuiten als Personalverband in hierarchischer Struktur, die eine schnelle Versetzung einzelner Mitglieder und damit einen flexiblen Einsatz ermöglicht. Die Jesuiten sind heute weltweit vertreten.

Die Kamillianer sind Regularkleriker, die sich in besonderer Weise der Krankenpflege widmen. Sie wurden im Jahr 1582 im römischen *Ospedale di San Giacomo degli Incurabili* von Camillo de Lellis († 1614) gegründet. Die Kamillianer haben heute Provinzen in Europa und Nord- und Südamerika sowie einzelne Niederlassungen weltweit.

6. Kongregationen mit einfachen Gelübden

Literatur: Johann Kirchinger: *Katholische Frauenkongregationen der Moderne* (Urban Kohlhammer Taschenbücher: Geschichte der christlichen Orden), Stuttgart: Kohlhammer, 2022.

Kongregationen mit einfachen Gelübden gehen auf den Wunsch von weiblichen Religiosen zurück, klösterliches Leben mit caritativer Tätigkeit zu verbinden. Nach der Apostolischen Konstitution *Circa pastoralis* Papst Pius' V. vom 29. Mai 1566 galt für alle weiblichen Religiosen mit feierlicher Profess die strenge päpstliche Klausur, was eine caritative Tätigkeit unmöglich machte. In Kongregationen mit einfachen Gelübden stellten die Religiosen ihre caritative oder sonstige aktive Tätigkeit in den Vordergrund und legten, um diese verwirklichen zu können, keine feierlichen, sondern einfache Gelübde ab. Auf diese Weise waren weibliche Religiosen nicht an die strengen Bestimmungen der päpstlichen Klausur gebunden. Außerdem waren sie nicht zum ausgedehnten feierlichen Chorgebet verpflichtet, was ihnen mehr Zeit für caritative Arbeit einbrachte. Im 19. Jahrhundert entstand eine Vielzahl von weiblichen Kongregationen mit einfachen Gelübden als Antwort auf die sozialen Nöte der Zeit. Obwohl die große Mehrheit der Kongregationen mit einfachen Gelübden Institute weiblicher Religiosen sind, gibt es auch männliche Institute, die Kongregation mit einfachen Gelübden sind. Ein Beispiel aus dem deutschsprachigen Raum sind die Franziskanerbrüder vom Heiligen Kreuz.

Kirchenrechtlich waren Kongregationen mit einfachen Gelübden eine Neuerung, auf die die kirchliche Autorität mit der Apostolischen Konstitution *Conditae a Christo*[15] Papst Leos XIII. vom 8. Dezember 1900 reagierte. Darin wurden Kongregationen mit einfachen Gelübden als Religioseninstitute anerkannt. Kongregationen mit einfachen Gelübden sind häufig regulierte franziskanische Drittorden (→ S. 35). Es gibt aber auch Kongregationen mit einfachen Gelübden, die anderen Regeln folgen, im deutschsprachigen Raum beispielsweise die Benediktinerinnen der Anbetung.

7. Gesellschaften des apostolischen Lebens

Literatur: Hubert SOCHA: „Die grundlegende Natur und die Charakteristika einer Gesellschaft des apostolischen Lebens“, in: *AfkKR* 165 (1996), S. 373–413.

Gesellschaften des apostolischen Lebens zeichnen sich dadurch aus, dass ihre Mitglieder ein Gemeinschaftsleben führen und ein gemeinsames apostolisches Ziel verfolgen, ohne wie ein Religiose öffentliche Gelübde abzulegen. Die Bindung an die Gemeinschaft erfolgt durch Aufnahme in die Mitgliederliste oder durch Versprechen, Eid oder privates Gelübde. Der CIC/1917 sprach von Gesellschaften

15 In: *ASS* 33 (1900), S. 341–347.

gemeinsamen Lebens ohne Gelübde (*Societates in communi viventium sine votis*) und rechnete deren Mitglieder nicht zu den Religiosen im eigentlichen Sinne. Der CIC/1983 führt die Gesellschaften Apostolischen Lebens in einem gemeinsamen Teil zusammen mit den Instituten des geweihten Lebens auf.

Die älteste Gesellschaft ohne Gelübde sind die Oratorianer, die auf Philipp Neri († 1595) zurückgehen. Als Priester in Rom traf er sich mit Gleichgesinnten regelmäßig zu Gebet, geistlicher Lesung und geistlichem Austausch. Die Treffen fanden zunächst in seiner Wohnung statt, später in Oratorien, die verschiedene Klöster zur Verfügung stellten. Diese Treffen in einem Oratorium gaben der Gemeinschaft, die daraus entstand, ihren Namen. Die Mitglieder widmeten sich der Seelsorge und caritativer Arbeit. Von den klassichen Orden übernahmen sie das Gemeinschaftsleben. Gelübde legten sie nicht ab. Die päpstliche Anerkennung erfolgte 1575. Im deutschsprachigen Raum wurde im Jahr 1692 in Aufhausen (Bayern) das erste Oratorium gegründet. Heute sind die Oratorianer weltweit vertreten.

Die erste weibliche Gesellschaft ohne Gelübde sind die Töchter der christlichen Liebe, heute Vinzentinerinnen genannt, die auf eine Gründung durch Vinzenz von Paul († 1660) und Luise von Marillac († 1660) zurückgehen. In der kleinen westfranzösischen Stadt Châtillon-sur-Chalaronne gründeten sie eine Frauengemeinschaft, die sich der Armen- und Krankenpflege widmete. Die Mitglieder führten ein klosterähnliches Leben ohne Gelübde abzulegen. Die kirchliche Anerkennung erfolgte im Jahr 1654 durch Papst Innozenz X.

8. Säkularinstitute

Literatur: Joseph-Marie PERRIN: *Geist und Aufgabe der Säkularinstitute*, Grünewald, Mainz 1960; Gertrud POLLAK: *Der Aufbruch der Säkularinstitute und ihr theologischer Ort. Historisch-systematische Studien*, Vallendar: Patris, 1986.

Säkularinstitute, früher Weltinstitute genannt, sind eine junge Form des geweihten Lebens, die im 20. Jahrhundert entstanden ist. Angehörige eines Säkularinstituts verpflichten sich wie Religiosen auf die evangelischen Räte, ohne ein klösterliches Gemeinschaftsleben zu führen. Sie leben in der Regel allein, mitunter aber auch gemeinsam in Wohngemeinschaften, und gehen einer Berufstätigkeit nach. Ein einheitliches Gewand tragen sie in der Regel nicht oder nur bei internen Zeremonien, sodass sie nach außen hin nicht direkt als Angehörige eines Säkularinstituts zu erkennen sind.

Obwohl Säkularinstitute erst im 20. Jahrhundert aufgekommen sind, gab es bereits im 16. Jahrhundert in Norditalien einen ersten Versuch, eine Lebensform zu begründen, die den heutigen Säkularinstituten ähnlich ist. Zusammen mit einer Gruppe Gleichgesinnter gründete Angela Merici (1474–1540) die Gesellschaft der heiligen Ursula, die im Jahr 1535 die päpstliche Anerkennung erhielt. Die Mitglieder dieser Gesellschaft waren unverheiratete Frauen, die in ihrem familiären Kontext verblieben. Sie wollten in der Welt ein bewusst christliches Leben führen und sich dabei caritativ engagieren, indem sie eine Schule für Mädchen aus bedürftigen Familien errichteten. Öffentliche Gelübde legten sie nicht ab, da sie dadurch zu einem Gemeinschaftsleben in Klausur verpflichtet gewesen wären. Die Ablegung privater Gelübde wurde empfohlen. Allerdings war die Zeit für eine Neuerung dieser Art noch nicht reif. Die äußeren Anfragen an eine solche Lebensform und der Verlust einer Führungspersönlichkeit nach dem Tod Angela Mericis führten dazu, dass sich die Gesellschaft der heiligen Ursula bereits im 17. Jahrhundert in eine andere Richtung entwickelte. Im Jahr 1618 wurde die Gemeinschaft in ein Institut mit feierlichen Gelübden und damit verbunden mit strenger Klausur umgewandelt, wodurch der Ursulinenorden entstanden ist. In bewusster Anknüpfung an den Geist der Gründung von Angela Merici wurde 1958 in Norditalien das Säkularinstitut St. Angela Merici gegründet.

Der CIC/1917 kannte noch keine Säkularinstitute. Kirchenrechtlich normiert wurden Säkularinstitute erstmals mit der Apostolischen Konstitution *Provida Mater Ecclesia*[16] Papst Pius' XII. vom 2. Februar 1947, in der Säkularinstitute als Institute eigenen Charakters anerkannt wurden: Die Mitglieder von Säkularinstituten führen ein geweihtes Leben mit voller Verpflichtung auf die evangelischen Räte, was sie von Vereinigungen von Gläubigen unterscheidet, so die Apostolische Konstitution, aber unter den Bedingungen der Welt, was sie von Ordensinstituten unterscheidet. Weitere Konkretisierungen folgten in dem Motu proprio *Primo feliciter*[17] vom 12. März 1948 desselben Papstes, zu der die damalige Religiosenkongregation in der Instruktion *Cum sanctissimis*[18] vom 19. März 1948 Ausführungsbestimmungen erlassen hat. Als Wesensmerkmal der Säkularinstitute wird in diesen Dokumenten ein Leben des Apostolates in der Welt und mit den Mitteln der Welt herausgestellt. Das Zweite Vatikanische Konzil widmet sich den Säkularinstituten in

16 In: *AAS* 39 (1947), S. 114–124.
17 In: *AAS* 40 (1948), S. 283–286.
18 In: *AAS* 40 (1948), S. 293–298.

PC 11. Der CIC/1983 zählt die Säkularinstitute zusammen mit den Religioseninstituten zu den Instituten des geweihten Lebens.

9. Von der Kodifizierung des Kirchenrechts bis zum CIC/1983

Literatur: Winfried Aymans: „Die Quellen des kanonischen Rechtes in der Kodifikation von 1917“, in: *Ius Canonicum* 15 (1975), S. 79–95; Jean Beyer: „Das neue Ordensrecht. Ein schöpferischer, aufgeschlossener Entwurf“, in: *Concilium* 10 (1974), S. 507–513; Stephan Haering: „Vom Stand der Vollkommenheit zum gottgeweihten Leben. Zur Konzeption des Ordensrechts in den beiden Gesetzbüchern der lateinischen Kirche“, in: *Der Codex Iuris Canonici im Wandel. Entwicklungslinien vom CIC/1917 bis heute*, hrsg. v. Barbara Krämer/Philipp Thull, Würzburg: Echter, 2021, S. 69–83; Stephan Haering: „Tendenzen und Desiderate im Ordensrecht zwei Jahrzehnte nach der Promulgation des Codex Iuris Canonici“, in: *Antonianum* 79 (2004), S. 657–679; Rudolf Henseler: „Zur Geschichte des nachkonziliaren Ordensrechts. Übersicht, Tendenzen und Entwicklungen“, in: *OK* 21 (1980), S. 257–310; Joachim Schmiedl: *Das Konzil und die Orden. Krise und Erneuerung des gottgeweihten Lebens*, Valendar: Patris, 1999; Ulrich Stutz: „Der Codex Iuris Canonici und die kirchliche Rechtsgeschichte“, in: *ZSRG.K* 7 (1917), S. 5–20; Stefan Würges: *Die „Institute des geweihten Lebens“ und die „Institute des apostolischen Lebens“ im CIC/1983. Eine kirchenrechtliche Untersuchung hinsichtlich der Systematik*, Hamburg: Disserta, 2013.

Ein kodifiziertes Kirchenrecht gibt es erst seit etwas mehr als einhundert Jahren. Vorher waren Rechtsquellen auf gesamtkirchlicher Ebene insbesondere päpstliche Dokumente und Entscheide der allgemeinen Konzilien. Diese wurden in Rechtssammlungen zusammengestellt. Zur offiziellen Rechtssammlung der katholischen Kirche wurde der 1582 herausgegebene *Corpus Iuris Canonici*. Hinzu kamen für die Teilkirchen Entscheidungen von Partikularkonzilien und Gesetze der teilkirchlichen Gesetzgeber. Insbesondere für Religioseninstitute traten außerdem oft umfangreiche Privilegien hinzu, die es einzelnen Instituten erlaubten, vom allgemeinen Recht abweichende Regelungen anzuwenden. Dies führte zu einer Uneinheitlichkeit und Zersplitterung des Rechts in der katholischen Kirche. Im Zuge der Zentralisierungstendenzen im Vorfeld des Ersten Vatikanischen Konzils wurde der Ruf nach einer Kodifizierung des kirchlichen Rechts laut, um ein einheitliches Recht für die Gesamtkirche zu schaffen. Aufseiten des Apostolischen Stuhls wurde eine solche Forderung zunächst kritisch beurteilt. Durch eine Vereinheitlichung und die damit verbundene Geltung für die Gesamtkirche würde das kirchliche Recht seine Anpassungsfähigkeit an die besonderen Einfallumstände verlieren. Außerdem waren es aufklärerische und liberale Ideen, auf denen in jener Zeit eine Kodifizierung des staatlichen Rechts beruhte und die von der katholischen Kirche kritisch betrachtet wurden. Papst Pius X. gab schließlich trotz anfänglicher Bedenken den Auftrag zur Kodifizierung des kirchlichen Rechts. Rechtsunsicherheiten sollten beseitigt und das kirchliche Recht übersichtlich zusammengestellt und vereinheitlicht werden. Die durch das Erste Vatikanische Konzil gefestigte Autorität des Papstes begünstigte das Vorhaben. So konnte eine zentrale Autorität in der Kirche die künftige Rechtsentwicklung steuern. Die bis dahin in der katholischen Kirche übliche Kompilationsmethode, die Zusammenstellung von Recht in Rechtssammlungen, wurde aufgegeben. Der *Codex Iuris Canonici* von 1917 war eine vollständige Kodifikation des allgemeinen kirchlichen Rechts nach Art zeitgenössischer staatlicher Gesetzesbücher. Die einzelnen Canones waren kurz und prägnant. Sie wiesen einen hohen Abstraktionsgrad auf und vermieden Einzelfallregelungen. Nicht mehr die historische Entwicklung von Bestimmungen stand im Vordergrund, sondern die einzelnen Canones waren Teile eines systematisch-logischen Netzwerks. Partikularrechtliche Bestimmungen traten in den Hintergrund und waren nur zulässig, um den Rahmen, den das allgemeine Recht vorgab, auszufüllen. Die wesentliche Neuerung, die das kodifizierte Kirchenrecht mit sich brachte, lag in der veränderten Methodik. Inhaltlich dagegen brachte der *Codex Iuris Canonici* von 1917 keine tiefgreifenden rechtlichen Neuerungen. Hinsichtlich Regeln und Konstitutionen von Religioseninstituten bestimmte das kirchliche Gesetzbuch von 1917, dass diese in Kraft blieben, soweit sie den Normen des allgemeinen Rechts nicht entgegenstanden (vgl. c. 489 CIC/1917). Für die einzelnen Religioseninstitute hatte die Kodifikation des Kirchenrechts zu Folge, dass sie ihr Eigenrecht an das neue allgemeine Kirchenrecht anpassen mussten, was jedoch keine so umfangreichen Änderungen mit sich brachte wie sie rund fünfzig Jahre später nach dem Zweiten Vatikanischen Konzil erforderlich wurden.

Zentrales Dokument des Zweiten Vatikanischen Konzils das Ordensleben betreffend ist das Dekret *Perfectae caritatis*[19] über die zeitgemäße Erneuerung des Ordenslebens vom 28. Oktober 1965. Das Dekret widmet sich vor allem den theologischen Grundlagen des Ordenslebens, doch es machte auch eine Überarbeitung des Eigenrechts der Institute erforderlich, um dieses mit den Dokumenten

19 Zweites Vatikanisches Konzil: „Dekret ‚Perfectae Caritatis' über die zeitgemäße Erneuerung des Ordenslebens", in: *Kleines Konzilskompendium. Sämtliche Texte des Zweiten Vatikanischen Konzils*, hrsg. v. Karl Rahner/Herbert Vorgrimler, Freiburg i. Br., Basel und Wien: Herder, [35]2008, S. 311–330.

des Konzils in Einklang zu bringen (vgl. PC 3). Ausführungsbestimmungen dazu enthält das Apostolische Schreiben *Ecclesiae Sanctae*[20] vom 6. August 1966 Papst Pauls VI. In ES wurde bestimmt, dass innerhalb von zwei oder höchstens drei Jahren alle Institute des geweihten Lebens ein ordentliches oder außerordentliches Generalkapitel abhalten sollten, um die vom Zweiten Vatikanischen Konzil angestoßene Erneuerung des geweihten Lebens umzusetzen. Jedes Institut war verantwortlich, diese Erneuerung für sich zu vollziehen, und die Generalkapitel sollten nicht nur Gesetze erlassen, sondern auch die spirituelle und apostolische Vitalität fördern. Zeitbedingtes, Obsoletes und alles, was nicht dem Zweck und der Natur des Instituts entsprach oder seine Bedeutung und Kraft verloren hatte und keine Hilfe für das Leben im Institut mehr war, sowie rein lokale Bräuche sollten aus den Konstitutionen entfernt werden. Die Erneuerung sollte nicht nur Sache der Oberen sein, sondern es sollten alle Mitglieder des Instituts befragt und die Ergebnisse der Befragung dem Generalkapitel vorgelegt werden. Ein solches Generalkapitel, das sich der Erneuerung widmete, konnte in zwei unterschiedliche Abschnitte eingeteilt werden, die nicht länger als ein Jahr auseinander liegen durften, und das Generalkapitel hatte das Recht, die Konstitutionen *ad experimentum* abzuändern solange Zweck, Natur und Charakter des Instituts erhalten blieben. Sogar Änderungen, die dem allgemeinen Kirchenrecht widersprachen, waren möglich, wenn sie sinnvoll erschienen und vom Apostolischen Stuhl genehmigt wurden. Die Änderungen *ad experimentum* sollten bis zum folgenden ordentlichen Generalkapitel in Kraft bleiben,

20 Paul VI.: *Apostolisches Schreiben „Ecclesiae Sanctae"* (Nachkonziliare Dokumentation 3), Trier: Paulinus, 1967.

das entscheiden konnte, sie nochmals bis zum unmittelbar danach folgenden Generalkapitel in Kraft gesetzt zu lassen. Die definitive Approbation war der zuständigen kirchlichen Autorität vorbehalten. Innerhalb vergleichsweise kurzer Zeit waren alle Institute des geweihten Lebens aufgerufen, ihr eigenes Charisma neu zu herauszuarbeiten und auf dieser Grundlage aufbauend ihr Eigenrecht zu erneuern.

Was das allgemeine Kirchenrecht anging, blieb bis zur Fertigstellung und Inkraftsetzung des überarbeiteten kirchlichen Gesetzbuches der CIC/1917 in Kraft. Jedoch wurden in der Übergangsphase verschiedene Beschlüsse des Zweiten Vatikanisches Konzils durch nachkonziliare Dokumente in kirchliches Recht übertragen, das übergangsweise bis zum Inkrafttreten des neuen kirchlichen Gesetzbuches in Geltung war.[21] Im Zuge der Reform des CIC nach dem Zweiten Vatikanischen Konzil wurden verschiedene Leitlinien für die Erarbeitung des neuen Ordensrechts festgelegt.[22] Die ordensrechtlichen Bestimmungen sollten das Wesen des geweihten Lebens angemessen ausdrücken. Das Wesen des geweihten Lebens lässt sich nicht rein juristisch erfassen. Auch die spirituelle Dimension sollte mit berücksichtigt werden. So haben in den ordensrechtlichen Teil des CIC auch theologische Aussagen Einzug gefunden, die das Wesen geweihten Lebens beschreiben, das die juristischen Normen schützen und umsetzen sollen. Außerdem sollte das je eigene Charisma eines Instituts anerkannt und geschützt werden. Daher sollte das allgemeine Recht nur die grundlegenden Normen enthal-

21 Eine Übersicht bietet: Rudolf HENSELER: „Zur Geschichte des nachkonziliaren Ordensrechts. Übersicht, Tendenzen und Entwicklungen“, in: *OK* 21 (1980), S. 257–310.

22 Die Leitlinien finden sich in: *Comm* (1970) 2, S. 170–173.

ten. Diese entsprechend ihrem je eigenen Charisma auszugestalten, sollte den einzelnen Instituten in ihrem Eigenrecht überlassen bleiben. Hinsichtlich der Leitung der Institute wurde festgelegt, dass Leitungsämter nicht zu lange von derselben Person besetzt werden sollten und dass die einzelnen Mitglieder eines Instituts über Kapitel und Räte an der Leitungsverantwortung teilhaben sollten.

Der CIC/1983 wurde am 25. Januar 1983 von Papst Johannes Paul II. promulgiert und trat am ersten Adventsonntag desselben Jahres, am 27. November 1983, in Kraft, was eine weitere Überarbeitung des Eigenrechts der Institute des geweihten Lebens und der Gesellschaften des apostolischen Lebens und dessen Anpassung an das neue allgemeine Kirchenrecht erforderlich machte. Seit seinem Inkrafttreten wurde der CIC/1983 insgesamt dreizehnmal geändert, davon betrafen fünf Änderungen das Recht der Institute des geweihten Lebens und der Gesellschaften des apostolischen Lebens. Im Einzelnen sind dies:

- *Änderung der cc. 694 und 729 CIC:*
  FRANZISKUS: „Apostolisches Schreiben ‚Communis Vita' mit dem einige Normen des Codex des kanonischen Rechtes geändert werden (19. März 2019)", in: *AfkKR* 187 (2020), S. 168–169, DOI: 10.30965/2589045X-1870111
- *Änderung des c. 579 CIC*
  FRANZISKUS: „Apostolisches Schreiben ‚Authenticum Charismatis', mit dem c. 579 des Codex Iuris Canonici abgeändert wird (1. November 2020)", in: *AfkKR* 188 (2021), S. 614–615, DOI: 10.30965/2589045x-18802009
- *Änderung der cc. 604 § 3, 686 §§ 1–2, 699 § 2 und 700 CIC:*
  FRANZISKUS: „Apostolisches Schreiben ‚Competentias Quas-

dam‘ mit dem mehrere Bestimmungen des Codex des kanonischen Rechts und des Codex der Canones der orientalischen Kirchen abgeändert werden (11. Februar 2022)“, in: *ABlÖBK* 87 (05. 05. 2022), S. 10–14

- *Änderung des c. 695 § 1 CIC:*
  Franciscus: „Littera apostolica ‚Recognitum Librum VI‘ quibus can. 695 § 1 Codicis Iuris Canonici immutatur (26 aprilis 2022)“, in: *OR* 162.94 (26. 04. 2022), S. 7
- *nochmalige Änderung des c. 700 CIC:*
  Francesco: „Lettera Apostolica ‚Expedit ut iura‘ con la quale vengono modificati i termini di ricorso del membro dimesso da un Istituto di Vita Consacrata“, in: *OR* 163.78 (03. 04. 2023), S. 10

Hinzu kommen rechtliche Anpassungen, die keine Änderungen am Wortlaut des CIC nach sich gezogen haben:

- Kongregation für die Institute des geweihten Lebens und die Gesellschaften des apostolischen Lebens: *Instruktion „Cor Orans“ zur Anwendung der Apostolischen Konstitution „Vultum Dei quaerere“ über das weibliche kontemplative Leben*, hrsg. v. Sekretariat der Deutschen Bischofskonferenz (VApSt 214), Bonn 2018
- Francesco: „Rescritto circa la deroga al can. 588 § 2 CIC (18 maggio 2022)“, in: *OR* 162.113 (18. 05. 2022), S. 6

Teil A

Institute des geweihten Lebens

II. Gemeinsame Normen für alle Institute des geweihten Lebens (cc. 573–606)

Die kanonischen Lebensverbände, ohne diesen Begriff explizit zu verwenden,[1] unterteilt der CIC/1983 in Institute des geweihten Lebens und Gesellschaften des apostolischen Lebens, die im dritten Teil des zweiten Buches des CIC/1983 behandelt werden. Die Institute des geweihten Lebens wiederum sind in Religioseninstitute[2] und Säkularinstitute unterteilt. Religioseninstitute lassen sich in Orden und Kongregationen einteilen, wobei das neue allgemeine Kirchenrecht diese Unterteilung nicht mehr vornimmt. Nach dem CIC/1917 waren Orden Religioseninstitute, in denen feierliche Gelübde abgelegt wurden, und Kongregationen Religioseninstitute, in denen nur einfache Gelübde abgelegt wurden (vgl. c. 488 Nr. 2 CIC/1917). Im Eigenrecht verschiedener Institute ist diese Differenzierung noch heute zu finden. In der ersten Sektion des dritten

1 Der CIC/1983 kennt keinen Oberbegriff für die Institute des geweihten Lebens und die Gesellschaften des Apostolischen Lebens. In der kanonistischen Literatur wurde der Begriff „kanonische Lebensverbände" geprägt.

2 Der im CIC/1983 verwendete lateinische Begriff lautet *institutum religiosum*. Die von der Deutschen Bischofskonferenz herausgegebene deutsch-lateinische Ausgabe des CIC/1983 verwendet in der deutschen Übersetzung den Begriff „Ordensinstitut". Diese Übersetzung weicht zum einen ohne ersichtlichen Grund vom Lateinischen ab und ist zu anderen missverständlich, da der Begriff „Orden" in der klassischen kanonistischen Terminologie eine andere Bedeutung hat. Daher wird in diesem Buch der Begriff „Religioseninstitut" verwendet.

Teils des zweiten Buches thematisiert der CIC/1983 die Institute des geweihten Lebens. Zunächst werden dort die gemeinsamen Normen für alle Institute des geweihten Lebens angeführt (cc. 573–606 CIC), bevor die Normen speziell die Religioseninstitute betreffend (cc. 607–709 CIC) sowie die Normen speziell die Säkularinstitute betreffend (cc. 710–730 CIC) folgen.

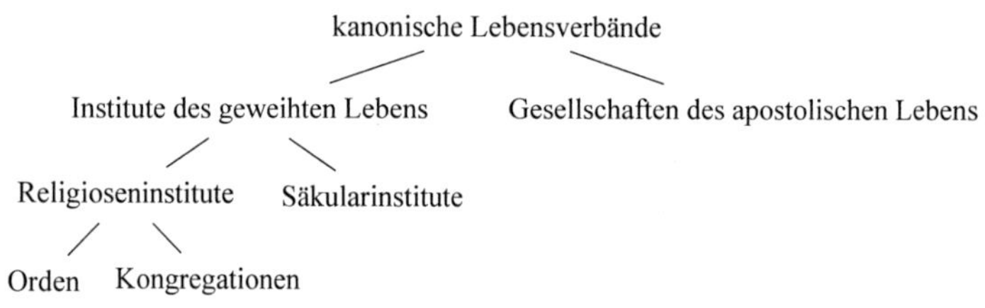

Typologie der Institute des geweihten Lebens und der Gesellschaften des apostolischen Lebens

1. Grundlagen des geweihten Lebens (cc. 573–577)

Dass sich geweihtes Leben nicht in rein rechtlichen Kategorien behandelt lässt, zeigen die Normen in den cc. 573–577 CIC die Grundlagen des geweihten Lebens betreffend, die grundlegende theologische Aussagen über das geweihte Leben machen. Quelle dieser theologischen Verortung des geweihten Lebens sind die diesbezüglichen Aussagen des Zweiten Vatikanischen Konzils. Neben grundlegenden theologischen Aussagen enthalten die Canones aber auch rechtlich Relevantes.

Geweihtes Leben[3] ist durch zwei Aspekte charakterisiert. Es handelt sich um eine auf Dauer angelegte Lebensweise, die durch die Profess der evangelischen Räte begründet wird (vgl. c. 573 § 1 CIC). Diese Definition trifft sowohl auf Religioseninstitute wie auch auf Säkularinstitute zu. Die besondere Charakteristik der Religioseninstitute liegt darin, dass die Mitglieder „ein brüderliches Leben in Gemeinschaft führen" (c. 607 § 2 CIC), und die besondere Charakteristik der Säkularinstitute liegt darin, dass die Mitglieder „in der Welt lebende Gläubige" (c. 710 CIC) sind.

Geweihtes Leben ist auf Dauer angelegt. Dem steht nicht entgegen, dass zur Erprobung die Profess zunächst auf Zeit abgelegt wird. Denn wer zur zeitlichen Profess zugelassen wird, sollte die grundsätzliche Absicht haben, auf Dauer im Institut zu bleiben, auch wenn er sich möglicherweise später doch gegen eine lebenslange Bindung entscheidet. Geweihtes Leben auf Zeit als institutionalisierte Einrichtung sieht das geltende Kirchenrecht nicht vor.

Die Profess hat sowohl eine spirituelle als auch eine rechtliche Dimension. Zum einen und an erster Stelle ist die Profess ein religiöser Akt. Sie ist als Akt der Gottesverehrung eine Selbsthingabe an Gott. Sodann ist die Profess auch ein rechtlicher Akt, durch den der Professe einen neuen Stand[4] innerhalb der Kirche erhält. Durch

3 Der Ausdruck „geweihtes Leben" (*vita consacrata*) ist erst zur Zeit des Zweiten Vatikanischen Konzils entstanden. Vorher war in Anlehnung an Mt 19,21 der gebräuchliche Ausdruck „Stand der Vollkommenheit" (*status perfectionis*), der aufgegeben wurde, um das Missverständnis einer Vorrangstellung vor anderen christlichen Lebensständen zu vermeiden.

4 C. 574 CIC spricht von Stand (*status*), was jedoch nicht so zu verstehen ist, dass Angehörige der Institute des geweihten Lebens einen eigenen Stand neben Laien und Klerikern bilden (vgl. c. 207 § 2 CIC). Gemeint ist vielmehr Stand im Sinne einer auf Dauer angelegten Lebensform, ähnlich dem Ehestand.

die Profess wird der Professe in ein bestimmtes Institut inkorporiert, sodass die Profess vertraglichen Charakter hat und sowohl den Professen wie auch das Institut bindet. Insbesondere unterstellt sich der Professe der vollen Verfügbarkeit durch das Institut im Rahmen des allgemeinen Kirchenrechts und des Eigenrechts des Instituts. Das Institut übernimmt dem Professen gegenüber eine Versorgungsverpflichtung.

Die Profess beinhaltet die Verpflichtung auf die evangelischen Räte der Keuschheit, der Armut und des Gehorsams (vgl. c. 573 § 2 CIC). Der zuständigen kirchlichen Autorität kommt es zu, die evangelischen Räte auszulegen und ihre Anwendung rechtlich zu regeln (vgl. c. 576 CIC). Die konkrete Weise, wie die evangelischen Räte in den einzelnen Instituten gelebt werden, kann unterschiedlich sein. Es gibt Institute, die den drei Gelübden der evangelischen Räte ein weiteres institutsspezifisches Gelübde hinzufügen.[5] Angehörige benediktinischer Institute verpflichten sich in der Profess ihrer eigenen Tradition entsprechend auf Beständigkeit, klösterlichen Lebenswandel und Gehorsam, was die Übernahme der evangelischen Räte beinhaltet. Die für alle gültigen wesentlichen Grundlagen der evangelischen Räte sind in den cc. 599–601 CIC normiert (→ S. 103).

Institute des geweihten Lebens gibt es in unterschiedlicher Ausrichtung. Allen gemeinsam ist die Christusnachfolge, die je nach Charisma eines Instituts einen Aspekt hervorhebt (vgl. c. 577 CIC): Dem betenden Christus folgen die kontemplativen Institute nach. Dem Christus, der das Reich Gottes verkündigt, folgen die apostolisch tätigen Institute nach. Dem Christus, der den Menschen

5 Vgl. weiterführend dazu: Johannes Günter GERHARTZ: *„Insuper promitto ...“. Die feierlichen Sondergelübde katholischer Orden* (Series Facultatis Iuris Canonici / B 19), Rom: Editrice Pontificia Università Gregoriana, 1966.

Wohltaten erweist, folgen die caritativ tätigen Institute nach. Dem Christus schließlich, der in der Welt Umgang mit den Menschen pflegt, dabei aber immer den Willen seines Vaters erfüllt, folgen die Säkularinstitute nach. Diese sehr schematische Einteilung weicht in jüngerer Zeit einem fließenden Übergang verschiedener Charismen in demselben Institut.

2. Patrimonium (c. 578)

Literatur: Fabio Ciardi: „Il carisma del fondatore", in: *Annales theologici* 30 (2016), S. 141–158; Nicolas de Boccard: *Charisme et instituts de vie consacré. Les canons 578 et 587 du code de droit canonique de 1983* (Romanité et modernité du droit 22), Paris: DeBoccard, 2015; Giancarlo Rocca: „Il Carisma del Fondatore", in: *Claretianum* 34 (1994), S. 31–105; Yuji Sugawara: „Concetto teologico e giuridico del ‚carisma di fondazione' degli istituti di vita consacrata", in: *PRC* 91 (2002), S. 239–271.

Das Patrimonium oder das geistliche Erbe eines Instituts besteht aus zwei Polen, nämlich dem von der kirchlichen Autorität anerkannten Stifterwillen einerseits und der gesunden Überlieferung andererseits:

> „Die Gesinnung und die Absichten des Gründers hinsichtlich Natur, Zielsetzung, Geist und Beschaffenheit des Instituts, die von der zuständigen kirchlichen Autorität anerkannt wurden, sowie dessen gesunde Tradition, die alle das Patrimonium des Instituts bilden, müssen von allen treu bewahrt werden" (c. 578 CIC).

Am Anfang der Gründung eines neuen Instituts steht eine Person, die erkennt, unter ihren konkreten Zeit- und Lebensumständen berufen zu sein, das Evangelium auf eine bestimmte Weise zu leben. Andere verstehen die Botschaft des Evangeliums genauso und schließen sich dieser Person an. Der charismatische Anfang wird im Laufe der Zeit institutionalisiert, und die Anerkennung durch die kirchliche Autorität vollendet die Gründung eines neuen Instituts und gibt diesem seinen Platz in der Gemeinschaft der Kirche. Der Stifterwille, der immer sowohl aus Zeitbedingtem wie auch aus überzeitlich Gültigem besteht, bildet einen Pol des Patrimoniums. Das Patrimonium ist dynamisch, nicht statisch. Jede Generation von Institusangehörigen muss das Patrimonium des Instituts einerseits in Treue zum Stifterwillen und andererseits aufmerksam den Zeichen der Zeit gegenüber leben. Dabei gilt es, das überzeitlich Gültige des Stifterwillens von Zeitbedingtem zu trennen. So entsteht von Generation zu Generation die gesunde Tradition[6] des Instituts, die den anderen Pol des Patrimoniums bildet. So ist das Patrimonium eines Instituts in beständiger Entwicklung. Institute des geweihten Lebens geraten leicht in die Gefahr, den Stifterwillen absolut zu setzen und die Tradition in ihrer geschichtlichen Entwicklung außer Acht zu lassen. Beide Elemente sind jedoch angemessen zu berücksichtigen. Zugespitzt lässt sich sagen: Jede Generation von Institutsangehörigen muss ihr Institut gewissermaßen neu gründen in Treue zum Stifterwillen und aufmerksam gegenüber den Zeichen der Zeit. Es ist wichtig zu verstehen: Das Patrimonium eines Instituts ist das Patrimonium, wie es in der Gegenwart gelebt wird.

Dieses Patrimonium ist von allen getreu zu bewahren, was Institutsmitglieder, die institutsinterne Leitung wie auch die kirchliche

6 Gesunde Tradition (*sana traditio*) bedeutet, dass nicht alles das, was im Laufe der Geschichte eines Instituts eingeführt wurde, Teil des Patrimonium ist, sondern nur das, was zur Entwicklung beigetragen und sich bewährt hat.

Autorität gleichermaßen bindet. Die Institutsmitglieder sind aufgerufen, ihr Leben am Patrimonium ihres Instituts auszurichten. Das Generalkapitel eines Religioseninstituts ist verpflichtet, „das in can. 578 beschriebene Erbgut des Institutes zu schützen und eine diesem entsprechende angemessene Erneuerung zu fördern" (c. 631 § 1 CIC). Der kirchlichen Autorität kommt zu, dafür zu sorgen, „dass die Institute im Geist der Stifter und gemäß den gesunden Überlieferungen wachsen und blühen" (c. 576 CIC). Daher erkennt das allgemeine Recht den Instituten eine gebührende Autonomie (→ S. 69) zu, damit sie „ihr Erbgut im Sinne des can. 578 unversehrt bewahren können" (c. 586 § 1 CIC). Das schließt eine Satzungsautonomie der Institute ein, wobei die grundlegenden Rechtsnormen eines Instituts (→ S. 71) im Patrimonium (→ S. 55) wurzeln müssen (vgl. c. 587 § 1 CIC).

3. Errichtung (c. 579)

Literatur: Laurentius ESCHLBÖCK: „Eine neuerliche Änderung im Ordensrecht. Das Motu Proprio ‚Authenticum Charismatis'", in: *EuA* 97 (2021), S. 104–107.

Der Errichtung eines neuen Instituts des geweihten Lebens geht in der Regel die Gründung eines Vereins von Gläubigen (vgl. cc. 298–329 CIC) voraus. Obwohl die Errichtung eines neuen Instituts unmittelbar durch den Apostolischen Stuhl rechtlich möglich ist (vgl. c. 589 CIC), ist der Normalfall, dass ein neues Institut auf diözesaner Ebene errichtet wird. Der kirchlichen Autorität ist es ein Anliegen, dass neue Institute nicht leichtfertig gegründet werden. Es ist genau zu prüfen, ob ein Institut ein neues Charisma mitbringt und ob es entwicklungs- und bestandsfähig ist. Das Vierte Laterankonzil (1215) bestimmte in Canon 13, dass Neugründungen von Orden in die Kompetenz des Apostolischen Stuhls fallen und verbot die Einführung neuer Ordensregeln (→ S. 29). In PC führt das Zweite Vatikanische Konzil zu Neugründungen von Instituten aus:

> „Bei Gründungen neuer Institute soll man ernstlich prüfen, ob diese nötig oder wenigstens von wirklichem Nutzen und ob sie entwicklungsfähig sind, damit nicht voreilig unzweckmäßige oder kaum lebensfähige Institute entstehen" (PC 19).

MR nimmt diese Mahnung auf und erläutert dazu:

> „Alle, die befugt sind, die Berechtigung einer Neugründung zu beurteilen, müssen in Demut, aber auch sachlich und mit Festigkeit und im Blick auf die Zukunft überlegen, ob alle Anzeichen einer glaubwürdigen Gegenwart des Heiligen Geistes vorhanden sind […]. Um die Echtheit eines Charismas beurteilen zu können, sind folgende Kennzeichen zugrunde zu legen: a) seine eindeutige Herkunft vom Geist, unterschieden, wenn auch nicht getrennt, von den natürlichen Gaben der Person, die sich auf dem Gebiet der Arbeit und Organisation zeigen; b) die Herzensinbrunst, sich Christus gleich zu gestalten, um einen besonderen Zug seines Geheimnisses zu bezeugen; c) eine aufbauende Liebe zur Kirche, die absolut vermeidet, in ihr Zwietracht hervorzurufen. Außerdem verlangt das echte Bild der Stifter, dass es sich um Männer und Frauen handelt, deren bewährte Tugend eine wirkliche Gelehrigkeit gegenüber der Hierarchie

> und gegenüber der sich in ihnen offenbarenden Geistesgabe zeigt. Bei Neugründungen wird also von allen, die irgendwie in der Beurteilung derselben mitwirken müssen, dringend gefordert, dass sie eine klug, sorgfältig und gerecht abgewogene Entscheidung fällen" (MR 58).

Der CIC/1983 legt die Kompetenz zur Errichtung eines neuen Instituts in die Hand des zuständigen Diözesanbischofs (vgl. c. 579 CIC). Die Kompetenz wurde allerdings im Laufe der Zeit geschmälert. Zunächst sah c. 579 CIC vor, dass der Diözesanbischof nach Konsultation des Apostolischen Stuhls ein neues Institut durch förmliches Dekret errichten kann. Unterließ der Diözesanbischof die vorgeschriebene Konsultation des Apostolischen Stuhls, war ein Errichtungsdekret zwar rechtswidrig, aber trotzdem gültig. Die Kongregation für die Institute des geweihten Lebens und die Gesellschaften des apostolischen Lebens hat im Jahr 2007 eine Übersicht der Dokumente erstellt, die bei der Konsultation des Diözesanbischofs mit dem Apostolischen Stuhl vorzulegen sind:[7]

1. Historischer und rechtlicher Bericht über die Vereinigung von ihren Anfängen an. Der Bericht muss insbesondere die folgenden Punkte enthalten:
   a) Name des Gründers; Zweck der Gründung; Datum und Ort des Beginns; Name des Diözesanbischofs, der die Neugründung genehmigt hat;
   b) Anzahl und Namen der ersten Mitglieder;
   c) Errichtung, Datum und Ort des ersten Noviziatshauses; Name des Bischofs, der das Noviziatshaus errichtet hat;

7 In italienischer Sprache abgedruckt in: *QDE* 30 (2017), S. 356–357.

Anzahl der ersten Novizen und das Datum ihrer Aufnahme in das Noviziat; Anzahl der Kandidaten und das Datum ihrer ersten Profess; Name des Novizenmeisters; Namen derer, die außer dem Novizenmeister verantwortlich für die Erstausbildung der ersten Mitglieder waren;

d) Daten der abgehaltenen Generalkapitel;
e) Name des Diözesanbischofs, der die ersten Konstitutionen approbiert hat;
f) apostolische Tätigkeit der Vereinigung am Beginn und in der Gegenwart;
g) Ausdehnung der Vereinigung auf andere Diözesen;
h) Spiritualität der Vereinigung.

Angabe, wo diejenigen, die sich auf den Empfang der Weihen vorbereiten, ausgebildet werden.

2. Lebenslauf des Gründers der Vereinigung: Name; Datum und Ort der Geburt und der Taufe; Name der Eltern; Ausbildung; andere wichtige Ereignisse in seinem Leben.
3. Lebenslauf des ersten Generaloberen der Vereinigung: zusätzlich zu den oben genannten Angaben: Datum des Eintritts in die Vereinigung und der zeitlichen und ewigen Profess; Datum der Ernennung oder Wahl zum Generaloberen; Modalitäten der Ernennung oder Wahl und Amtsdauer; derzeitige Lebensumstände.
4. Statistik der Mitglieder und der Häuser: Namen der zeitlichen und ewigen Professen und der Priester sowie der Novizen und Postulanten; Alter der Professen und der Priester; Zahl der Kandidaten und Datum der nächsten ewigen und zeitlichen

Profess; Zahl der Häuser, in denen die Mitglieder leben; Namen der Diözesen, in denen die Vereinigung präsent ist. Für die Errichtung eines Instituts bischöflichen Rechts sind mindestens 40 Professen erforderlich, von denen die Mehrheit die ewigen Gelübde abgelegt haben muss.

5. Finanzbericht: Höhe der Schulden; Höhe der bei Banken angelegten Gelder (wenn möglich in US-Dollar oder Euro); Anzahl der Immobilien, die der Vereinigung gehören.
6. Erklärung zu den folgenden Punkten:
   a) ob es außergewöhnliche Ereignisse, wie Visionen o. ä. gegeben hat;
   b) ob es in der Diözese des Hauptsitzes ein anderes Institut mit demselben Namen oder demselben Charisma gibt.
7. Beschreibung des Ordensgewands.
8. Drei Exemplare der aktuellen Konstitutionen und, falls vorhanden, des Direktoriums.
9. Empfehlungsschreiben aller betroffenen Diözesanbischöfe, einschließlich desjenigen des Hauptsitzes der Vereinigung, die direkt an das Dikasterium zu senden sind und eine Stellungnahme zu folgenden Punkten enthalten:
   a) Nutzen und Beständigkeit der Vereinigung;
   b) regulare Disziplin der Mitglieder;
   c) Liturgie und Sakramentenspendung;
   d) kirchliche Gesinnung und Zusammenarbeit mit der kirchlichen Hierarchie;
   e) Erstausbildung und Weiterbildung;

f) Finanzverwaltung;

g) Fähigkeit, die Verantwortung für die Leitung eines Instituts zu übernehmen, das in verschiedenen Diözesen vertreten ist.

Wenn möglich, Hinterlegung einer Kaution von 500 € bei der Kasse der Kongregation für die Institute des geweihten Lebens und die Gesellschaften des apostolischen Lebens, die bei Abschluss des Verfahrens verrechnet wird.

In einem Reskript vom 11. Mai 2016 hat Papst Franziskus festgestellt, „dass die vorherige Konsultation des Apostolischen Stuhls zu verstehen ist als notwendig *ad validitatem* für die Errichtung eines diözesanen Instituts des geweihten Lebens unter Androhung der Nichtigkeit des Errichtungsdekrets".[8] Diese Regelung trat am 1. Juni 2016 in Kraft. In der Verwaltungspraxis des Apostolischen Stuhls wurde nach Ende der nunmehr zur Gültigkeit der Errichtung eines Instituts vorgeschriebenen Konsultation des Apostolischen Stuhls ein Dekret ausgestellt, das die Errichtung eines neuen Instituts entweder erlaubt oder untersagt hat. Diese Praxis kam einer Genehmigungspflicht durch den Apostolischen Stuhl faktisch gleich. Im Apostolischen Schreiben *Authenticum charismatis*[9] vom 1. November 2020 betont Papst Franziskus die Bedeutung und Notwendigkeit einer genauen Prüfung vor Errichtung eines neuen Instituts, um eine übermäßige Vermehrung nahezu gleicher Institute zu vermeiden und damit einer Zersplitterung in Kleinstgruppen vorzubeugen.

8 In: *AAS* 108 (2019), S. 696.

9 Franziskus: „Apostolisches Schreiben ‚Authenticum Charismatis', mit dem c. 579 des Codex Iuris Canonici abgeändert wird (1. November 2020)", in: *AfkKR* 188 (2021), S. 614–615, DOI: 10.30965/2589045x-18802009.

Da Institute des geweihten Lebens einen wichtigen Stellenwert in der gesamten Kirche haben, übersteigt deren Errichtung den diözesanen Rahmen. Mit Wirkung vom 10. November 2020 hat Papst Franziskus c. 579 CIC dahingehend geändert, dass fortan der Diözesanbischof der schriftlichen Genehmigung des Apostolischen Stuhls bedarf, bevor er durch förmliches Dekret ein Institut des geweihten Lebens in seinem Gebiet gültig errichten kann. Fehlt diese schriftliche Genehmigung des Apostolischen Stuhls, ist ein Errichtungsdekret nichtig. Mit gültiger Errichtung wird das Institut ohne Weiteres eine öffentliche juristische Person des kirchlichen Rechts (vgl. c. 116 § 2 CIC).

4. Angliederung (c. 580)

Unter Angliederung (*aggregatio*) i. S. d. c. 580 CIC ist die Etablierung einer geistlichen Gemeinschaft zwischen zwei Instituten zu verstehen, insbesondere zur Gebetsgemeinschaft. Das angegliederte Institut behält seine volle kanonische Autonomie. Der Obere des angliedernden Instituts wird nicht zum Oberen des angegliederten Instituts. Über eine Angliederung entscheidet auf Antrag des anzugliedernden Instituts die nach dem Eigenrecht zuständige Autorität des angliedernden Instituts.

5. Zusammenschlüsse und Vereinigungen, Föderationen und Konföderationen (c. 582)

Dem Apostolischen Stuhl vorbehalten sind nach c. 582 CIC: Zusammenschlüsse, Vereinigungen, Föderationen und Konföderationen von Instituten des geweihten Lebens.

a) Zusammenschluss

Unter Zusammenschluss (*fusio*) ist das vollständige Aufgehen eines Instituts in einem anderen zu verstehen, d. h. ein Institut bleibt in seiner bisherigen Rechtspersönlichkeit bestehen und das andere Institut verliert seine bisherige Rechtspersönlichkeit und geht vollständig in dem Institut, mit dem es zusammengeschlossen wird, auf.

b) Vereinigung

Unter Vereinigung (*unio*) ist zu verstehen, dass zwei oder mehr Institute ein neues Institut bilden, d. h. dass alle beteiligten Institute ihre bisherige Rechtspersönlichkeit verlieren und eine neue Rechtspersönlichkeit aus der Vereinigung hervorgeht.

c) Föderation

Unter Föderation ist der Zusammenschluss mehrerer rechtlich selbstständiger juristischer Personen unter einem gemeinsamen Oberen zu verstehen. In der Praxis kommen Föderationen in der Regel in Form einer monastischen oder kanonikalen Kongregation oder in der Form einer Föderation von rechtlich selbstständigen Nonnenklöstern vor.

Eine monastische oder kanonikale Kongregation ist der Zusammenschluss mehrerer rechtlich selbstständiger monastischer Klöster oder Chorherrenstifte unter einem gemeinsamen Oberen (bspw. Abtpräses, Erzabt oder Generalabt). Der Obere einer monastischen oder kanonikalen Kongregation ist höherer Oberer i. S. d. c. 620 CIC sowie oberster Leiter (*supremus moderator*) im kirchenrechtlichen Sinne.

Eine Föderation von rechtlich selbstständigen Nonnenklöstern ist nach CO „eine Struktur der Gemeinschaft von Klöstern desselben Instituts, die vom Apostolischen Stuhl errichtet wird, damit Klöster, die am gleichen Charisma teilhaben, nicht isoliert bleiben, sondern es in Treue bewahren und durch gegenseitige schwesterliche Hilfe den unverzichtbaren Wert der Gemeinschaft leben" (CO 86). Sie „besteht aus mehreren autonomen Klöstern, die eine Verbundenheit des Geistes und der Traditionen haben, und, obwohl sie nicht unbedingt nach geographischen Gesichtspunkten organisiert sind, nach Möglichkeit nicht zu weit entfernt sein sollten" (CO 87). Die Eigenheit einer Föderation von rechtlich selbstständigen Nonnenklöstern besteht darin, dass die einzelnen Klöster ihre Autonomie behalten und weiterhin der besonderen Aufsicht des Diözesanbischofs anvertraut sind (vgl. c. 615 CIC). Die Föderationspräsidentin ist weder höhere Oberin noch oberste Leiterin. Der Umfang ihrer Vollmacht ist in CO 110–122 normiert. Außerdem kommen ihr nach CO weitere Kompetenzen zu, die vorher beim Diözesanbischof lagen, was die Autonomie der Klöster stärkt.[10]

Föderationen sind öffentliche juristische Person des kirchlichen Rechts (vgl. c. 116 § 2 CIC), mit der Eigenheit, dass sie kein Zusammenschluss von physischen, sondern von juristischen Personen sind.

10 Vgl. dazu: Dominicus M. Meier: „Zwischen Koordination und Krisenmanagement. Die Funktion der Föderationspräsidentin im Lichte der Instruktion Cor orans", in: *Ecclesiae et scientiae fideliter inserviens. Festschrift für Rudolf Henseler CSsR zur Vollendung des 70. Lebensjahres*, hrsg. v. Matthias Pulte/Rafael M. Rieger (Mainzer Beiträge zu Kirchen- und Religionsrecht 7), Würzburg: Echter, 2019, S. 437–457.

d) Konföderation

Unter Konföderation ist der Zusammenschluss mehrerer Föderationen unter einem gemeinsamen Oberen zu verstehen. In der Praxis kommen sie insbesondere in Form von Konföderationen von monastischen oder kanonikalen Kongregationen (bspw. Benediktinische Konföderation, Zisterzienserorden oder Konföderation der Augustiner-Chorherren) unter einem gemeinsamen Oberen (bspw. Abtprimas oder Generalabt) vor. Der Obere einer Konföderationen von monastischen oder kanonikalen Kongregationen ist höherer Oberer i. S. d. c. 620 CIC, der jedoch nicht die ganze Vollmacht hat, die das allgemeine Recht den höheren Oberen zuteilt. Der Umfang seiner Vollmacht ist im Eigenrecht der Konföderation geregelt. Verschiedene Föderationen von rechtlich selbstständigen Nonnenklöstern desselben Instituts können mit Zustimmung des Apostolischen Stuhls eine Konföderation gründen.[11] Konföderationen sind öffentliche juristische Person des kirchlichen Rechts (vgl. c. 116 § 2 CIC), mit der Eigenheit, dass sie kein Zusammenschluss von physischen, sondern von juristischen Personen sind.

6. Änderungen (c. 583)

Es gilt der Grundsatz: Was einmal vom Apostolischen Stuhl approbiert wurde, darf ohne dessen Erlaubnis nicht verändert werden (vgl. c. 583 CIC). Solche Angelegenheiten sind damit der Kompetenz der institutsinternen Autorität oder des Diözesanbischofs entzogen.

11 Vgl. Kongregation für die Institute des geweihten Lebens und die Gesellschaften des apostolischen Lebens: *Instruktion „Cor Orans“*, Nr. 95 (S. 33).

7. Aufhebung (c. 584)

Literatur: Myriam WIJLENS: „Auflösung von Religioseninstituten. Die vermögensrechtlichen Aspekte aus kirchenrechtlicher Sicht", in: *OK* 46 (2005), S. 196–214.

Die Aufhebung eines Instituts des geweihten Lebens, sowohl bischöflichen wie auch päpstlichen Rechts, kommt dem Apostolischen Stuhl zu (vgl. c. 584 CIC). So kann ein Diözesanbischof mit schriftlicher Genehmigung des Apostolischen Stuhls zwar ein Institut gründen, ein einmal gegründetes Instituts aber nicht mehr selbst aufheben. Der Aufhebung eines Instituts kommt üblicherweise die Aufhebung der einzigen Niederlassung eines Instituts faktisch gleich,[12] die daher ebenfalls dem Apostolischen Stuhl vorbehalten ist (vgl. c. 616 § 2 CIC).

Die Norm des c. 584 CIC folgt dem Grundsatz aus c. 120 § 1 CIC, dass eine juristische Person ihrer Natur nach zeitlich unbegrenzt ist und nur von der zuständigen Autorität rechtmäßig aufgehoben werden kann. Ein Recht zur Selbstauflösung einer öffentlichen juristischen Person sieht der CIC nicht vor. Obwohl in c. 584 CIC nicht explizit erwähnt, gilt für Institute des geweihten Lebens ebenfalls das in c. 120 § 1 CIC normierte von selbst eintretende Erlöschen. Ein Institut des geweihten Lebens erlischt, wenn es durch einen Zeitraum von 100 Jahren zu handeln aufgehört hat, also nach Ablauf von 100 Jahren vom Tod des letzten Mitglieds oder dem Ausschei-

12 Die Aufhebung der letzten Niederlassung zieht allerdings nicht zwangsläufig die Aufhebung des gesamten Instituts nach sich. Das Institut als solches könnte noch Mitglieder haben und fortbestehen, und selbst wenn das Institut keine Mitglieder mehr hat, erlischt es, wenn es nicht explizit aufgehoben wurde, kraft Gesetzes erst, wenn es durch einen Zeitraum von 100 Jahren zu handeln aufgehört hat (vgl. c. 120 CIC).

den der letzten handlungsfähigen Person an gerechnet. In diesem Fall tritt das Erlöschen kraft Gesetzes ein, ohne dass es eines Auflösungsdekrets bedarf. Um der Rechtssicherheit willen ist es aber angebracht, dass der Apostolische Stuhl als zuständige Autorität das Erlöschen feststellt.

Dem Apostolischen Stuhl ist es auch vorbehalten, bei Aufhebung oder nach Erlöschen über das Vermögen des Instituts zu verfügen (vgl. c. 584; 616 § 2 CIC). Das Vermögen fällt nicht zwangsläufig an den Apostolischen Stuhl, diesem kommt es lediglich zu, darüber zu entscheiden, wie das Vermögen verwendet wird. Eine im Eigenrecht eines Instituts enthaltene Verfügung, wie das Institutsvermögen bei Aufhebung oder Erlöschen verwendet werden soll, ist für den Apostolischen Stuhl nicht bindend, allerdings wäre eine dem Patrimonium des Instituts (→ S. 55) entsprechende Verwendung wünschenswert. Nicht explizit in den cc. 584 und 616 § 2 CIC erwähnt, aber wohl vorauszusetzen ist, dass der Apostolische Stuhl bei seiner Verfügung über das Vermögen den Willen der Stifter und Spender sowie die wohlerworbenen Rechte Dritter zu beachten hat (vgl. c. 123 CIC). Nicht zuletzt sind außerdem die Vorgaben des staatlichen Rechts bezüglich des Vermögens des staatlichen Rechtsträgers des Instituts zu befolgen.

8. Untergliederungen (cc. 581.585)

Je nach Größe und Verbreitung eines Instituts kann es sinnvoll sein, das Institut in Teile zu untergliedern. Bei Religioseninstituten heißen die Untergliederungen in der Regel Provinzen (vgl. c. 621 CIC), in Säkularinstituten können sie auch andere Namen tragen. Das allgemeine Recht überlässt der zuständigen institutsinternen Autorität sämtliche Kompetenz hinsichtlich der Untergliederung in Teile (vgl. cc. 581; 585 CIC). Welche institutsinterne Autorität zuständig ist, ist in den Konstitutionen festzulegen.[13] Die Kompetenz umfasst, neue Teile zu errichten, errichtete zusammenzuschließen oder anders zu umschreiben sowie Teile eines Instituts aufzuheben.

9. Gebührende Autonomie (c. 586)

Literatur: Franziskus BERZDORF: *Autonomie und Exemtion der kanonischen Lebensverbände* (MThSt III/49), St. Ottilien: EOS, 2015; Viktor DAMMERTZ: „Die gebührende Autonomie der diözesanrechtlichen Ordensverbände und der eigenberechtigten Klöster", in: *OK* 30 (1989), S. 19–33; Josef KREMSMAIR: „Garantiert die Autonomie im CIC/1983 die Eigenart der Ordensinstitute?", in: *ÖAKR* 38 (1989), S. 73–84; Helmuth PREE: „Aktuelle Fragen zur Ordensautonomie", in: *OK* 45 (2004), S. 153–170.

Allen Instituten des geweihten Lebens wird eine gebührende Autonomie ihres Lebens zuerkannt (vgl. c. 586 § 1 CIC). Die gebührende Autonomie lässt sich als Grundrecht der Institute bezeichnen und umfasst das Recht, im Rahmen, den das allgemeine Kirchenrecht vorgibt, die eigenen Angelegenheiten selbst zu regeln.

Vor allem betrifft die gebührende Autonomie den Bereich der Leitung. Dies umfasst die Satzungsautonomie, d. h. Institute dürfen ihr Eigenrecht selbstständig erstellen (→ S. 71). Vom Typ des In-

13 Fehlt in den Konstitutionen eine diesbezügliche Regelung, ist in jedem Fall von einer Zuständigkeit des Generalkapitels auszugehen. Vgl. dazu die Entscheidung der Apostolischen Signatur im Enddekret *c.* AGUSTONI vom 08.11.1997, Prot.-Nr. 27013/96 CA, in: William L. DANIEL (Hrsg.): *Ministerium Iustitiae. Jurisprudence of the Supreme Tribunal of the Apostolic Signatura*, Montreal: Wilson & Lafleur, 2011, S. 275–298.

stituts (→ S. 79) hängt der Umfang (→ S. 100) der Autonomie der Leitung ab.

Einschränkungen erfährt die Autonomie beispielsweise im Vermögensrecht. Dem einzelnen Institut steht es zu, Vermögen zu erwerben, zu besitzen, zu verwalten und zu veräußern (vgl. c. 634 § 1 CIC), doch kommt dem Papst ein Aufsichtsrecht zu (vgl. c. 1256 CIC), sodass die Institute in ihrem regelmäßigen Bericht an den Apostolischen Stuhl (→ S. 87) zu einem Bericht über ihre Finanzen und Immobilien verpflichtet sind. Außerdem ist bei bestimmten Rechtsgeschäften die Erlaubnis des Apostolischen Stuhles erforderlich (vgl. c. 638 § 3 CIC). Das Vermögen von Instituten des geweihten Lebens ist Kirchenvermögen (vgl. c. 1257 § 1 CIC), sodass die Institute an die Normen der cc. 1258–1310 CIC über das Kirchenvermögen gebunden sind.

Die gebührende Autonomie schließt ein, dass Institute selbst entscheiden, ob sie ein äußeres Apostolat ausüben oder nicht. Bei Ausübung eines äußeren Apostolats ist die gebührende Autonomie der Institute insofern eingeschränkt, als dass die Religiosen neben ihren eigenen Oberen in diesem Bereich auch dem zuständigen Bischof unterstehen (vgl. c. 678 § 1–2 CIC), dem in seinem Bistum unter Wahrung der Eigenart und der Zielsetzung der einzelnen Institute und ihrer Stiftungsbestimmungen die Koordinierung sämtlicher apostolischer Werke und Tätigkeiten zwischen den Instituten untereinander sowie zwischen den Instituten und dem Bistum zukommt (vgl. c. 680 CIC). Nähere Grundsätze, Richtlinien und Normen hierzu enthält MR, wobei die Leitlinien über die Zusammenarbeit zwischen den Bischöfen und Religiosen zurzeit neu bearbeitet werden.

Ziel der den Instituten zuerkannten gebührenden Autonomie ist es, dass die einzelnen Institute auf diese Weise ihr Patrimonium (→ S. 55) unversehrt bewahren können. Das Grundrecht der gebührenden Autonomie der Institute bindet auch die Amtsträger der verfassen Kirche. So ist es Sache der Ortsordinarien, die gebührende Autonomie der Institute zu wahren und zu schützen (vgl. c. 586 § 2 CIC).

10. Eigenrecht (c. 587)

Literatur: Dominicus M. Meier: „„… secundum ius proprium'. Zum Eigenrecht der Institute des geweihten Lebens", in: *EuA* 89 (2013), S. 92–98; Yuji Sugawara: „Ruolo delle Costituzioni negli Istituti di vita consacrata", in: *PRC* 98 (2009), S. 663–691; Daniel Tibi: „Eine Ehe von Geist und Gesetz. Spirituelle und juristische Elemente in Konstitutionen", in: *EuA* 99 (2023), S. 184–195; Daniel Tibi: „L'adeguata armonizzazione degli elementi spirituali e giuridici nelle costituzioni (can. 587 § 3)", in: *QDE* 35 (2022), S. 82–90

Zur gebührenden Autonomie (→ S. 69) gehört, dass die Institute im Rahmen, den das allgemeine Kirchenrecht vorgibt, ihr Eigenrecht selbst erarbeiten dürfen. Dadurch soll die eigene Berufung und Eigenart der einzelnen Institute möglichst getreu erhalten werden. Das allgemeine Kirchenrecht gibt in Bezug auf die Institute des geweihten Lebens einen breiten Rahmen vor, der durch das Eigenrecht der Institute ausgefüllt wird. Unterschieden werden zwei Arten von Eigenrecht: das grundlegende Gesetzbuch, im allgemeinen Recht Konstitutionen genannt, wobei in der Praxis auch andere Bezeichnungen vorkommen, sowie das sonstige Eigenrecht.

a) Konstitutionen (c. 587 §§ 1–3)

Die Konstitutionen eines Instituts als grundlegendes Gesetzbuch wurzeln im Patrimonium des Instituts (→ S. 55) und bringen dadurch in den rechtlichen Bestimmungen das institutseigene Charisma zum Ausdruck. Sie müssen die Grundnormen enthalten über die Leitung des Instituts, über die Lebensordnung der Mitglieder, über die Eingliederung und Ausbildung der Mitglieder sowie über den spezifischen Gegenstand der Bindungen (vgl. c. 587 § 1 CIC). In diversen Einzelnormen des allgemeinen Rechts wird auf die Bestimmungen in den Konstitutionen der Institute verwiesen, die zu den betreffenden Rechtsmaterien nähere Bestimmungen enthalten müssen oder können:

- *alle Institute des geweihten Lebens betreffend:*
  - Untergliederungen von Instituten (c. 581 CIC)
  - Vollmacht, die die Oberen und Kapitel über die Mitglieder haben (c. 596 § 1 CIC)
  - Art und Weise, wie die evangelischen Räte der Keuschheit, der Armut und des Gehorsams zu befolgen sind (c. 598 § 1 CIC)
  - Gehorsamsverpflichtung gegenüber den Oberen (c. 601 CIC)
- *Religioseninstitute betreffend:*
  - Errichtung von Niederlassungen (c. 609 § 1 CIC)
  - rechtliche Selbstständigkeit von klösterlichen Niederlassungen von Regularkanonikern und Mönchen (c. 613 § 1 CIC)

- Lebensweise und Leitung von rechtlich selbstständigen Nonnenklöstern (cc. 614–615 CIC)
- Aufhebung einer Niederlassung und Bestimmungen zur Verwendung des Vermögens im Falle einer Aufhebung (c. 616 CIC)
- Ernennung oder Wahl eines höheren Oberen (c. 623 CIC)
- Amtszeit des obersten Leiters und der Oberen rechtlich selbstständiger Niederlassungen (c. 624 § 1 CIC)
- kanonische Wahl des obersten Leiters und Ernennung oder Wahl der übrigen Oberen (c. 625 CIC)
- Rat der Oberen (c. 627 § 1 CIC)
- Autorität, die das Generalkapitel ausübt, sowie dessen Zusammensetzung und Vollmachtsbereich (c. 631 §§ 1-2 CIC)
- Ausschluss oder Einschränkung der Fähigkeit des Instituts, der Provinzen und der Niederlassungen Vermögen zu erwerben, zu besitzen, zu verwalten und zu veräußern (c. 634 § 1 CIC)
- Festlegung von Zeitabschnitten für die Durchführung eines apostolischen Praktikums außerhalb der Kommunität des Noviziats (c. 648 § 2 CIC)
- institutseigene Weise der Nachfolge Christi (c. 662)
- Festlegung der Klausur für Nonnenklöster (vgl. c. 667 § 3 CIC)
- Verfügungen über Gebrauch und Nießbrauch des eigenen Vermögens vor der ersten Profess (c. 668 § 1 CIC)
- Versorgungsverpflichtung (c. 670 CIC)

- *Säkularinstitute betreffend:*
  - Festlegung der Bindungen, durch die die evangelischen Räte im Institut übernommen werden, sowie der Verpflichtungen, die diese Bindungen entstehen lassen (c. 712 CIC)
  - Festlegung der Lebensweise unter den gewöhnlichen Bedingungen der Welt (c. 714 CIC)
  - Festlegung der Weise der Leitung, der Amtsdauer der Leiter sowie der Weise der Bestellung der Leiter (c. 717 § 1 CIC)
  - Zulassung zur Probezeit sowie zur Übernahme der Bindungen (c. 720 CIC)
  - Festlegung von Zulassungshindernissen (c. 721 § 2 CIC)
  - Festlegung von Art und Dauer der Probezeit (c. 722 § 3 CIC)
  - erste und endgültige Eingliederung (c. 723 §§ 2.4 CIC)
  - Ausbildung nach der erstmaligen Übernahme der Bindungen (c. 724 § 1 CIC)
  - Angliederung anderer Gläubiger (c. 725)
  - Beantragung eines Austrittsindults nach ewiger Eingliederung (c. 727 § 1 CIC)
  - Festlegung von Entlassungsgründen (c. 729 CIC)
- *Normen aus anderen Rechtsbereichen Institute des geweihten Lebens betreffend:*
  - Erteilung der Erlaubnis zur Predigt vor Religiosen in ihren Kirchen oder Kapellen (c. 765 CIC)

- Erlaubnis des höheren Oberen zur Veröffentlichung von Schriften zu Fragen der Religion oder der Sitten (c. 832 CIC)
- Verpflichtung der Oberen in klerikalen Instituten zur Ablegung des Glaubensbekenntnisses (c. 833 Nr. 8 CIC)
- Beichtbefugnis eines Oberen eines klerikalen Religioseninstituts päpstlichen Rechts (c. 968 § 2 CIC)
- Ausstellung von Weiheentlassschreiben durch höhere Obere eines klerikalen Religioseninstitutes päpstlichen Rechts (c. 1019 § 1 CIC)
- Verpflichtung zum Stundengebet (c. 1174 § 1 CIC)
- Aufenthaltsverbot für Religiosen (c. 1337 § 2 CIC)
- Festlegung des zuständigen Gerichts erster Instanz für institutsinterne Streitigkeiten bei klerikalen Religioseninstituten päpstlichen Rechts (c. 1427 §§ 1–2 CIC)

Konstitutionen und Änderungen an ihnen zu beschließen, kommt der zuständigen Autorität des Instituts zu, in der Regel ist dies das Generalkapitel. Von ihrem Wesen her kommt den Konstitutionen als grundlegendem Gesetzbuch eine gewisse Beständigkeit zu, sodass Änderungen an ihnen nicht zu häufig sein sollten, können aber regelmäßig vorkommen, wenn Anpassungen an geändertes allgemeines Rechts nötig sind oder wenn sich Ausrichtung und Charisma des Instituts und damit auch sein Patrimonium ändern, in dem die Konstitutionen wurzeln.

Konstitutionen müssen von der zuständigen kirchlichen Autorität genehmigt werden und können nur mit deren Zustimmung geändert werden (vgl. c. 587 § 2 CIC). Die zuständige kirchliche Autorität ist bei Instituten bischöflichen Rechts der Bischof des Hauptsitzes des Instituts (vgl. c. 595 § 1 CIC) sowie bei Instituten päpstlichen Rechts der Apostolische Stuhl, näherhin das Dikasterium für die Institute des geweihten Lebens und die Gesellschaften des apostolischen Lebens (vgl. Art. 124 § 1 Nr. 1 PE).

In Konstitutionen sind spirituelle und juristische Elemente in geeigneter Weise zusammenzufügen[14] (vgl. c. 587 § 3 CIC). Diese Bestimmung geht auf die zeitgemäße Erneuerung des Ordenslebens zurück, wie sie vom Zweiten Vatikanischen Konzil gefordert wurde:

> „Nur wenn beide Elemente, das spirituelle und das juridische, eine Einheit bilden, haben die grundlegenden Dokumente der Gemeinschaften ein festes Fundament und sind von wahrem Geist und lebensspendender Norm geprägt. Man vermeide es also, den Text rein juridisch oder bloß erbaulich abzufassen" (ES 13).

Vorher waren Konstitutionen reine Rechtstexte. Die Aufnahme spiritueller Elemente war nicht vorgesehen und für Kongregationen mit einfachen Gelübden (→ S. 37) sogar explizit verboten.[15] Doch lässt sich geweihtes Leben nicht ausschließlich in rechtlichen Kategorien fassen, sodass die Aufnahme spiritueller Elemente in Konstitutionen eine sinnvolle Neuerung darstellt. Wie in der Praxis allerdings

14 Die von der Deutschen Bischofskonferenz herausgegebene deutsch-lateinische Ausgabe des CIC/1983 verwendet in der deutschen Übersetzung das Wort „zusammenzustellen". Eine bessere Übersetzung für das lateinische Wort „*componantur*" ist „zusammenfügen", da vom Sinn der Norm her spirituelle und juristische Elemente nicht nur einfach zusammengestellt, sondern auch miteinander verbunden werden sollen.

15 Vgl. Sacra Congregatio de Religiosis: „Normae secundum quas Sacra Congregatio de Religiosis in novis religiosis congregationibus approbandis procedere solet", in: *AAS* 13 (1921), S. 312–319, hier Nr. 22 (S. 317).

spirituelle und juristische Elemente in geeigneter Weise zusammengefügt werden können, wird in der kanonistischen Literatur kaum behandelt.[16] Eine Möglichkeit ist, die Konstitutionen in zwei Bücher einzuteilen, von denen ein Buch die spirituellen Elemente und das zweite Buch die juristischen Elemente beinhaltet. Diese simple Lösung hat den Vorteil, dass die beiden unterschiedlichen Elemente nicht durchmischt werden und sich jedes der beiden Bücher der den Elementen je eigenen Sprache bedienen kann. Jedoch sind in dieser Lösung spirituelle und juristische Elemente nicht in geeigneter Weise zusammengefügt, sondern bewusst getrennt gehalten. Besser ist es, ein einziges Buch der Konstitutionen zu verfassen und darin beide Elemente aufzunehmen. Quelle für die spirituellen Elemente ist das Patrimonium (→ S. 55), in dem die Konstitutionen wurzeln. Den juristischen Elementen kommt es zu, das Patrimonium eines Instituts zu schützen und seine praktische Umsetzung sicherzustellen.[17] Ein Lösungsansatz kann sein, dass zunächst ein spirituelles Element aus dem Patrimonium benannt wird und sich daran juristische Normen zu dessen Schutz und praktischer Umsetzung anschließen. Auf diese Weise kommt das Patrimonium eines Instituts in den juristischen Elementen angemessen zum Ausdruck.

---

16 Ansätze finden sich beispielsweise in: Gianpaolo MONTINI: „Costituzioni giuridiche o spirituali?", in: *L'Ancella della Carità* 85 (2007), S. 105–112; Daniel TIBI: „Eine Ehe von Geist und Gesetz. Spirituelle und juristische Elemente in Konstitutionen", in: *EuA* 99 (2023), S. 184–195; Daniel TIBI: „L'adeguata armonizzazione degli elementi spirituali e giuridici nelle costituzioni (can. 587 § 3)", in: *QDE* 35 (2022), S. 82–90.

17 Vgl. weiterführend dazu: Myriam WIJLENS: „The Church Knowing and Acting. The Relationship between Theology and Canon Law", in: *Louvain Studies* 20 (1995), S. 21–40; Myriam WIJLENS: „Fides Quaerens Actionem. Eine Analyse der Theorie Ladislas Örsy's", in: *ÖAKR* 40 (1991), S. 367–386.

Außerdem dürfen die Normen in den Konstitutionen nicht unnötig vermehrt werden (vgl. c. 587 § 3 CIC). Die Konstitutionen sind das grundlegende Rechtsbuch des Instituts und sollten daher nur solche Normen enthalten, die nach den Bestimmungen des allgemeinen Rechts notwendigerweise in ihnen enthalten sein müssen. Zum einen räumt es eine gewisse Flexibilität ein, wenn nicht zu viele Details im grundlegenden Rechtsbuch starr geregelt sind, sondern durch die Provinzen oder Niederlassungen selbst geregelt oder der Entscheidung der Oberen anheimgestellt werden. Zum anderen hat es den praktischen Vorteil, dass Normen ohne Zustimmungen der kirchlichen Autorität geändert werden können, wenn sie nicht in den Konstitutionen enthalten sind, sondern in den sonstigen Rechtsbüchern.

Aus einem gerechten und vernünftigen Grund kann die zuständige Autorität von Normen der Konstitutionen im Einzelfall dispensieren (vgl. c. 90 § 1 CIC). Bei Instituten bischöflichen Rechts ist der Diözesanbischof für eine Dispens von Vorschriften der Konstitutionen zuständig (vgl. c. 595 § 2 CIC). Diese Kompetenz fällt sowohl dem Diözesanbischof des Hauptsitzes des Instituts wie auch dem Diözesanbischof der Niederlassung, der der Religiose, der um Dispens bittet, angehört, zu (vgl. c. 85 CIC). In klerikalen Instituten päpstlichen Rechts sind die höheren Oberen Ordinarien, sodass ihnen Dispensvollmacht gegenüber den ihnen unterstellten Mitgliedern des Instituts zukommt. In jedem Fall kann der Apostolische Stuhl wegen einer Dispens angegangen werden.

b) Sonstiges Eigenrecht (c. 587 § 4)

Die Konstitutionen sind das grundlegende Rechtsbuch eines Instituts, das die grundlegenden Normen enthält. Sie bilden einen Rahmen, der durch das sonstige Eigenrecht ausgefüllt wird, das durch die zuständige Autorität des Instituts erlassenen worden ist. Dies umfasst alle Normen, die vom Generalkapitel und, wenn vorhanden, vom Provinzkapitel und vom Haus- oder Konventkapitel sowie von den zuständigen Oberen erlassen worden sind. Diese Normen sind in eigenen Rechtsbüchern zusammenzustellen (vgl. c. 587 § 4 CIC). Eine Approbation von einer institutsexternen Autorität ist nicht erforderlich, doch darf das sonstige Eigenrecht den Bestimmungen des allgemeinen Kirchenrechts und der Konstitutionen nicht widersprechen. Das allgemeine Recht verweist in diversen Einzelnormen auf die Bestimmungen des Eigenrechts der Institute. In diesen Fällen steht den Instituten ein Wahlrecht zu, ob diese Rechtsmaterien in den Konstitutionen oder in den sonstigen Rechtsbüchern behandelt werden, wobei die Wahl in der Regel auf letztere Option fallen sollte, um mehr Flexibilität bei Änderungen zu haben. Eine Dispens von Normen des sonstigen Eigenrechts kommt der zuständigen institutsinternen Autorität zu.

11. Typologie (cc. 588–595)

Der CIC/1983 teilt die Institute des geweihten Lebens in verschiedene Typen ein. So werden klerikale und laikale Institute sowie Institute bischöflichen Rechts und Institute päpstlichen Rechts unterschieden. Weiterhin lassen sich exemte und nichtexemte Institute unterscheiden, wobei die Exemption im geltenden allgemeinen Kirchenrecht nur eine untergeordnete Rolle spielt.

a) Klerikale und laikale Institute (c. 588)

Quellen: KONGREGATION FÜR DIE INSTITUTE DES GEWEIHTEN LEBENS UND DIE GESELLSCHAFTEN DES APOSTOLISCHEN LEBENS: „Identität und Sendung des Ordensbruders in der Kirche“, in: *OK* 58 (2017), S. 412–444.

Der CIC/1983 stellt in c. 588 § 1 fest: „Der Stand des geweihten Lebens ist seiner Natur nach weder klerikal noch laikal.“ Je nach Ausrichtung des einzelnen Instituts kann es entweder klerikal oder laikal sein. Aufgrund der negativen Formulierung in c. 588 § 1 CIC stellt sich die Frage, ob es auch gemischte bzw. indifferente Institute geben kann, also Institute, die aufgrund ihres Eigenrechts so verfasst sind, dass sie weder klerikal noch laikal sind.

aa) Klerikale Institute

Quellen: FRANCESCO: „Rescritto circa la deroga al can. 588 § 2 CIC (18 maggio 2022)“, in: *OR* 162.113 (18. 05. 2022), S. 6.

Literatur: Laurentius ESCHLBÖCK: „Ein Laie als Abt?“, in: *EuA* 98 (2022), S. 346–347.

Ein Institut ist klerikal, so definiert c. 588 § 2 CIC, wenn es

1. aufgrund des Stifterwillens oder seiner rechtmäßigen Überlieferung unter der Leitung von Klerikern steht,
2. die Ausübung der heiligen Weihe vorsieht und
3. von der kirchlichen Autorität als solches anerkannt ist.

Der CIC/1983 stellt damit auf die tatsächliche Ausrichtung eines Instituts ab. Der CIC/1917 hat in dieser Frage nach der Anzahl der Priester in einem Institut entschieden: Ein klerikales Institut war nach c. 488 Nr. 4 CIC/1917 ein Institut, in dem die Mehrheit der Mitglieder Priester war. Von diesem rein formalen Kriterium hat das geltende allgemeine Kirchenrecht Abstand genommen.

Die höheren Oberen von klerikalen Instituten päpstlichen Rechts sind gegenüber den Mitgliedern des Instituts Ordinarien (vgl. c. 134 § 1 CIC).

Im Zuge des Zweiten Vatikanischen Konzils kam es zu einer Rückbesinnung auf die brüderliche Gleichheit aller Mitglieder eines Instituts unabhängig davon, ob sie die Priesterweihe empfangen haben oder nicht (vgl. PC 15). Dies schloss den Wunsch ein, dass in klerikalen Instituten auch Laien Leitungsämter bekleiden können. Dem steht die Regelung in c. 588 § 2 CIC entgegen, dass ein klerikales Institut unter der Leitung von Klerikern steht. Der Apostolische Stuhl hat in begründeten Einzelfällen in der Vergangenheit bereits Ausnahmen ermöglicht. Mit Reskript vom 18. Mai 2022 hat Papst Franziskus die Möglichkeit geschaffen, dass in Einzelfällen Laien Obere in klerikalen Instituten päpstlichen Rechts werden können und dazu dem Dikasterium für die Institute des geweihten Lebens und die Gesellschaften des apostolischen Lebens die Befugnis erteilt, nach eigenem Ermessen und in Einzelfällen von der Bestimmung „unter der Leitung von Klerikern" in c. 588 § 2 CIC sowie entsprechenden Bestimmungen im Eigenrecht eines Instituts zu derogieren. Im Einzelnen ist dabei wie folgt vorzugehen:

- *Ein Laienmitglied soll zum Hausoberen ernannt werden:*
  Ein Laienmitglied kann vom obersten Leiter eines Instituts mit

Zustimmung seines Rates zum Hausoberen ernannt werden, ohne dass eine Intervention des Dikasteriums für die Institute des geweihten Lebens und die Gesellschaften des apostolischen Lebens erforderlich ist (vgl. Reskript vom 18. Mai 2022, Nr. 1).

- *Ein Laienmitglied soll zum höheren Oberen ernannt werden:* Ein Laienmitglied kann vom obersten Leiter eines Instituts zum höheren Oberen ernannt werden, nachdem der oberste Leiter mit Zustimmung seines Rates auf seinen Antrag hin die schriftliche Erlaubnis des Dikasteriums für die Institute des geweihten Lebens und die Gesellschaften des apostolischen Lebens erhalten hat (vgl. Reskript vom 18. Mai 2022, Nr. 2).
- *Ein Laienmitglied wird zum höheren Oberen oder zum obersten Leiter gewählt:* Wurde ein Laienmitglied gemäß den im Eigenrecht vorgesehenen Modalitäten zum höheren Oberen oder zum obersten Leiter gewählt, ist die Bestätigung durch schriftliche Genehmigung durch das Dikasterium für die Institute des geweihten Lebens und die Gesellschaften des apostolischen Lebens erforderlich (vgl. Reskript vom 18. Mai 2022, Nr. 3).

Ist eine Intervention durch das Dikasterium für die Institute des geweihten Lebens und die Gesellschaften des apostolischen Lebens erforderlich, kommt es diesem zu, den Einzelfall und die angegebene Begründung zu prüfen (vgl. Reskript vom 18. Mai 2022, Nr. 4).

Die Befugnis, die durch das Reskript dem Dikasterium für die Institute des geweihten Lebens und die Gesellschaften des apostolischen Lebens erteilt wurde, gilt vorbehaltlich c. 134 § 1 CIC. Laienmitglieder, die das Amt eines höheren Oberen oder obersten

Leiters bekleiden, sind demnach keine Ordinarien.[18] Ordinarien sind diejenigen höheren Oberen, die wenigstens ordentliche ausführende Leitungsgewalt besitzen (vgl. c. 134 § 1 CIC). Ämter, zu deren Ausübung kirchliche Leitungsgewalt erforderlich ist, können jedoch allein Kleriker erhalten (vgl. c. 274 § 1 CIC). Für den Fall eines Laienmitglieds im Amt eines höheren Oberen muss das Eigenrecht bestimmen, wer in diesem Fall die Funktion des Ordinarius ausübt. Dies könnte beispielsweise der Stellvertreter des Laienmitglieds im Amt des höheren Oberen sein oder, wenn vorhanden, dessen institutsinterner hierarchischer Oberer.

bb) Laikale Institute

Anders als der CIC/1917, nach dem laikale Institute alle Institute waren, die keine klerikalen Institute waren (vgl. c. 488 Nr. 4 CIC/1917), gibt der CIC/1983 eine positive Definition. Ein Institut ist laikal, so definiert c. 588 § 3 CIC, wenn es

1. aufgrund des Stifterwillens oder seiner rechtmäßigen Überlieferung eine ihm eigentümliche Aufgabe hat, die eine Ausübung der Weihe nicht einschließt, und
2. von der kirchlichen Autorität als solches anerkannt ist.

Der Einordnung als laikales Institut steht nicht entgegen, dass einige Mitglieder für den priesterlichen Dienst innerhalb des Instituts die Priesterweihe empfangen haben (vgl. VC 60).

---

18 Dies hat das Dikasterium für die Gesetzestexte in einer *Risposta particolare* vom 10.08.2022, in: *Comm* 54 (2022), S. 399–400, bestätigt.

cc) Gemischte Institute

Literatur: Bruno PRIMETSHOFER: „Neue Rechtsentwicklungen im Bereich der gemischten Institute des geweihten Lebens“, in: *Recht – Bürge der Freiheit. Festschrift für Johannes Mühlsteiger SJ zum 80. Geburtstag*, hrsg. v. Konrad BREITSCHING/Wilhelm REES (KST 51), Berlin: Duncker & Humblot, 2006, S. 729–748; Bruno PRIMETSHOFER: „Instituta nec clericalia nec laicalia. Möglichkeiten und Konsequenzen“, in: *OK* 30 (1989), S. 34–48.

Die negative Aussage in c. 588 § 1 CIC, dass der Stand des geweihten Lebens seiner Natur nach weder klerikal noch laikal ist, sowie die positiven Definitionen von klerikalen und laikalen Instituten in c. 588 § 2–3 CIC mit der prinzipiellen Möglichkeit, dass es Institute geben könnte, die keine der beiden Definitionen erfüllen, haben die Frage aufkommen lassen, ob das allgemeine Kirchenrecht als dritten Typus neben klerikalen und laikalen Instituten auch gemischte (bzw. indifferente) Institute zulässt. Vom Wortlaut des c. 588 CIC her sind gemischte Institute weder explizit vorgesehen noch prinzipiell ausgeschlossen. Dagegen spricht allerdings, dass im Rahmen der Neubearbeitung des CIC nach dem Zweiten Vatikanischen Konzil in einer Sitzung der für die Redaktion des Ordensrechts zuständigen Kommission der Vorschlag verworfen wurde, im neuen allgemeinen Kirchenrecht klerikale, laikale und indifferente Institute zuzulassen und es den Instituten zu überlassen, in ihren Konstitutionen festzulegen, um welchen Typus es sich bei dem Institut handele: „*Cuiuscumque Instituti est suis in Constitutionibus determinare utrum clericale sit vel laicale vel ‚indifferens‘.*“[19] In einer Sitzung der Kommission am 2. März 1979 wurde dieser Vorschlag mit zwei

19 In: *Comm* 11 (1979), S. 61.

Ja- gegen acht Nein-Stimmen mit deutlicher Mehrheit abgelehnt. Daraus lässt sich schließen, dass gemischte Institute nicht in der Intention des c. 588 CIC liegen. Zwischenzeitlich ist der Typus eines gemischten Instituts ohnehin faktisch obsolet geworden. Unter gemischten Instituten werden solche Institute verstanden, die die Ausübung der Weihegewalt vorsehen und in denen Kleriker und Laien dieselben Rechte und Pflichten haben, sodass Laien insbesondere auch das Amt eines Oberen bekleiden können (vgl. VC 61). Solche Institute würden weder die Definition als klerikales Institut (da sie nicht unter der Leitung von Klerikern stehen) noch die als laikales Institut (da sie die Ausübung der Weihegewalt vorsehen) erfüllen. Da der Zugang von Laien zum Amt des Oberen nunmehr grundsätzlich durch das Reskript Papst Franziskus' vom 18. Mai 2022 eröffnet wurde (→ S. 81), ist die Notwendigkeit des Typus eines gemischten Instituts obsolet geworden. Allerdings sind in jüngerer Zeit neue Formen des geweihten Lebens (→ S. 122) im Entstehen, die sich nicht ohne Weiteres in die Kategorien klerikales Institut oder laikales Institut einordnen lassen, sodass die Frage nach einem dritten Typus in Zukunft wieder aktuell werden könnte.

b) Institute bischöflichen Rechts und Institute päpstlichen Rechts (cc. 589–590.592–595)

Nach rechtmäßiger Errichtung durch den Diözesanbischof (→ S. 57) wird das neue Institut zu einem Institut bischöflichen Rechts und behält diesen Status bis es ein förmliches Anerkennungsdekret des Apostolischen Stuhls erhalten hat, wodurch es zum Institut päpstlichen Rechts wird (vgl. c. 589 CIC). Ein Institut, das unmittelbar vom Apostolischen Stuhl errichtet wurde, wird mit Errichtung sofort zum Institut päpstlichen Rechts, was in der Praxis jedoch die Ausnahme ist.

Alle Institute des geweihten Lebens, bischöflichen wie päpstlichen Rechts, unterstehen aus eigenem Grund der höchsten Autorität der Kirche (vgl. c. 590 § 1 CIC). Begründet wird dies damit, dass die Institute in besonderer Weise dem Dienst für die ganze Kirche gewidmet sind. Die höchste Autorität nimmt in der Kirche der Papst und zusammen mit ihm das Bischofskollegium ein. In der Praxis von Bedeutung ist die besondere Unterstellung unter den Papst und damit auch unter die Dikasterien des Apostolischen Stuhls. In Bezug auf Institute bischöflichen Rechts folgt daraus eine kumulierende Zuständigkeit des Bischofs und des Apostolischen Stuhls.[20] Aufgrund ihres Gehorsamsgelübdes sind die Mitglieder aller Institute des geweihten Lebens dem Papst als ihrem höchsten Oberen zu Gehorsam verpflichtet (vgl. c. 590 § 1 CIC), wobei sich diese Verpflichtung nur auf den Papst persönlich erstreckt, nicht auch auf die Dikasterien des Apostolischen Stuhls.

Zwei rechtliche Verpflichtungen aus dem besonderen Verhältnis aller Institute des geweihten Lebens zur obersten Autorität der Kirche sind in c. 592 CIC normiert: Die Verpflichtung zu einem regelmäßigen Bericht über Stand und Leben des Instituts an den

---

20 Vgl. dazu das Enddekret der Apostolischen Signatur *c.* IANNONE vom 24.06.2014, Prot.-Nr. 47546/13 CA, in: *PRC,* 112 (2023), S. 101–123, DOI: 10.32060/periodica.1.2023.101-133, hier S. 118: „*Instituta insuper speciali curae Episcopi dioecesani commissa minime subtrahuntur Supremae Ecclesiae auctoritati, uti cavet ipse Legislator: ‚Instituta vitae consecratae supremae eiusdem [= Ecclesiae] auctoritati peculiari ratione subduntur' (can. 590, 1). Competentia ergo Episcopi, sedis quoque principalis, illi cumulatur quae a Sede Apostolica exercetur.*"

Apostolischen Stuhl[21] sowie die Verpflichtung der Oberen, unter den Mitgliedern die Kenntnis der Verlautbarungen des Apostolischen Stuhls zu fördern und für ihre Befolgung zu sorgen, was mit der Verpflichtung zur lebenslangen Weiterbildung korrespondiert (vgl. c. 661 CIC). Der Bericht über Stand und Leben des Instituts ist vom obersten Leiter zeitgleich mit dem Generalkapitel an das Dikasterium für die Institute des geweihten Lebens und die Gesellschaften des apostolischen Lebens zu senden und muss folgende Punkte umfassen:[22]

1. Charisma und Sendung des Instituts
   (vgl. VC 36–37)
   - Kurzbeschreibung der Identität des Instituts und seines Charismas im zeitgenössischen Kontext
2. Statistische Angaben zum Institut
   (vgl. VC 40)
   - Mitglieder
     - Anzahl der Mitglieder mit ewigen Gelübden nach Alter aufgegliedert
     - Anzahl der Mitglieder mit zeitlichen Gelübden
     - Anzahl der Bewerber, Postulanten und Novizen nach Herkunftsländern aufgegliedert

21 Vgl. weiterführend dazu: Dominicus M. Meier: „Der periodische Bericht der Institutsleiter an den Hl. Stuhl“, in: *EuA* 86 (2010), S. 338–341.

22 Vgl. Kongregation für die Institute des geweihten Lebens und die Gesellschaften des apostolischen Lebens: *Leitlinien zur Abfassung des periodischen Berichts über Stand und Leben der Institute des geweihten Lebens und der Gesellschaften apostolischen Lebens* vom 11.05.2008, Prot.-Nr. SpR 640/2008.

   - Aufteilung der Mitglieder nach Kontinenten
   - Anzahl der ausgetretenen Mitglieder seit dem letzten Kapitel und Angabe der vorherrschenden Austrittsgründe

- Häuser, Regionen, Provinzen, Delegationen, Zonen usw.
   - Zahl und Aufteilung nach Kontinenten

3. Eigenrecht des Instituts: Regeln, Konstitutionen und andere Normen
   (vgl. VC 36-37; 68)

   - Datum der letzten Genehmigung der Konstitutionen
   - Motive für eine eventuell notwendige Neubearbeitung der Konstitutionen
   - Datum der letzten Abfassung der *ratio institutionis*
   - Mittel der ständigen Weiterbildung gemäß der *ratio institutionis*, im Hinblick auf ein immer bewussteres Verstehen der Regel und/oder der Konstitutionen des Instituts und der Treue zu ihnen seitens der Mitglieder

4. Primat Gottes
   (vgl. VC 17-19; 35; 39; 88 90)

   - Wertschätzung der Mitglieder für den Ruf zur Heiligkeit in der Nachfolge Christi und ihr Bemühen, auf diesen Ruf vorrangig vom Evangelium her zu antworten
   - Einsatz der Mitglieder im Gebet als Öffnung gegenüber dem Hl. Geist, der in Christus umformt; Wertschätzung für Schrift und Liturgie als Quellen des geistlichen Lebens

5. Leben in Gemeinschaft
   (vgl. VC 41–45; 69–71)

   - Wertschätzung der Mitglieder für das geweihte Leben als Zeichen der Brüderlichkeit im Zeugnis der Gemeinschaft „voll Freude und erfüllt vom Heiligen Geist“ (Apg 13,52)
   - Stellenwert der *lectio divina* im Gemeinschaftsleben, das Teilen des Glaubens und die gemeinschaftlichen Begegnungen
   - Mittel, die im Institut die geschwisterliche Fürsorge für jedes einzelne Mitglied der Gemeinschaft ausdrücken und ein ausgeglichenes menschliches und geistliches Wachstum ermöglichen
   - Wie begleitet das Institut die Mitglieder fortgeschrittenen Alters?
   - Formung der Mitglieder im Dienst der Autorität
   - grundlegende Prinzipien, an denen sich die Leitung auf den verschiedenen Ebenen orientiert (Häuser, Regionen, Provinzen, Delegationen, Zonen usw.) und die Beziehungen und Kommunikation fördern

6. Sendung und Dienst
   (vgl. VC 72-83; 96-99)

   - Wertschätzung der Mitglieder für das geweihte Leben als Dienst der Nächstenliebe
   - Aktuelle Wirkbereiche der Mitglieder des Instituts und Verwirklichung des Gründungscharismas in den verschiedenen Kulturen

- ständige Weiterbildung der Mitglieder des Instituts im Hinblick auf eine lebendige und auf die Kulturen angepasste Spiritualität des Apostolats
- Strategien, die im Institut angewendet werden, um die inneren demografischen Änderungen im Hinblick auf die eigene Mission in der Kirche zu leben
- Ausrichtung des Instituts auf die neuen Missionsfelder und die geplanten und umgesetzten Projekte

7. Berufungspastoral und Ausbildung
   (vgl. VC 63–71)

   - Jahr der Erstellung oder letzten Erneuerung der *ratio formationis* und der *ratio studiorum*, Projekte für die Anfangsausbildung und für die ständige Weiterbildung
   - Strategien und Mittel der Berufungspastoral
   - Kriterien für die Aufnahme neuer Mitglieder angesichts der ethnischen und kulturellen Unterschiede
   - Initiativen zur Ausbildung von Ausbildern
   - Teilnahme an interkongregationalen Ausbildungsprogrammen

8. Beziehungen in der Kirche
   (vgl. VC 45; 52–53)

   - Bewertung der Erziehung zur Spiritualität der *communio*, zum *sentire cum Ecclesia*; Integration in die Diözesen, in denen das Institut wirkt; Beziehungen zu den Bischöfen und den Pfarrern

- Interesse des Instituts für die Föderationen und Vereinigungen von Kongregationen, die eine gemeinsame charismatische Wurzel haben (vgl. c. 582 CIC); Zugehörigkeit des Instituts zu den internationalen und nationalen Konferenzen der höheren Oberen

9. Finanzen und Immobilien
   (vgl. VC 89-90)

   - Bericht in Bezug auf Finanzen und Immobilien; Sind diese Mittel für den Unterhalt der Mitglieder im aktiven Dienst und die Erfordernisse des Apostolats in den verschiedenen Territorien ausreichend?
   - Vorkehrung für eine gerechte und funktionelle Verteilung der Güter innerhalb des Instituts im Sinne des Evangeliums, für die Altersversorgung und Krankenversicherung der Mitglieder
   - Initiativen in der Armenfürsorge

10. Stand des Instituts
    (vgl. VC 84-95)

    - Erfolge in den letzten Jahren
    - Schwierigkeiten im Leben und in der Sendung des Instituts, die in der nächsten Amtszeit dringend angegangen werden müssen
    - Kurz- und langfristige Projekte und Initiativen, die sich das Institut vorgenommen hat
    - weitere Angaben von besonderem Interesse

aa) Institute bischöflichen Rechts (cc. 594–595)

Literatur: Suzanne David: „L'évêque et les congrégations du droit diocésain", in: *Les cahiers du droit ecclésial* 1 (1984), S. 9–22; Bruno Primetshofer: „Der Ortsbischof und die Ordensverbände", in: *Fides et ius. Festschrift für Georg May zum 65. Geburtstag*, hrsg. v. Winfried Aymans, Regensburg: Pustet, 1991, S. 149–162.

Ein Institut bischöflichen Rechts steht unter der besonderen Hirtensorge des Diözesanbischofs (vgl. c. 594 CIC), unbeschadet der gebührenden Autonomie nach c. 586 § 1 CIC (→ S. 69). Nach c. 492 § 2 CIC/1917 waren Institute bischöflichen Rechts der Jurisdiktion des Ortsordinarius voll unterstellt. Im geltenden Recht hingegen wird die gebührende Autonomie auch für Institute bischöflichen Rechts stärker herausgestellt. Der Diözesanbischof ist einem Institut bischöflichen Rechts und dessen Mitgliedern gegenüber kirchlicher Oberer, aber nicht hierarchischer Oberer. Das hat insbesondere zur Folge, dass das Gehorsamsgelübde die Mitglieder nicht dem Diözesanbischof gegenüber verpflichtet.[23] Eine besondere Rolle nimmt bei Instituten bischöflichen Rechts der Bischof des Hauptsitzes ein. Ihm kommt es zu, die Konstitutionen zu approbieren und Änderungen an ihnen zu genehmigen (vgl. c. 595 § 1 CIC). Außerdem ist es Sache des Bischofs des Hauptsitzes eines Instituts bischöflichen

23 In der Sitzung vom 22.–26.01.1968 der für die Redaktion des Ordensrechts im Rahmen der Neubearbeitung des CIC nach dem Zweiten Vatikanischen Konzil zuständigen Kommission machte einer der Konsultoren die Anmerkung: „*Instituta enim pendent ab Episcopo, non autem qua Superiore religioso interno, sed qua superiore ecclesiastico. Religiosi votum nuncupant oboedientiae ad superiores internos, non autem ad Episcopum*" (in: *Comm* 18 (1986), 171–209, hier S. 199). Die Apostolische Signatur hat diese Auffassung bestätigt in ihrem Enddekret *c.* Iannone vom 24.06.2014, Prot.-Nr. 47546/13 CA, in: *PRC* 112 (2023), S. 101–123, DOI: 10.32060/periodica.1.2023.101-133, hier S. 118.

Rechts, Angelegenheiten zu behandeln, die für das gesamte Institut von größerer Bedeutung sind und die Vollmacht der internen Autorität übersteigen (vgl. c. 595 § 1 CIC). Ist das Institut über mehrere Bistümer verteilt, ist in beiden Angelegenheiten die vorherige Beratung mit den anderen Diözesanbischöfen, in deren Bistümern das Institut Niederlassungen hat, zur Gültigkeit der Handlung erforderlich (vgl. c. 595 § 1 CIC i. V. m. c. 127 § 2 Nr. 2 CIC). Außerdem führt der Bischof des Hauptsitzes bei Instituten bischöflichen Rechts den Vorsitz bei Wahlen des obersten Leiters des Instituts (vgl. c. 625 § 1 CIC). Gegenüber einzelnen Niederlassungen von Instituten bischöflichen Rechts kommt dem Bischof, in dessen Gebiet sich die Niederlassung befindet, Folgendes zu: Er hat das Recht und die Pflicht zur kanonischen Visitation (vgl. c. 628 § 2 Nr. 2 CIC), er hat das Recht auf Einsichtnahme in die wirtschaftlichen Verhältnisse (vgl. c. 637 CIC), seine schriftliche Zustimmung ist für Veräußerungen und alle Geschäfte, durch die sich die Vermögenslage des Instituts verschlechtern kann, zur Gültigkeit erforderlich (vgl. c. 638 § 4 CIC), und er ist in bestimmten Fällen für die Erteilung eines Exklaustrationsindults sowie für die Erteilung eines Austrittsindults zuständig (vgl. c. 686 §§ 1 und 3; 691 § 2 CIC). Aus einem gerechten und vernünftigen Grund kann der Diözesanbischof von Vorschriften der Konstitutionen im Einzelfall dispensieren (vgl. c. 595 § 2 CIC). Diese Kompetenz kommt sowohl dem Diözesanbischof des Hauptsitzes des Instituts wie auch dem Diözesanbischof der Niederlassung, der der Religiose, der um Dispens bittet, angehört, zu (vgl. c. 85 CIC).

bb) Institute päpstlichen Rechts (cc. 592–593)

Literatur: Rudolf HENSELER: „Vom institutum iuris diocesani zum institutum iuris pontificii. Die zwölf Erfordernisse“, in: *Veritas vos liberabit. Festschrift zum 65. Geburtstag von Günter Assenmacher*, hrsg. v. Matthias PULTE, Paderborn: Schöningh, 2017, S. 481–490.

Ein Institut päpstlichen Rechts ist über die allgemeine Unterstellung aller Institute unter die oberste Autorität der Kirche hinaus in besonderer Weise in Bezug auf die interne Leitung und Rechtsordnung unmittelbar und ausschließlich der Gewalt des Apostolischen Stuhls unterstellt (vgl. c. 593 CIC), unbeschadet der gebührenden Autonomie nach c. 586 § 1 CIC (→ S. 69). Mitglieder von Instituten päpstlichen Rechts und ihre Niederlassungen kann der Bischof nur in den Fällen visitieren, die im Recht ausdrücklich genannt sind (vgl. c. 397 § 2 CIC). Verschiedene Vollmachten Instituten und ihren Mitgliedern gegenüber verbleiben aber auch bei Instituten päpstlichen Recht beim zuständigen Bischof. Zu nennen ist neben der Vollmacht, unter bestimmten Umständen einem Mitglied eines Instituts zu verbieten, sich in der Diözese aufzuhalten (vgl. c. 679 CIC), insbesondere der Bereich der Ausübung des Apostolats. In Bezug auf die Seelsorge, die öffentliche Abhaltung des Gottesdienstes und andere Apostolatswerke sind alle Institute, auch jene päpstlichen Rechts, dem zuständigen Bischof unterstellt, sodass die Koordinierung des gesamten Apostolats in einem Bistum in der Hand des Bischofs bleibt (vgl. c. 678 § 1; 680 CIC).

Zum Institut päpstlichen Rechts wird ein Institut des geweihten Lebens – neben der Möglichkeit der Errichtung unmittelbar durch den Apostolischen Stuhl, was in der Praxis allerdings die Ausnahme ist – durch ein förmliches Anerkennungsdekret des Apostolischen

Stuhls (vgl. c. 589 CIC). Rudolf HENSELER nennt zwölf Dokumente, die bei Beantragung eines Anerkennungsdekrets des Apostolischen Stuhls beim Dikasterium für die Institute des geweihten Lebens und die Gesellschaften des apostolischen Lebens eingereicht werden müssen, bzw. Erfordernisse, die erfüllt sein müssen:[24]

1. Historischer und rechtlicher Bericht über die Vereinigung von ihren Anfängen an. Eine Kopie des Dekrets, mit dem der zuständige Bischof das Institut errichtet hat, ist beizufügen. Der Bericht muss insbesondere die folgenden Punkte enthalten:

   a) Name des Gründers; Zweck der Gründung; Datum und Ort des Beginns; Name des Diözesanbischofs, der die Neugründung genehmigt hat;

   b) Anzahl und Namen der ersten Mitglieder;

   c) Errichtung, Datum und Ort des ersten Noviziatshauses; Name des Bischofs, der das Noviziatshaus errichtet hat; Anzahl der ersten Novizen und das Datum ihrer Aufnahme in das Noviziat; Anzahl der Kandidaten und das Datum ihrer ersten Profess; Name des Novizenmeisters; Namen derer, die außer dem Novizenmeister verantwortlich für die Erstausbildung der ersten Mitglieder waren;

   d) Daten der abgehaltenen Generalkapitel;

   e) Name des Diözesanbischofs, der die ersten Konstitutionen approbiert hat;

24 Vgl. Rudolf HENSELER: „Vom institutum iuris diocesani zum institutum iuris pontificii. Die zwölf Erfordernisse“, in: *Veritas vos liberabit. Festschrift zum 65. Geburtstag von Günter Assenmacher*, hrsg. v. Matthias PULTE, Paderborn: Schöningh, 2017, S. 481–490.

f) apostolische Tätigkeit der Vereinigung zu Beginn und in der Gegenwart;

g) Ausdehnung der Vereinigung in andere Diözesen;

h) Spiritualität der Vereinigung.

Bei klerikalen Instituten: Angabe, wo diejenigen, die sich auf den Empfang der Weihen vorbereiten, ausgebildet werden.

2. Lebenslauf des Gründers der Vereinigung: Name; Datum und Ort der Geburt und der Taufe; Name der Eltern; Ausbildung; andere wichtige Ereignisse in seinem Leben.

3. Lebenslauf des ersten Generaloberen der Vereinigung: zusätzlich zu den oben genannten Angaben: Datum des Eintritts in die Vereinigung und der zeitlichen und ewigen Profess; Datum der Ernennung oder Wahl zum Generaloberen; Modalitäten der Ernennung oder Wahl und Amtsdauer; derzeitige Lebensumstände.
Falls der Gründer und der erste Generalobere Mitglieder eines anderen Religioseninstituts waren: Beginn des Noviziats, Datum der zeitlichen und ewigen Profess in diesem Institut und der Priesterweihe (wenn es sich um einen Priester handelt); Welche Genehmigung hatte er, um die Gründung voranzubringen?

4. Seit der bischöflichen Approbation müssen 10 Jahre vergangen sein.

5. Es ist möglicherweise erforderlich, eine Vertretung oder Niederlassung in Rom zu haben.

6. Statistik über Mitglieder und Häuser: Namen der Professen mit zeitlichen und ewigen Gelübden (sowie Zahl und Weihedatum

der Priester, wenn es sie gibt); Zahl der Novizen und Postulanten; Alter der Professen (und Priester); Zahl der Kandidaten und Datum der nächsten zeitlichen und ewigen Profess; Zahl der Häuser, in denen Mitglieder wohnen und Namen der Diözesen, in denen das Institut vertreten ist.
Für die päpstliche Anerkennung sind mindestens 100 Professen nötig, die meisten davon mit ewigen Gelübden.

7. Finanzbericht: Höhe der Schulden; Höhe der bei Banken angelegten Gelder (wenn möglich in US-Dollar oder Euro); Anzahl der Immobilien, die dem Institut gehören.
8. Erklärung, ob außergewöhnliche Sachverhalte wie z. B. Erscheinungen o. ä. vorliegen, und ob in der Diözese des Hauptsitzes bereits ein anderes Institut gleichen Namens und gleicher Zielsetzung existiert.
9. Beschreibung des Ordensgewands.
10. Zehn Kopien der aktuellen Konstitutionen und des Direktoriums.
11. Empfehlungsschreiben jener Bischöfe, in deren Diözese das Institut arbeitet, auch vom Bischof des Hauptsitzes. Diese Briefe sind mit einer Stellungnahme über die folgenden Punkte direkt an dieses Dikasterium zu senden:
    a) Nutzen und Beständigkeit der Vereinigung;
    b) regulare Disziplin der Mitglieder;
    c) Liturgie und Sakramentenspendung;
    d) kirchliche Gesinnung und Zusammenarbeit mit der kirchlichen Hierarchie;
    e) Erstausbildung und Weiterbildung;

f) Finanzverwaltung;

g) Fähigkeit, die Verantwortung für die Leitung eines Instituts auf internationaler Ebene zu übernehmen.

12. Wenn möglich, Hinterlegung einer Kaution von 500 € bei der Kasse der Kongregation für die Institute des geweihten Lebens und die Gesellschaften des apostolischen Lebens, die bei Abschluss des Verfahrens verrechnet wird.

c) Exemte und nichtexemte Institute (c. 591)

Literatur: Franziskus BERZDORF: *Autonomie und Exemtion der kanonischen Lebensverbände* (MThSt III/49), St. Ottilien: EOS, 2015; Viktor DAMMERTZ: „Die Exemtion der Ordensverbände im neuen Kirchenrecht", in: *OK* 23 (1982), S. 153–158; Heinz-Meinolf STAMM: „Auf dem Wege zu einem neuen Verständnis der Exemtion", in: *Apollinaris* 55 (1982), S. 569–589.

Was die Autonomie der Institute anging, spielte die Exemtion im CIC/1917 eine zentrale Rolle. Exemtion bedeutete „die Befreiung der Religiosen von der Jurisdiktionsgewalt des Ortsordinarius und ihre unmittelbare Unterstellung unter den Papst, der seine Gewalt im allgemeinen durch die den klerikalen Ordensobern verliehene persönliche Jurisdiktionsgewalt ausüben" ließ.[25] Kraft Gesetzes exemt waren alle männlichen Orden sowie alle weiblichen Orden, die aufgrund ihres Eigenrechts männlichen Orden unterstellt waren (vgl. c. 615 CIC/1917). Kongregationen mit einfachen Gelübden waren nicht kraft Gesetzes exemt, ihnen konnte die Exemtion aber durch Privileg verliehen werden (vgl. c. 618 § 1 CIC/1917).

25 Honorius HANSTEIN: *Ordensrecht. Ein Grundriß für Studierende, Seelsorger, Klosterleitungen und Juristen*, Paderborn: Schöningh, 1958, S. 236.

Der CIC/1983 kennt eine Exemtion kraft Gesetzes nicht mehr. Eine Exemtion, die vor Inkrafttreten des CIC/1983 durch Privileg gewährt und nicht widerrufen wurde, gilt weiterhin (vgl. c. 4 CIC). Der Papst kann ein Institut des geweihten Lebens zum Wohl des Instituts und zur Förderung seines Apostolats der Leitung des Ortsordinarius entziehen und sich selbst oder einer anderen kirchlichen Autorität unterstellen (vgl. c. 591 CIC). In der lateinisch-katholischen Kirche ist vor allem die Unterstellung unter die Autorität des Papstes von Bedeutung. Die Unterstellung unter eine andere kirchliche Autorität spielt in den katholischen Ostkirchen eine größere Rolle (vgl. c. 412 § 2 CCEO), kann in der lateinisch-katholischen Kirche aber beispielsweise in Form der Unterstellung eines Nonnenklosters unter einen Regularprälaten vorkommen. Im CIC/1983 „fällt auf, daß hier zwar die Möglichkeit einer Exemtion erwähnt ist, doch nirgendwo gesagt wird, was Exemtion heißt, wen sie betrifft und welche Rechtsfolgen sie hat".[26] Umfang und Rechtsfolgen einer Exemtion ergeben sich daher für den Einzelfall aus dem Dekret, mit dem sie gewährt wurde. Für den Umfang der Autonomie eines Instituts viel entscheidender als die Exemtion ist, ob es sich um ein Institut bischöflichen Rechts oder päpstlichen Rechts (→ S. 85) handelt. Ein Institut päpstlichen Rechts ist nach geltendem Kirchenrecht unmittelbar und ausschließlich der Gewalt des Apostolischen Stuhls unterstellt, was im Wesentlichen den Rechtsfolgen der Exemtion im CIC/1917 entspricht. Außerdem kennt der CIC/1983 das Grundrecht der gebührenden Autonomie (→ S. 69) des Lebens und der inneren Leitung für alle Institute, das die Ortsordinarien zu wahren und zu schützen angehalten sind.

26 Rudolf Henseler: „Can. 591", in: *MKCIC*, Rn. 1.

12. Vollmacht von Oberen und Kapiteln (c. 596)

Das allgemeine Kirchenrecht kennt für die Leitung von Instituten des geweihten Lebens eine kollegiale Leitungsvollmacht, die durch die Kapitel ausgeübt wird, sowie eine personale Leitungsvollmacht, die von den Oberen ausgeübt wird. Obere und Kapitel der Religioseninstitute werden in den cc. 617–633 CIC behandelt. Die eigene Weise der Leitung für ein Säkularinstitut ist nach c. 717 § 1 CIC in dessen Konstitutionen festzulegen.

Kapitel und Obere haben in einem Institut gegenüber den Mitgliedern die Leitungsvollmacht, die im allgemeinen Recht und in den Konstitutionen umschrieben ist (vgl. c. 596 § 1 CIC). Diese Leitungsgewalt wird im CIC/1983 nicht näher definiert oder benannt. In Anlehnung an c. 501 § 1 CIC/1917 wird sie in der kanonistischen Literatur mitunter als Dominativgewalt bezeichnet, obwohl dieser Ausdruck im CIC/1983 nicht mehr verwendet wird. Sie kommt auch jenen Oberen zu, die keine Kleriker sind, daher handelt es sich nicht um Leitungsgewalt i. S. d. c. 129 § 1 CIC. Die Leitungsvollmacht von Kapiteln und Oberen lässt sich als Konsoziativgewalt charakterisieren, also als eine Gewalt, der sich die Mitglieder in der Profess freiwillig unterwerfen, indem sie das Eigenrecht des Instituts zumindest implizit anerkennen. Mit diesem rein privaten Charakter lässt sich die Leitungsvollmacht aber nicht vollständig beschreiben. Obere und Kapitel leiten eine öffentliche juristische Person im Namen der Kirche, und sie üben Leitungsvollmacht im Namen der Kirche aus. So handelt es sich zwar nicht um eine öffentliche, aber doch um eine quasi-jurisdiktionelle Leitungsgewalt. Daher sind nach c. 596 § 3 CIC die Bestimmungen der cc. 131, 133 und 137 bis 144 CIC anzuwenden, die sich mit ordentlicher Leitungsgewalt, ausführender Leitungsgewalt sowie Delegation und Supplikation von Leitungsgewalt befassen. Eine praktische Konsequenz ist, dass auch bei Rekursen (→ S. 257) gegen Entscheidungen von Oberen, die keine Kleriker sind, der Verwaltungsweg beschritten werden muss.

In klerikalen Instituten päpstlichen Rechts kommt den Kapiteln und Oberen darüber hinaus Jurisdiktionsgewalt gegenüber den Mitgliedern des Instituts sowohl für den äußeren als auch für den inneren Bereich zu (vgl. c. 596 § 2 CIC). Die höheren Oberen dieser Institute sind, soweit sie Kleriker sind,[27] gegenüber den Mitgliedern des Instituts Ordinarien (c. 134 § 1 CIC).

13. Grundvoraussetzungen für die Aufnahme (c. 597)

Die Normen die Aufnahme in ein Institut des geweihten Lebens betreffend sind für Religioseninstitute in den cc. 641–645 CIC und für Säkularinstitute in den cc. 720–721 CIC zu finden. Außerdem sind die Bestimmungen des Eigenrechts zu beachten. Vier Grundvoraussetzungen für die Aufnahme in ein Institut nennt c. 597 CIC. In ein Institut des geweihten Lebens aufgenommen werden kann

- jeder Katholik,
- der die rechte Absicht hat,
- die vom allgemeinen Recht und vom Eigenrecht geforderten Eigenschaften aufweist und
- dem kein Hindernis im Wege steht.

27 Ausgenommen sind Laienobere in klerikalen Instituten päpstlichen Rechts, die aufgrund des Reskripts Papst Franziskus' vom 18.05.2022 mit Genehmigung des Dikasteriums für die Institute des geweihten Lebens und die Gesellschaften des apostolischen Lebens höherer Oberer geworden sind (→ S. 81).

Wer in ein Institut des geweihten Lebens aufgenommen werden möchte, muss gültig katholisch getauft oder nach Taufe in einer anderen christlichen Kirche oder kirchlichen Gemeinschaft gültig zur katholischen Kirche konvertiert sein. Außerdem darf er nicht offenkundig vom katholischen Glauben abgefallen sein, da gem. c. 694 § 1 Nr. 1 ein Mitglied eines Instituts aus diesem von Rechts wegen entlassen ist (→ S. 218), was in analoger Anwendung dieses Canons eine Aufnahme nicht möglich macht.

Ein Eintrittswilliger muss von der rechten Absicht geleitet sein. Er muss die Mitgliedschaft im Institut wie in c. 573 § 1 CIC umrissen (→ S. 52) um ihres übernatürlichen Ziels willen anstreben und eine auf Dauer angelegte und durch die Profess der evangelischen Räte grundgelegte Lebensweise eingehen wollen. Daneben muss er die Ausrichtung und Sendung des Instituts, wie sie sich in dessen Patrimonium (→ S. 55) ausdrückt, bejahen. Nicht von der rechten Absicht geleitet wäre beispielsweise, wer aus Weltflucht oder Wunsch nach materieller Sicherheit in ein Institut eintreten möchte.

Die Eigenschaften, die ein Kandidat mitbringen muss, und Hindernisse, die einer Aufnahme in ein Institut im Wege stehen, sind im allgemeinen Recht in den speziellen Normen für die Religioseninstitute (→ S. 167) sowie in den speziellen Normen für die Säkularinstitute (→ S. 240) angeführt. Daneben kann das Eigenrecht weitere Eigenschaften benennen oder Hindernisse aufstellen.

Ohne entsprechende Vorbereitung darf niemand in ein Institut des geweihten Lebens aufgenommen werden (vgl. c. 597 § 1 CIC). Das allgemeine Recht normiert die Aufnahme in ein Institut beginnend mit dem Noviziat bei Religioseninstituten sowie der einführenden

Probezeit bei Säkularinstituten. Dieser Aufnahme vorangehen muss eine entsprechende Vorbereitung, die im Eigenrecht des Instituts zu regeln ist. Üblicherweise gehen der Aufnahme in ein Religioseninstitut eine Kandidatur, auch Aspirantat genannt, als Zeit des gegenseitigen Kennenlernens und ein Postulat als Zeit des probeweisen Mitlebens voran, in der der Eintrittswillige die Gemeinschaft und ihr Apostolat kennenlernt und sich mit der Spiritualität des Instituts beschäftigt. Die Gemeinschaft ihrerseits hat dadurch Gelegenheit, den Interessenten kennenzulernen und einzuschätzen, ob er in die Gemeinschaft passt und ihr Apostolat mittragen kann.

14. Die evangelischen Räte (cc. 598–601)

Ein Leben nach den evangelischen Räten der Keuschheit, der Armut und des Gehorsams gehört zum Wesen der Institute des geweihten Lebens. Das allgemeine Kirchenrecht geht in jeweils einem eigenen Canon nur auf die grundlegenden Rechtsfolgen der Übernahme der evangelischen Räte ein (vgl. cc. 599–601 CIC). Die Art und Weise, wie die evangelischen Räte in einem Institut unter Beachtung von Eigenart und Zielsetzung zu leben sind, ist in den Konstitutionen festzulegen (vgl. c. 598 § 1 CIC). Die evangelischen Räte der Armut und des Gehorsams können je nach Institut unterschiedlich gelebt werden. Bei Säkularinstituten ist dabei der ihnen eigene Weltcharakter zu wahren (vgl. c. 712 CIC). In Religioseninstituten werden die evangelischen Räte immer durch Gelübde übernommen, während in Säkularinstituten eine andere Forme der Bindung (bspw. Versprechen) möglich ist. Die Mitglieder der Institute des geweihten Lebens sind verpflichtet, die evangelischen Räte getreu und vollständig zu befolgen und ihr Leben nach dem Eigenrecht des Instituts zu gestalten. Auf diese Weise sollen sie nach Vollkommenheit ihres Standes streben (vgl. c. 598 § 2 CIC). Streben nach Vollkommenheit verlangt den Mitgliedern demnach keine übermäßigen asketischen Leistungen ab, sondern vielmehr das getreue alltägliche Leben der evangelischen Räte sowie die getreue alltägliche Ausrichtung ihres Lebens nach dem Eigenrecht ihres Instituts.

a) Keuschheit (c. 599)

Das Zweite Vatikanische Konzil beschreibt die Keuschheit, zu der sich Mitglieder der Institute des geweihten Lebens verpflichten, als ein „besonderes Zeichen für die himmlischen Güter" und ein „vorzügliches Mittel, sich mit Eifer dem göttlichen Dienst und den Werken des Apostolats zu widmen" (PC 12). Nach c. 599 CIC bedeutet der evangelische Rat der Keuschheit die Verpflichtung zu vollkommener Enthaltsamkeit im Zölibat.

b) Armut (c. 600)

Die größten Unterschiede von Institut zu Institut gibt beim evangelischen Rat der Armut. Als grundlegende Rechtsfolge nennt c. 600 CIC die Beschränkung und die Abhängigkeit von den Oberen beim Gebrauch und bei der Verfügung über die zeitlichen Güter, was je nach Institut unterschiedlich ausgestaltet sein kann. Wie der evangelische Rat der Armut in einem Religioseninstitut konkret gelebt wird, richtet sich nach c. 668 CIC und den Bestimmungen des Eigenrechts. Bei Säkularinstituten sind die Bestimmungen in den Konstitutionen maßgebend (vgl. c. 712 CIC).

c) Gehorsam (c. 601)

Quellen: Kongregation für die Institute des geweihten Lebens und die Gesellschaften des apostolischen Lebens: *Der Dienst der Autorität und der Gehorsam*, hrsg. v. Sekretariat der Deutschen Bischofskonferenz (VApSt 181), Bonn 2008.

Literatur: Franzsika Mitterer: *Ordens-Gehorsam im Kontext von Menschenwürde und Menschenrechten. Ein kirchenrechtlicher Beitrag* (Religionsrecht im Dialog 29), Münster: LIT, 2021.

Der evangelische Rat des Gehorsams bringt die volle Unterwerfung des Willens gegenüber den rechtmäßigen Oberen als Stellvertretern Gottes mit sich (vgl. c. 601 CIC). Den Oberen kommt damit eine Vermittlungsfunktion zu. Sie sollen in ihren Befehlen den Willen Gottes widerspiegeln. Der Wille Gottes manifestiert sich insbesondere im gemeinschaftlichen Suchen und im Dialog in der Gemeinschaft (vgl. VC 93), wodurch das Element des gegenseitigen Gehorsams aller Institutsmitglieder hervorgehoben wird. Nach einem vorangegangenen Dialog kommt es grundsätzlich dem Oberen zu, die letztgültige Entscheidung zu treffen. In bestimmten im allgemeinen Recht und im Eigenrecht festgelegten Fällen stehen den Mitgliedern Beispruchsrechte zu.

Die Gehorsamsverpflichtung den Oberen gegenüber ist nicht absolut, sondern gilt nur, wenn Obere im Rahmen der eigenen Konstitutionen befehlen (vgl. c. 601 CIC). In den Konstitutionen ist daher der Umfang der Befehlsgewalt der Oberen festzulegen. Ein Oberer darf nichts befehlen, was gegen das allgemeine Kirchenrecht und gegen das Eigenrecht des Instituts verstößt sowie was über die Bestimmungen des allgemeinen Kirchenrechts und des Eigenrechts hinausgeht.

Die Übernahme des evangelischen Rats des Gehorsams verpflichtet nur den rechtmäßigen Oberen und deren Stellvertretern gegenüber. Grundsätzlich nicht mit eingeschlossen sind darin die Offiziale des Instituts, wenn das Eigenrecht nicht etwas anderes bestimmt. Gegenüber Instituten bischöflichen Rechts und ihren Mitgliedern ist der Diözesanbischof kirchlicher Oberer, aber kein hierarchischer Oberer, sodass ihm kein Gehorsam aufgrund der Übernahme des evangelischen Rats des Gehorsams zukommt (→ S. 92). Aufgrund der Übernahme des evangelischen Rats des Gehorsams sind die Mitglieder der Institute des geweihten Lebens dem Papst als ihrem höchsten Oberen zu Gehorsam verpflichtet (vgl. c. 590 § 1 CIC), wobei sich diese Verpflichtung nur auf den Papst persönlich erstreckt, nicht jedoch auf die Dikasterien des Apostolischen Stuhls (→ S. 85).

15. Gemeinschaftliches Leben (c. 602)

Die Mitglieder der Institute des geweihten Lebens sind zu einem gemeinschaftlichen Leben verpflichtet (c. 602 CIC). Zweck dieses gemeinschaftlichen Lebens ist die gegenseitige Unterstützung und die Erfüllung der persönlichen Berufung. Zum Gemeinschaftsleben (→ S. 190), d. h. zu einem Leben in einer gemeinsamen Niederlassung, sind nur die Angehörigen der Religioseninstitute verpflichtet (vgl. c. 665 § 1 CIC), sodass sich bei ihnen gemeinschaftliches Leben daraus ergibt. Säkularinstitute kennen ein gemeinschaftliches Leben insbesondere in Form regelmäßiger Zusammenkünfte und gegenseitiger Unterstützung, wobei es auch Säkularinstitute gibt, deren Mitglieder ein klosterähnliches Gemeinschaftsleben führen.

16. Andere Formen des geweihten Lebens (cc. 603–605)

Neben den Instituten des geweihten Lebens kennt der CIC weitere Formen geweihten Lebens (vgl. c. 603–605 CIC):

- Eremiten (c. 603 CIC)
- geweihte Jungfrauen (c. 604 CIC)
- neue Formen des geweihten Lebens (c. 605 CIC)

Eine Witwenweihe, wie sie der CCEO für das Partikularrecht ermöglicht, kennt der CIC nicht, doch wird sie in der Praxis auch in der lateinisch-katholischen Kirche gespendet.

a) Eremiten (c. 603)

Quellen: Kongregation für die Institute des geweihten Lebens und die Gesellschaften des apostolischen Lebens: *Die Form des eremitischen Lebens in der Teilkirche*, hrsg. v. Sekretariat der Deutschen Bischofskonferenz (VApSt 233), Bonn 2021; Sekretariat der Deutschen Bischofskonferenz (Hrsg.): *Eremitisches Leben im deutschsprachigen Raum. Bestandsaufnahme und Perspektiven* (Arbeitshilfen 313), Bonn 2020.

Literatur: Anne Bamberg: „Eremiten und geweihtes Leben. Zur kanonischen Typologie“, in: *GuL* 78 (2005), S. 313–318; Laurentius Eschlböck: „‚Ponam in deserto viam‘ (Jes 43,19). Das eremitische Leben in der Teilkirche“, in: *EuA* 98 (2022), S. 343–345; Dominicus M. Meier: „Eremitisches Leben gemäß c. 603 CIC“, in: *EuA* 86 (2010), S. 201–205; Helmuth Pree: „Eremitinnen und Eremiten im CIC/1983“, in: *AfkKR* 179 (2010), S. 353–379, DOI: 10.30965/2589045X-17902002; M. Antonia Sondermann: *Praedicatio silentiosa et ecclesia minor. Eremitisches Leben nach dem geltenden Recht der katholischen Kirche* (BzMK 68), Essen: Ludgerus, 2014.

Eremitisches Leben hat eine lange Tradition (→ S. 14). Im Laufe der Geschichte hat sich das zönobitische monastische Leben durchgesetzt, doch kennt die katholische Kirche auch Einsiedlerorden, beispielsweise die Kamaldulenser und die Kartäuser, in denen eremitisches Leben mit Elementen zönobitischer Lebensweise verbunden wird (→ S. 21). Neben Angehörigen von Einsiedlerorden gibt es auch Einzelpersonen, die als Eremit leben. Einige zönobitische monastische Orden sehen in ihrem Eigenrecht die Möglichkeit vor, dass ein Mitglied als Eremit lebt. In diesem Fall bleibt der betreffende Religiose Angehöriger seines Ordens und untersteht weiterhin seinem ordensinternen Oberen. Außerdem gibt es Einzelpersonen, die ohne ein öffentliches Gelübde abgelegt zu haben, als Eremit leben. Sie sind wegen der fehlenden öffentlichen Verpflichtung auf die evangelischen Räte nicht im kirchenrechtlichen Sinn dem geweihten Leben zuzurechnen. Der CIC/1983 hat neben diesen Formen eine weitere Möglichkeit des eremitischen Lebens eröffnet, die das Kirchenrecht vorher nicht kannte: den Diözesaneremit (vgl. c. 603 § 2 CIC). Nach einer theologischen Grundlegung in § 1 folgt in c. 603 § 2 CIC rechtlich Relevantes zu dieser Form des geweihten Lebens:

> „Als im geweihten Leben Gott hingegeben wird der Eremit vom Recht anerkannt, wenn er, bekräftigt durch ein Gelübde oder durch eine andere heilige Bindung, sich auf die drei evangelischen Räte öffentlich in die Hand des Diözesanbischofs verpflichtet hat und unter seiner Leitung die ihm eigentümliche Lebensweise wahrt."

Ein Diözesaneremit verpflichtet sich in einem öffentlichen Gelübde oder in Form einer anderen Bindung auf die drei evangelischen Räte.

Daher ist der Diözesaneremit eine Form des geweihten Lebens. Die Gelübde oder die andere Form der Bindung werden vom Diözesanbischof entgegengenommen. Damit untersteht der Diözesaneremit der Leitung des Diözesanbischofs. Weitere rechtliche Bestimmungen einen Diözesaneremiten betreffend kennt das allgemeine Kirchenrecht nicht. Am 17. Januar 2020 hat die Deutsche Bischofkonferenz eine Arbeitshilfe mit dem Titel *Eremitisches Leben im deutschsprachigen Raum: Bestandsaufnahme und Perspektiven* herausgegeben, um Interessenten wie auch Bischöfen und Mitarbeitern der bischöflichen Verwaltung Orientierungshilfen zu geben. Am 14. September 2021 hat die Kongregation für die Institute des geweihten Lebens und die Gesellschaften des apostolischen Lebens Leitlinien mit dem Titel *Die Form des eremitischen Lebens in der Teilkirche* veröffentlicht, die nach einem theologischen Teil auch rechtlich Relevantes enthalten.

Ein Kandidat sollte nicht ohne vorherige Prüfung und vorangehende Vorbereitung auf das eremitische Leben zugelassen werden, „für die in Ermangelung einer spezifischen Bestimmung für die Zulassung zu Ordensinstituten vorgesehenen Normen sinnvollerweise angepasst werden können“, wie die Leitlinien unter Verweis auf die cc. 641–645 CIC über die Zulassung von Kandidaten in Religioseninstituten ausführen.[28] Danach sollen Interessenten Gesundheit, charakterliche Eignung und ausreichende psycho-affektive Reife mitbringen (vgl. c. 642 CIC). Das erforderliche Alter sollte von den Anforderungen des eremitischen Lebens her festgelegt werden. Außerdem sollte ein Interessent frei von Schulden sowie von an-

28 Kongregation für die Institute des geweihten Lebens und die Gesellschaften des apostolischen Lebens: *Die Form des eremitischen Lebens in der Teilkirche*, Nr. 32 (S. 30).

deren zivil-, straf- oder kirchenrechtlichen Belastungen sein. War der Interessent früher Mitglied eines Instituts des geweihten Lebens oder einer Gesellschaft des apostolischen Lebens oder ist er in ein Priesterseminar aufgenommen worden, sollte die schriftliche Stellungnahme des betreffenden höheren Oberen oder des Rektors des Priesterseminars eingeholt werden (vgl. c. 645 § 2 CIC). Wer Mitglied eines Instituts des geweihten Lebens oder einer Gesellschaft des apostolischen Lebens ist, kann nicht als Diözesaneremit zugelassen werden. In diesem Fall ist zunächst für die Zeit der Erprobung eine Exklaustration und vor endgültiger Bindung als Diözesaneremit ein Austritt erforderlich. Ein Diözesanpriester kann vom Bischof des Bistums, in dem er inkardiniert ist, als Diözesaneremit zugelassen werden. Die Arbeitshilfe der Deutschen Bischofskonferenz bietet eine Zusammenstellung von Fragen zu verschiedenen Themenbereichen, mit denen sich ein Kandidat auseinandersetzen sollte.[29] Dies umfasst unter anderem Fragen nach der Motivation und nach Erfahrungen im kontemplativen und monastischen Leben, Fragen zur persönlichen Biografie sowie nicht zuletzt Fragen nach der materiellen Versorgung. Letzteres darf neben der spirituellen Dimension nicht vernachlässigt werden. Ein Diözesaneremit hat, wenn er nicht Diözesanpriester ist, keinen Anspruch auf Versorgung gegenüber dem Bischof und muss seinen Lebensunterhalt, in der Regel durch eine mit seiner eremitischen Lebensweise zu vereinbarenden Berufstätigkeit, selbst bestreiten. Das Einkommen sollte nicht nur für einen bescheidenen Lebensunterhalt reichen, sondern

29 Vgl. Sekretariat der Deutschen Bischofskonferenz (Hrsg.): *Eremitisches Leben*, S. 25–27.

auch für soziale Absicherung und Altersvorsorge.[30] Es kann daher erforderlich sein, zunächst eine Anstellung, eventuell in Teilzeit, zu finden, die mit der eremitischen Lebensweise zu vereinbaren ist und genügend Geld einbringt, um das Leben als Diözesaneremit sowie die eigene soziale Absicherung zu finanzieren. Die Arbeitshilfe der Deutschen Bischofskonferenz schlägt vor, die Formation entsprechend den üblichen Stufen der Eingliederung in ein Religioseninstitut zu gestalten: Kandidatur, Postulat, Noviziat, zeitliche Bindung und Bindung auf Lebenszeit.[31]

Eremitischer Tradition entsprechend verfasst der Diözesaneremit seine Lebensregel selbst, die er dem Diözesanbischof zu Genehmigung vorlegt.[32] Die Lebensregel muss im Einklang mit dem Kirchenrecht, dem Lehramt der Kirche und der Tradition des Eremitenlebens stehen,[33] und sie sollte einen realistischen Ausgleich zwischen Ideal und Realität widerspiegeln. Der Diözesanbischof sollte vor Genehmigung den „Rat von Experten einholen, die in der Lage sind, die tatsächliche Übereinstimmung zwischen den festgelegten Werten und den Erfordernissen des Eremitenlebens zu beurteilen“.[34] Die Lebensregel sollte zunächst *ad experimen-*

30 Vgl. Kongregation für die Institute des geweihten Lebens und die Gesellschaften des apostolischen Lebens: *Die Form des eremitischen Lebens in der Teilkirche*, Nr. 40 (S. 37–38).

31 Vgl. Sekretariat der Deutschen Bischofskonferenz (Hrsg.): *Eremitisches Leben*, S. 31–36.

32 Vgl. Kongregation für die Institute des geweihten Lebens und die Gesellschaften des apostolischen Lebens: *Die Form des eremitischen Lebens in der Teilkirche*, Nr. 39 (S. 35–37); Sekretariat der Deutschen Bischofskonferenz (Hrsg.): *Eremitisches Leben*, S. 38–40.

33 Vgl. Kongregation für die Institute des geweihten Lebens und die Gesellschaften des apostolischen Lebens: *Die Form des eremitischen Lebens in der Teilkirche*, Nr. 39 (S. 35).

34 Ebd., Nr. 39 (S. 37).

tum genehmigt und einige Zeit auf ihre Praxistauglichkeit geprüft werden. Im Laufe der Zeit können Änderungen notwendig werden, die der Genehmigung durch den Diözesanbischof bedürfen. Die Arbeitshilfe der Deutschen Bischofskonferenz enthält ein Schema für den Inhalt einer Lebensregel:[35]

- Angaben zur Person und kurze Aussagen hinsichtlich der eigenen Berufung zum eremitischen Leben
- Aussagen zum Verständnis der Bedeutung eremitischen Lebens im Kontext der lokalen Gegebenheiten, insb. zu den Aspekten, die in c. 603 CIC erwähnt werden:
  - strengere Trennung von der Welt
  - Stille und Einsamkeit
  - Gebet und Buße
- Aussagen zu den evangelischen Räten
- Aussagen zum eigenen spirituellen Schwerpunkt (z. B. karmelitanisch, franziskanisch, benediktinisch)
- Aussagen zum Gebetsleben (Empfang der Sakramente, Offizium, Meditation, *lectio divina* usw.)
- Tagesplan, darin u. a.:
  - Zeiten des Gebets
  - Zeiten der Arbeit
  - Zeiten der Erholung
- Hinweis auf das eigene Sterben und Vorgaben zur Beerdigung

35 Vgl. Sekretariat der Deutschen Bischofskonferenz (Hrsg.): *Eremitisches Leben*, S. 39–40.

Darüber hinaus nennen die Leitlinien der Kongregation für die Institute des geweihten Lebens und die Gesellschaften des apostolischen Lebens folgende Punkte, die in der Lebensregel enthalten sein sollten:[36]

- Verpflichtungen, die sich aus der Übernahme der evangelischen Räte ergeben
- Rechenschaftspflicht gegenüber dem Bischof den Umgang mit Finanzen betreffend
- Rahmen für die Beziehung zum Bischof
- Dauer der erlaubten Abwesenheit von der Einsiedelei
- Rahmen für die die Eingliederung in die Diözese
- Rahmen für den Empfang von Gästen in der Einsiedelei
- Auflistung von Fällen, in denen eine Genehmigung des Bischofs erforderlich ist

Die öffentliche Verpflichtung auf die evangelischen Räte erfolgt in Form eines Gelübdes oder einer anderen Bindung.[37] Form und Inhalt sowie die liturgische Rahmenfeier werden zwischen dem Eremiten und dem Bischof abgesprochen. Mit einbezogen wird die vom Eremiten erstellte und vom Bischof genehmigte Lebensregel, die Teil der übernommenen Verpflichtung ist.

Nach abgelegter Verpflichtung auf Lebenszeit kann es vorkommen, dass ein Eremit in ein anderes Bistum wechseln möchte, dass er das eremitische Leben aufgeben möchte oder sogar dass der Bischof den Eremiten aus dem Stand als Diözesaneremit entlassen möchte.

---

36 Vgl. Kongregation für die Institute des geweihten Lebens und die Gesellschaften des apostolischen Lebens: *Die Form des eremitischen Lebens in der Teilkirche*, Nr. 39 (S. 36–37).

37 Die verschiedenen Möglichkeiten erläutert: Pree: „Eremiten“, S. 368–369.

Für diese Fälle enthält der CIC keine rechtlichen Bestimmungen. Die Leitlinien der Kongregation für die Institute des geweihten Lebens und die Gesellschaften des apostolischen Lebens geben einige Hinweise, wie in solchen Fällen verfahren werden sollte.[38] Bei einem Übertritt in eine andere Diözese ist ein Konsens zwischen dem Eremiten und beiden beteiligten Bischöfen erforderlich. Was das Verlassen des eremitischen Lebens angeht, „gelten analog die Normen, die für die verschiedenen Fälle der Trennung von Mitgliedern der Ordensinstitute vorgesehen sind".[39] So kann der Diözesanbischof aus schwerwiegenden Gründen in analoger Anwendung von cc. 691–692 CIC Dispens von den Gelübden oder den Bindungen erteilen. Ebenso kann der Diözesanbischof aus schwerwiegenden Gründen in analoger Anwendung von cc. 691–704 CIC einen Diözesaneremiten aus dem Eremitenstand entlassen bzw. die Entlassung *ipso facto* in analoger Anwendung von c. 694 CIC feststellen.

b) Geweihte Jungfrauen (c. 604)

Quellen: Bischofskonferenzen Deutschlands, Österreichs und der Schweiz sowie die (Erz-)Bischöfe von Bozen-Brixen, Lüttich, Luxemburg und Strassburg (Hrsg.): *Pontifikale für die katholischen Bistümer des deutschen Sprachgebietes. Bd. 2: Die Weihe des Abtes und der Äbtissin. Die Jungfrauenweihe*, Freiburg i. Br., Basel und Wien: Herder, ^{2}1994; Ständiger Rat der Deutschen Bischofskonferenz: „Empfehlungen für die Spendung der Jungfrauenweihe gemäß can. 604 CIC (25.01.2016)", in: *Kirchliches Amtsblatt für die Diözese Rottenburg-Stuttgart* 60 (2016), S. 150–152; Österreichische Bischofskonferenz: „Empfehlungen der Österreichischen Bischofskonferenz für

38 Vgl. Kongregation für die Institute des geweihten Lebens und die Gesellschaften des apostolischen Lebens: *Die Form des eremitischen Lebens in der Teilkirche*, Nr. 45–46 (S. 40–41).

39 Ebd., Nr. 46 (S. 40).

die Spendung der Jungfrauenweihe gemäß can. 604 CIC“, in: *ABlÖBK* 39 (01.05.2005), S. 19–25; SEKRETARIAT DER SCHWEIZER BISCHOFSKONFERENZ: *Empfehlungen der Schweizer Bischofskonferenz für die Spendung der Jungfrauenweihe gemäß can. 604*, Freiburg 2006; KONGREGATION FÜR DIE INSTITUTE DES GEWEIHTEN LEBENS UND DIE GESELLSCHAFTEN DES APOSTOLISCHEN LEBENS: *Instruktion „Ecclesiae Sponsae Imago“ für den „Ordo virginum“*, hrsg. v. SEKRETARIAT DER DEUTSCHEN BISCHOFSKONFERENZ (VApSt 216), Bonn 2018.

Literatur: Bernhard Sven ANUTH: „Ecclesiae Sponsae Imago. Kanonistische Beobachtungen zur Instruktion vom 8. Juni 2018 über den Ordo virginum“, in: *Ecclesiae et scientiae fideliter inserviens. Festschrift für Rudolf Henseler CSsR zur Vollendung des 70. Lebensjahres*, hrsg. v. Matthias PULTE/Rafael M. RIEGER (Mainzer Beiträge zu Kirchen- und Religionsrecht 7), Würzburg: Echter, 2019, S. 253–269, DOI: 10.15496/publikation-84448; Bernhard Sven ANUTH: „Gottgeweihte Jungfrauen in der römisch-katholischen Kirche. Kanonistische Bemerkungen zu einer spezifisch weiblichen Lebensform“, in: *Ius quia iustum. Festschrift für Helmuth Pree zum 65. Geburtstag*, hrsg. v. Elmar GÜTHOFF/Stephan HAERING (KST 65), Berlin: Duncker & Humblot, 2015, S. 569–593, DOI: 10.15496/publikation-30908; Bernhard Sven ANUTH: *Gottgeweihte Jungfrauen nach Recht und Lehre der römisch-katholischen Kirche* (BzMK 54), Essen: Ludgerus, 2009; Dominicus M. MEIER: „Der Stand der Jungfrauen in c. 604 CIC. Eine Sonderform des geweihten Lebens“, in: *EuA* 86 (2010), S. 72–77.

In die Normen das geweihte Leben betreffend reiht das kirchliche Gesetzbuch in c. 604 CIC die geweihten Jungfrauen ein,

> „die zum Ausdruck ihres heiligen Vorhabens, Christus in besonders enger Weise nachzufolgen, vom Diözesanbischof nach gebilligtem liturgischem Ritus Gott geweiht, Christus, dem Sohn Gottes, mystisch anverlobt und für den Dienst der Kirche bestimmt werden“ (c. 604 § 1 CIC).

Ob geweihte Jungfrauen dem geweihten Leben zuzurechnen sind, ist in der kanonistischen Literatur umstritten, da sie sich auf das

Versprechen der Keuschheit beschränken und sich damit nicht auf alle drei evangelischen Räte verpflichten. Die Apostolische Konstitution *Praedicate Evangelium* rechnet die geweihten Jungfrauen dem geweihten Leben zu.[40]

Der Stand der geweihten Jungfrauen hat eine lange Tradition und reicht bis in die ersten christlichen Jahrhunderte zurück. Im Laufe der Zeit beschränkte sich die Spendung der Jungfrauenweihe jedoch immer mehr auf Nonnen.[41] Das Zweite Laterankonzil (1139) hat in Canon 26 geweihten Jungfrauen verboten, in eigenen Räumlichkeiten außerhalb eines Klosters zu wohnen, wodurch die Jungfrauenweihe endgültig auf Nonnen beschränkt blieb. Eine Anfrage, ob die Jungfrauenweihe auch in der Welt lebenden Frauen gespendet werden könne, hat die damalige Religiosenkongregation mit Datum vom 25. März 1927 negativ beantwortet.[42] Diese Möglichkeit wurde erst im Zuge der Liturgiereform nach dem Zweiten Vatikanischen Konzil geschaffen. Der überarbeitete Ritus der Jungfrauenweihe[43] sieht auch eine Spendung der Jungfrauenweihe an in

40 „Das eremitische Leben und der *Ordo virginum* sind Formen des geweihten Lebens" (Art. 126 § 1 PE). Zuständige Verwaltungsbehörde des Apostolischen Stuhls ist daher das Dikasterium für die Institute des geweihten Lebens und die Gesellschaften des apostolischen Lebens.

41 Im Kartäuserorden hat sich bis heute eine alte Tradition im Zusammenhang mit der Jungfrauenweihe erhalten. Bei ihrer feierlichen Profess bekommen Kartäusernonnen, wenn sie es wünschen und die Voraussetzungen erfüllen, die Jungfrauenweihe gespendet, bei der ihnen neben den klassischen Zeichen von Ring und Schleier auch die Stola angelegt wird. Vgl. dazu: Daniel Tibi: „Warum Kartäuserinnen Stola tragen. Zur Übergabe der Stola an Kartäusernonnen bei der Jungfrauenweihe nach der ‚Pratique de la bénédiction et consécration des Vierges' von 1699 und dem ‚Rituel Cartusien de Consecration des Vierges' von 1986", in: *ExF* 1 (2022), S. 169–190, DOI: 10.25365/exf-2022-1-6.

42 In: *AAS* 19 (1927), S. 138–139.

43 Der deutschsprachige Ritus ist abgedruckt in: Bischofskonferenzen Deutschlands, Österreichs und der Schweiz sowie die (Erz-)Bischö-

der Welt lebende Frauen vor und ist der gebilligte liturgische Ritus, von dem in c. 604 § 1 CIC die Rede ist. Ordentlicher Spender der Jungfrauenweihe ist der Diözesanbischof, der diese Aufgabe einem Weihbischof oder einem Priester delegieren kann (vgl. c. 1169 § 1 CIC).[44] Allgemeine Voraussetzungen aufseiten der Bewerberinnen sind, dass sie

- niemals eine Ehe eingegangen sind und auch nicht offenkundig ein dem jungfräulichen Stand widersprechendes Leben geführt haben,
- durch ihr Alter, ihr Urteilsvermögen und ihre nach dem übereinstimmenden Zeugnis der Gläubigen erprobten Charaktereigenschaften die Gewähr bieten, in einem sittenreinen, dem Dienst der Kirche und des Nächsten gewidmeten Leben auszuharren und
- vom Ortsbischof zur Weihe zugelassen werden.[45]

Weitere Voraussetzungen sowie weitere rechtliche Bestimmungen die Jungfrauenweihe betreffend sind dem Eigenrecht des Bistums zu entnehmen. Die Deutsche Bischofskonferenz,[46] die Österreichische

---

FE VON BOZEN-BRIXEN, LÜTTICH, LUXEMBURG UND STRASSBURG (Hrsg.): *Pontifikale für die katholischen Bistümer des deutschen Sprachgebietes. Bd. 2: Die Weihe des Abtes und der Äbtissin. Die Jungfrauenweihe*, Freiburg i. Br., Basel und Wien: Herder, [2]1994.

44 Dies hat der Präfekt der damaligen Kongregation für den Gottesdienst in einem Schreiben vom 22.02.1986, Prot.-Nr. 286/86, bestätigt.

45 Vgl. BISCHOFSKONFERENZEN DEUTSCHLANDS, ÖSTERREICHS UND DER SCHWEIZ SOWIE DIE (ERZ-)BISCHÖFE VON BOZEN-BRIXEN, LÜTTICH, LUXEMBURG UND STRASSBURG (Hrsg.): *Pontifikale für die katholischen Bistümer des deutschen Sprachgebietes. Bd. 2: Die Weihe des Abtes und der Äbtissin. Die Jungfrauenweihe*, Allgemeine Einführung zur Jungfrauenweihe, Nr. 5a.

46 STÄNDIGER RAT DER DEUTSCHEN BISCHOFSKONFERENZ: „Empfehlungen für die Spendung der Jungfrauenweihe gemäß can. 604 CIC (25.01.2016)“, in:

Bischofskonferenz[47] und die Schweizer Bischofskonferenz[48] haben jeweils Empfehlungen für die Spendung der Jungfrauenweihe herausgegeben, die mangels Gesetzgebungskompetenz einer Bischofskonferenz in dieser Sache von jedem Diözesanbischof für sein Gebiet in Kraft gesetzt werden müssen.

Die Kongregation für die Institute des geweihten Lebens und die Gesellschaften des apostolischen Lebens hat am 8. Juni 2018 die Instruktion *Ecclesiae Sponsae Imago* über den Stand der geweihten Jungfrauen herausgegeben, die neben einem theologischen Teil auch rechtlich Relevantes enthält. Darin wird festgestellt, dass die Berufungsunterscheidung, die Ausbildung vor der Weihe sowie die beständige Weiterbildung nach der Weihe nicht nur in der Verantwortung der Kandidatin bzw. geweihten Jungfrau liegen, sondern auch in der Verantwortung des Diözesanbischofs, der dazu je nach Anzahl der geweihten Jungfrauen in seinem Bistum einen Beauftragten ernennen oder einen Dienst einrichten kann.[49] Die Zeit auf den Weg hin zur Weihe soll in drei Phasen gegliedert sein: Vorbereitung, Ausbildung und abschließende Bewertung.[50] Mindestalter für die Zulassung zur Vorbereitungszeit ist die Vollendung

---

Kirchliches Amtsblatt für die Diözese Rottenburg-Stuttgart 60 (2016), S. 150–152.

47 Österreichische Bischofskonferenz: „Empfehlungen der Österreichischen Bischofskonferenz für die Spendung der Jungfrauenweihe gemäß can. 604 CIC“, in: *ABlÖBK* 39 (01.05.2005), S. 19–25.

48 Sekretariat der Schweizer Bischofskonferenz: *Empfehlungen der Schweizer Bischofskonferenz für die Spendung der Jungfrauenweihe gemäß can. 604*, Freiburg 2006.

49 Vgl. Kongregation für die Institute des geweihten Lebens und die Gesellschaften des apostolischen Lebens: *Instruktion „Ecclesiae Sponsae Imago“*, Nr. 76 (S. 63).

50 Vgl. ebd., Nr. 81 (S. 67).

des 18. Lebensjahres, Mindestalter für die Zulassung zur Weihe ist die Vollendung des 25. Lebensjahres.[51] Körperliche Jungfräulichkeit als Zulassungskriterium ist nicht gefordert.[52] Nach Abschluss der Ausbildungszeit kann die Kandidatin schriftlich die Zulassung zur Weihe beantragen. Dem Antrag beigefügt sein muss eine Stellungnahme des geistlichen Begleiters.[53] Über die Zulassung zur Weihe entscheidet der Diözesanbischof. In jedem Bistum ist ein Register zu führen, in dem die erfolgten Weihen dokumentiert werden. Die geweihte Jungfrau erhält eine Weiheurkunde. Außerdem ist die Jungfrauenweihe im Taufregister zu vermerken.[54]

Geweihte Jungfrauen sind in Welt lebende Frauen, die in ihrem sozialen Kontext verbleiben. Sie haben gegenüber dem Bischof kein Recht auf Unterhalt, sondern müssen ihren Lebensunterhalt und ihre soziale Absicherung, in der Regel durch eine mit ihrem Stand als geweihte Jungfrau zu vereinbarender Berufstätigkeit, selbst bestreiten. Wenn es auch wünschenswert ist, dass eine geweihte Jungfrau in das Leben ihrer Gemeinde integriert ist, so besteht keine Verpflichtung zur ehrenamtlichen Tätigkeit. Zur gegenseitigen Unterstützung können geweihte Jungfrauen Vereinigungen bilden (vgl. c. 604 § 2 CIC). Die Anerkennung und die Errichtung solcher Vereinigungen kommt

51 Vgl. ebd., Nr. 82 (S. 67–68).

52 Vgl. ebd., Nr. 88 (S. 72–73): „In diesem Zusammenhang ist zu berücksichtigen, dass der Aufruf, die jungfräuliche, bräutliche und fruchtbare Liebe der Kirche zu Christus zu bezeugen, nicht auf das Zeichen der körperlichen Unversehrtheit reduzierbar ist und dass die Bewahrung des eigenen Körpers in vollendeter Enthaltsamkeit und ein bis dahin vorbildliches Leben in keuscher Tugendhaftigkeit zwar in Bezug auf die Berufungsunterscheidung eine große Rolle spielen können, aber nicht die maßgebenden Kriterien sind, in deren Ermangelung die Zulassung zur Weihe nicht möglich wäre“.

53 Vgl. ebd., Nr. 104 (S. 81).

54 Vgl. ebd., Nr. 107 (S. 82).

auf diözesaner Ebene dem Diözesanbischof und auf nationaler Ebene der Bischofskonferenz zu (vgl. c. 604 § 2 CIC). Die Errichtung auf internationaler Ebene ist Sache des Apostolischen Stuhls, näherhin des Dikasteriums für die Institute des geweihten Lebens und die Gesellschaften des apostolischen Lebens (vgl. Art. 126 § 2 PE). Die Mitgliedschaft in einer Vereinigung ist die freie Entscheidung jeder geweihten Jungfrau und nicht verpflichtend. Der Austritt aus einer Vereinigung zieht nicht den Austritt aus dem Stand der geweihten Jungfrauen nach sich.[55] Ebenso steht es geweihten Jungfrauen frei, in einem gemeinsamen Haushalt zu wohnen, um sich gegenseitig zu helfen und ein gemeinsames spirituelles Lebens zu führen.[56]

Nach Empfang der Jungfrauenweihe kann es verschiedene Gründe geben, die zu einer Trennung vom Stand der geweihten Jungfrauen führen. Das allgemeine Kirchenrecht enthält keine Bestimmungen dazu. Näheres zur Vorgehensweise regelt die Instruktion *Ecclesiae Sponsae Imago*.[57] Möchte eine geweihte Jungfrau in ein Institut des geweihten Lebens oder eine Gesellschaft des apostolischen Lebens eintreten, richtet sie eine schriftliche Bitte an den Diözesanbischof zusammen mit einem Schreiben der obersten Leiterin des Instituts des geweihten Lebens oder der Gesellschaft des apostolischen Lebens über die bestehenden Kontakte. Der Bischof leitet das Gesuch zusammen mit einer eigenen Stellungnahme an den Apostolischen Stuhl weiter, der über die Angelegenheit entscheidet und weitergehende Bestimmungen für den Einzelfall erlässt. Sollte eine geweihte Jungfrau aus sehr schwerwiegenden Gründen den Stand der geweihten Jungfrauen verlassen wollen, richtet sie

55 Vgl. ebd., Nr. 65 (S. 57).
56 Vgl. ebd., Nr. 66 (S. 57).
57 Vgl. ebd., Nr. 69–73 (S. 59–61).

eine schriftliche Bitte um Dispens an den Diözesanbischof, der nach eingehender Prüfung über die Bitte entscheidet. Nicht zuletzt kann es Gründe für eine Entlassung aus dem Stand der geweihten Jungfrauen geben. In analoger Anwendung von c. 694 CIC ist eine geweihte Jungfrau *ipso facto* entlassen, wenn sie offenkundig vom katholischen Glauben abgefallen ist oder wenn sie eine sei es auch nur standesamtlich geschlossene Ehe eingegangen ist. In diesem Fall erhebt der Diözesanbischof die notwendigen Beweise und stellt die Entlassung fest. Hat sich eine geweihte Jungfrau schwerste Delikte (vgl. c. 695 § 1 CIC) oder schwerste externe Versäumnisse ihrer Pflichten, die sich aus der Weihe ergeben, zuschulden kommen lassen, ist es Aufgabe des Diözesanbischofs das Entlassverfahren einzuleiten. Zunächst unterrichtet er die geweihte Jungfrau über die Beschuldigungen sowie die ihm vorliegenden Beweise und gibt ihr die Möglichkeit zur Stellungnahme und Verteidigung. Hält er die vorgebrachten Verteidigungsgründe für unzureichend, stellt er das Entlassdekret aus, in dem die Gründe für die Entlassung zumindest summarisch dargelegt werden müssen und in dem zur Gültigkeit auf das Recht hingewiesen werden muss, innerhalb von zehn Tagen nach Bekanntgabe Rekurs einzulegen. Das Dekret ist zusammen mit allen Unterlagen dem Apostolischen Stuhl zur Bestätigung zu übermitteln. Wirksam wird das Dekret mit Bekanntgabe an die Empfängerin. Ein Rekurs hat aufschiebende Wirkung.[58] In allen

58 Die Bestimmungen das Entlassdekret betreffend sind offenkundig an die alte Fassung von c. 700 CIC angelehnt, der, nachdem die Instruktion *Ecclesiae Sponsae Imago* herausgegeben wurde, zweimal geändert wurde. Die Änderungen an c. 700 CIC betreffen aber nicht das Entlassverfahren für geweihte Jungfrauen und sind nach c. 18 CIC auch nicht analog darauf anzuwenden. Vgl. dazu die *Risposta particolare* des Dikasteriums für die Gesetzestexte vom 09.08.2023, Prot.-Nr. 18070/2023 (unveröffentlicht).

Fällen ist eine Trennung vom Stand der geweihten Jungfrauen im Weiheregister des Bistums zu vermerken und in das Taufregister einzutragen.

c) Witwenweihe

Literatur: Jean BEYER: „Ordo viduarum", in: *PRC* 76 (1987), S. 253–269.

In VC 7 erwähnt wird neben der Jungfrauenweihe auch die Witwenweihe, die ebenso wie die Jungfrauenweihe eine lange Tradition bis in die ersten christlichen Jahrhunderte hat. Das allgemeine Kirchenrecht der lateinisch-katholischen Kirche erwähnt die Witwenweihe nicht. Das allgemeine Kirchenrecht der katholischen Ostkirchen hingegen räumt die Möglichkeit der Witwenweihe für das Partikularrecht ein (vgl. c. 570 CCEO). Aber auch die lateinisch-katholische Kirche kennt einen Ritus der Witwenweihe. Die damalige Kongregation für den Gottesdienst hat am 2. Februar 1984 auf Antrag des Pariser Erzbischofs Jean-Marie Lustiger das *Rituel de bénédiction des Veuves* approbiert.

d) Neue Formen geweihten Lebens (c. 605)

Literatur: Velasio DE PAOLIS: „Neue Formen des geweihten und des monastischen Lebens", in: *OK* 47 (2006), S. 20–37; Joseph PFAB: „Neue Formen des geweihten Lebens", in: *In unum congregati. Festgabe für Augustinus Kardinal Mayer OSB zur Vollendung des 80. Lebensjahres*, hrsg. v. Stephan HAERING, Metten: Abtei-Verlag, 1991, S. 465–479.

An die Seite der Orden traten ab dem 19. Jahrhundert die Kongregationen mit einfachen Gelübden (→ S. 37) und ab dem 20. Jahrhundert die Säkularinstitute (→ S. 40). Der CIC/1983 kennt als weitere

Formen des geweihten Lebens die Diözesaneremiten und die geweihten Jungfrauen. Das Kirchenrecht ist darüber hinaus offen für neue Formen des geweihten Lebens (vgl. c. 605 CIC; VC 62). Die Diözesanbischöfe sind angehalten, neue Wege im geweihten Lebens zu erkennen und zu fördern. Neue Formen geweihten Lebens anzuerkennen hingegen ist ausschließlich dem Apostolischen Stuhl vorbehalten.

Als neu anzusehen, sind solche Formen des geweihten Lebens, die nicht in das vom geltenden Kirchenrecht vorgegebene Schema passen. Grundvoraussetzung für die Zuordnung zum geweihten Leben ist die Verpflichtung auf die evangelischen Räte. Umstritten ist, ob die Verpflichtung stets alle drei evangelischen Räte umfassen muss oder sich auf einen oder zwei beschränken darf, ähnlich wie sich die geweihten Jungfrauen auf die Verpflichtung zur Keuschheit beschränken.

17. Grundsätzliche Gleichstellung von männlichen und weiblichen Instituten (c. 606)

Der CIC/1983 stellt männliche und weibliche Institute rechtlich grundsätzlich gleich, wenn sich aus dem Textzusammenhang einer Norm oder aus der Natur der Sache nichts anderes ergibt (vgl. c. 606 CIC). Ein wesentlicher Unterschied besteht darin, dass die höheren Oberinnen der weiblichen Institute keine Ordinarien sind, da diese Funktion nur von Klerikern bekleidet werden kann. Eine Sonderstellung unter den weiblichen Religiosen nehmen die Nonnen ein, die aufgrund diverser Sonderregelungen in stärkerer Abhängigkeit vom Apostolischen Stuhl stehen. Was eigentlich als Schutz für Nonnenklöster intendiert ist, kann aber auch als Verletzung der gebührenden

Autonomie und des Subsidiaritätsprinzips angesehen werden. Die Instruktion *Cor orans* wird, was die Gleichstellung von männlichen und weiblichen Religiosen angeht, unterschiedlich beurteilt. Einerseits hat sie Kompetenzen des Diözesanbischofs eingeschränkt und damit den Klöstern und der Föderation, der diese angehören, mehr Autonomie ermöglicht. Andererseits ist die Ausbildungszeit von Nonnen gegenüber männlichen Religiosen und weiblichen Religiosen, die keine Nonnen sind, deutlich erhöht worden, was im deutschsprachigen Raum als ungerechtfertigte Ungleichbehandlung kritisiert wird.

III. Religioseninstitute (cc. 607–709)

Ein Religioseninstitut, so definiert c. 607 § 2 CIC, ist „eine Vereinigung, in der die Mitglieder nach dem Eigenrecht öffentliche, ewige oder zeitliche Gelübde, die jedoch nach Ablauf der Zeit zu erneuern sind, ablegen und ein brüderliches Leben in Gemeinschaft führen". Die Übernahme der evangelischen Räte haben die Mitglieder der Religioseninstitute mit den Mitgliedern der Säkularinstituten gemein. Die Eigenheit der Religioseninstitute gegenüber den Säkularinstituten besteht darin, dass die Mitglieder der Religioseninstitute ein Gemeinschaftsleben führen.

1. Niederlassungen (cc. 608–616)

Da die Mitglieder von Religioseninstituten zu einem Gemeinschaftsleben verpflichtet sind, müssen sie in einer rechtmäßig errichteten Niederlassung ihres Institut wohnen, der ein rechtmäßig bestellter Oberer (→ S. 132) vorsteht (vgl. c. 608 CIC). Jede Niederlassung soll zumindest mit einer Kapelle ausgestattet sein, in der die Eucharistie gefeiert[1] und aufbewahrt wird. Eine Kapelle ist ein „Ort, der mit Erlaubnis des Ordinarius für den Gottesdienst zugunsten einer Gemeinschaft oder eines dort zusammenkommenden Kreises von Gläubigen bestimmt ist, zu dem mit Zustimmung des zuständigen Oberen auch andere Gläubige Zugang erhalten können" (c. 1224

1 Nach c. 934 § 2 CIC wenigstens zweimal im Monat.

CIC). Statt einer Kapelle oder zusätzlich zu ihr kann eine Niederlassung mit Erlaubnis des Diözesanbischofs (vgl. c. 1215 § 3 CIC) eine Kirche haben. Eine Kirche ist ein „heiliges, für den Gottesdienst bestimmtes Gebäude, zu dem die Gläubigen das Recht freien Zugangs haben, um Gottesdienst vornehmlich öffentlich auszuüben" (c. 1214 CIC). Ob eine Niederlassung mit einer Kapelle oder einer Kirche ausgestattet wird, hängt davon ab, ob der Gottesdienstort vornehmlich für die internen Gottesdienste der Gemeinschaft gebraucht wird oder ob die Gemeinschaft dort öffentliche Gottesdienste und andere Seelsorgsdienste anbietet.

a) Errichtung (cc. 609–612)

Errichtet wird eine Niederlassung von der nach den Konstitutionen zuständigen Autorität, wobei vorher die schriftliche Zustimmung des Diözesanbischofs, in dessen Gebiet die Niederlassung errichtet werden soll, erforderlich ist (vgl. c. 609 § 1 CIC). Für die Errichtung eines Nonnenklosters ist darüber hinaus die Erlaubnis des Apostolischen Stuhles erforderlich (vgl. c. 609 § 2 CIC). Welche konkreten Erfordernisse erfüllt sein müssen, damit eine Niederlassung errichtet werden kann, sollte im Eigenrecht des Instituts geregelt sein, da die Erfordernisse je nach Ausrichtung des Instituts deutlich unterschiedlich sein können. Ein Kartäuserkloster beispielsweise hat völlig andere Anforderungen als eine Jesuitenkommunität. Als allgemeine Mindestanforderungen für die Errichtung einer Niederlassung erwähnt das allgemeine Recht, dass ein Nutzen für die Kirche und für das Institut gegeben sein muss, dass alles für die ordnungsgemäße Lebensführung der Institutsmitglieder nach den Zielsetzungen und dem Geist des Instituts vorhanden sein muss und dass in angemessener Weise für die Bedürfnisse der Mitglieder gesorgt ist (vgl. c. 610 CIC).

Hat der Diözesanbischof seine Zustimmung zur Errichtung einer Niederlassung erteilt, ergibt sich daraus das Recht, ein Leben in Einklang mit den Zielsetzungen und dem Geist des Instituts zu führen, die dem Institut eigenen Aufgaben auszuüben sowie für klerikale Institute eine Kirche zu haben und Seelsorgsdienste anzubieten (vgl. c. 611 CIC). Was die Ausübung der dem Institut eigenen Aufgaben angeht, sind die einschlägigen rechtlichen Bestimmungen zu beachten, insbesondere dass dem Bischof die Koordinierung sämtlicher apostolischer Werke und Tätigkeiten in seinem Bistum zukommt (vgl. c. 680 CIC). Außerdem kann der Bischof seiner Zustimmung zur Errichtung Bedingungen anfügen. Vor Errichtung einer Kirche ist zusätzlich zur Erlaubnis des Diözesanbischofs zur Errichtung einer Niederlassung dessen Erlaubnis einzuholen (vgl. c. 1215 § 3 CIC). Möchte eine Niederlassung, nachdem sie rechtmäßig errichtet worden ist, ihre Apostolatsaufgaben ändern, ist dazu die Zustimmung des Diözesanbischofs erforderlich, wenn sich die Änderungen nicht bloß auf die interne Leitung und Ordnung beziehen (vgl. c. 612 CIC).

b) Rechtlich selbstständige Niederlassungen von Regularkanonikern und Mönchen (c. 613)

Niederlassungen von Religioseninstituten können je nach Verfassungsstruktur des Instituts rechtlich selbstständig oder nichtselbstständig sein. Kraft Gesetzes selbstständig sind die klösterlichen Niederlassung von Regularkanonikern (→ S. 23) und Mönchen (→ S. 13), die unter der Leitung und Aufsicht eines eigenen Oberen stehen, wenn die Konstitutionen nichts anderes bestimmen (vgl. c. 613 § 1 CIC). Die Konstitutionen sehen in der Regel einen gestuften Weg zur rechtlichen Selbstständigkeit vor, sodass zunächst eine vom Gründungskloster abhängige Niederlassung errichtet wird, die bei Vorliegen der im Eigenrecht festgelegten Voraussetzungen von der zuständigen Autorität des Instituts zur selbstständigen Niederlassung erhoben wird. Der Obere einer selbstständigen Niederlassung und dessen Stellvertreter sind von Rechts wegen höhere Obere (vgl. c. 620 CIC).

c) Nonnenklöster, die einem Institut von Männern angeschlossen sind (c. 614)

Nonnenklöster können einem männlichen Institut angeschlossen sein (vgl. c. 614 CIC). Dies ist beispielsweise bei Zisterzienserinnen, Trappistinnen und Kartäuserinnen der Fall ist. Bei den Benediktinern besteht im deutschsprachigen Raum einzig die Beuroner Benediktinerkongregation aus Männer- und Frauenklöstern. Im Falle eines Anschlusses an ein männliches Institut behalten die Nonnenklöster ihre gebührende Autonomie hinsichtlich ihrer eigenen Lebensweise und Leitung gemäß den Konstitutionen. Die gegenseitigen Rechte und Pflichten werden im Eigenrecht geregelt, wobei das allgemeine Recht verlangt, dass ein geistlicher Nutzen gewonnen werden soll. Das Verhältnis zum männlichen Institut geht somit über eine reine Angliederung i. S. d. c. 580 CIC (→ S. 63) hinaus. Das Eigenrecht kann, muss aber nicht zwangsläufig, bestimmen, dass der oberste Leiter des männlichen Instituts auch Leitungsvollmacht über die Nonnenklöster hat.

d) Rechtlich selbstständige Klöster ohne übergeordneten Oberen (c. 615)

Ein rechtlich selbstständiges Kloster, das außer dem eigenen Oberen keinen anderen höheren Oberen hat und keinem anderen Religioseninstitut so angeschlossen ist, dass dessen Oberer eine wirkliche, von den Konstitutionen bestimmte Vollmacht über das Kloster besitzt, ist der besonderen Aufsicht des Diözesanbischofs anvertraut (vgl. c. 615 CIC). In der Praxis betrifft dies insbesondere rechtlich selbstständige Nonnenklöster, die nicht nach c. 614 CIC einem männlichen Institut in einer Weise angeschlossen sind, dass dessen Oberer nach den Konstitutionen Leitungsvollmacht über das Kloster hat. Bei einem Zusammenschluss von Nonnenklöstern zu einer Föderation, wie sie in der Instruktion *Cor orans* vorgesehen ist,[2] bleiben die Voraussetzungen des c. 615 CIC erfüllt, da die Föderationspräsidentin nicht höhere Oberin über die Klöster der Föderation ist. Ein rechtlich selbstständiges Kloster, das außer dem eigenen Oberen keinen anderen Oberen hat, wäre nicht in die hierarchische Verfassung der Kirche integriert, sodass in einem solchen Fall die Eingliederung in der Weise erfolgt, dass das Kloster der besonderen Aufsicht durch den Diözesanbischof unterstellt ist. Dies umfasst insbesondere:[3]

- Leitung der Wahl des Oberen (c. 625 § 2 CIC)

2 Vgl. Kongregation für die Institute des geweihten Lebens und die Gesellschaften des apostolischen Lebens: *Instruktion „Cor Orans“ zur Anwendung der Apostolischen Konstitution „Vultum Dei quaerere“ über das weibliche kontemplative Leben*, hrsg. v. Sekretariat der Deutschen Bischofskonferenz (VApSt 214), Bonn 2018, Nr. 93 (S. 32).

3 Rechtlich selbstständige Nonnenklöster betreffend sind die Aufsichtsrechte zusammengestellt in: Ebd., Nr. 81 (S. 27).

- Recht und Pflicht zur kanonischen Visitation (c. 628 § 2 Nr. 1 CIC), bei selbstständigen Nonnenklöstern mit der Präsidentin der Föderation als Co-Visitatorin[4]
- Pflicht des Klosters, dem Diözesanbischof einmal jährlich Rechenschaft über die Verwaltung abzulegen (c. 637 CIC)
- schriftliche Zustimmung zur Gültigkeit bei bestimmten Veräußerungsgeschäften und sonstigen Geschäften, aus denen die Vermögenssituation des Klosters Schaden nehmen könnte (c. 638 § 4 CIC), bei rechtlich selbstständigen Nonnenklöstern, jedoch nur, wenn es im Eigenrecht so festgesetzt ist[5]
- Bestätigung des Austrittsindults von zeitlichen Professen zur Gültigkeit (c. 688 § 2 CIC)

Die Entscheidung über die Entlassung eines Mitglieds eines rechtlich selbstständigen Klosters i. S. d. c. 615 CIC kommt nach dem Apostolischen Schreiben *Competentias quasdam* dem höheren Oberen mit Zustimmung seines Rates und nicht mehr dem Diözesanbischof zu.

e) Aufhebung (c. 616)

Eine rechtmäßig errichtete Niederlassung aufheben kann der oberste Leiter des Instituts nach den Bestimmungen der Konstitutionen und

4 Vgl. ebd., Nr. 111 (S. 35–36). Die Bestimmung, dass die Präsidentin der Föderation den Diözesanbischof als Co-Visitatorin begleitet, ist eine vom Papst *in forma specifica* approbierte Abänderung von c. 628 § 2 Nr. 1 CIC.

5 Vgl. ebd., Nr. 81d (S. 27). Diese Abänderung von c. 638 § 4 CIC wurde vom Papst *in forma specifica* approbiert. CO 52 (ebd. S. 20) verlangt abweichend von c. 638 § 4 CIC die schriftliche Genehmigung der höheren Oberin zusammen mit der Zustimmung des Rates oder des Konventkapitels und die Stellungnahme der Präsidentin der Föderation.

nach vorheriger Befragung des Diözesanbischofs (vgl. c. 616 § 1 CIC). Anders als bei der Errichtung einer Niederlassung kommt dem Diözesanbischof bei der Aufhebung kein Zustimmungsrecht, sondern nur ein Anhörungsrecht zu. Wie mit dem Vermögen einer aufgehobenen Niederlassung zu verfahren ist, ist im Eigenrecht zu regeln, unbeschadet des Willens der Stifter und Wohltäter sowie wohlerworbener Rechte. Für drei Fälle sieht das allgemeine Recht Sonderregelungen hinsichtlich der Zuständigkeit für die Aufhebung vor: Die Aufhebung der einzigen Niederlassung eines Instituts kommt dem Apostolischen Stuhl zu, der in diesem Fall auch über das Vermögen bestimmt (vgl. c. 616 § 2 CIC). Diese Bestimmung korrespondiert mit der Regelung, dass die Aufhebung eines Instituts dem Apostolischen Stuhl zukommt (→ S. 67), was die Aufhebung der einzigen Niederlassung zwar nicht zwangsläufig, in der Praxis aber faktisch bedeutet. Zuständig für die Aufhebung einer rechtlich selbstständigen Niederlassung i. S. d. c. 613 CIC ist das Generalkapitel, wenn die Konstitutionen nichts anderes bestimmen (vgl. c. 616 § 3 CIC). Die Aufhebung eines rechtlich selbstständigen Nonnenklosters ist Sache des Apostolischen Stuhls, unbeschadet der Bestimmungen der Konstitutionen über das Vermögen.[6]

2. Leitung (cc. 617–640)

Quellen: Kongregation für die Institute des geweihten Lebens und die Gesellschaften des apostolischen Lebens: *Der Dienst der Autorität und der Gehorsam*, hrsg. v. Sekretariat der Deutschen Bischofskonferenz (VApSt 181), Bonn 2008.

6 Enthalten die Konstitutionen keine Bestimmungen die Verwendung des Vermögens bei Aufhebung betreffend, fällt das Vermögen der unmittelbar höheren juristischen Person zu (vgl. c. 123 CIC).

Literatur: Stephan HAERING: „Rechtliche Leitungskonzepte in Ordensgemeinschaften“, in: *Leitung, Vollmacht, Ämter und Dienste. Zwischen römischer Reform und teilkirchlichen Initiativen*, hrsg. v. Matthias PULTE/ Thomas MECKEL (KRR 33), Münster: Aschendorff, 2021, S. 205–220.

Das allgemeine Kirchenrecht kennt personale Leitungsorgane in Form von Oberen und ihren Räten sowie kollegiale Leitungsorgane in Form von Kapiteln. Oberen und Kapiteln kommt Leitungsvollmacht i. S. d. c. 596 CIC (→ S. 100) über die Mitglieder des Instituts zu. Grundsätzlich lässt sich sagen, dass die Oberen mit ihren Räten die Exekutive bilden und die Kapitel die Legislative, wobei auch Kapiteln Entscheidungen von besonderer Wichtigkeit aus dem Bereich der Exekutive zustehen. Höheren Oberen in klerikalen Instituten päpstlichen Rechts, die Ordinarien sind, kommt außerdem richterliche Gewalt über die ihnen untergebenen Mitglieder des Instituts zu (vgl. c. 1427 §§ 1–2 CIC). Da die Vermögensverwaltung einen wichtigen Teil der Leitungsaufgabe einnimmt, werden die Normen diesen Bereich betreffend im CIC in einem eigenen Artikel in das Kapitel über die Leitung eingereiht.

a) Obere und Räte (cc. 617–630)

Personale Leitungsorgane sind die Oberen, die sich bei der Ausübung ihres Amtes nach den Vorschriften des allgemeinen Kirchenrechts und des Eigenrechts eines Rates bedienen.

aa) Vollmacht der Oberen (cc. 618–619)

Der Umfang der Vollmacht der Oberen richtet sich nach den Normen des allgemeinen Rechts und des Eigenrechts, an die sie bei

Ausübung ihres Amts gebunden sind (vgl. c. 617 CIC). Das Amt des Oberen ist ein Kirchenamt i. S. d. c. 145 § 1 CIC und damit als Dienst zu verstehen. Obere sind mehr als reine Kirchenfunktionäre. Vielmehr hat ihr Amt neben einer rechtlichen auch eine geistliche Dimension. So sollen die Oberen ihr Amt im Geist des Dienens ausüben (c. 618 CIC). Sie sollen dem Willen Gottes ergeben sein und ihre Untergebenen mit Achtung vor der menschlichen Person wie Söhne leiten. Zentral ist der gegenseitige Gehorsam, der Einigkeit fördert und zum Wohl des Instituts und der Kirche beiträgt. Die Oberen sollen auf ihre Untergebenen hören und ihren freiwilligen Gehorsam fördern. Dies schränkt aber nicht die Autorität des Oberen ein, im Rahmen seiner Kompetenz zu entscheiden und vorzuschreiben, was zu tun ist:

> „In der vom Geist beseelten Brüderlichkeit führt jeder mit dem anderen einen wertvollen Dialog, um den Willen des Vaters zu erkennen, und alle anerkennen in dem, der die Leitung innehat, den Ausdruck der Vaterschaft Gottes und die Ausübung der von Gott im Dienst der Unterscheidung und der Gemeinschaft empfangenen Autorität“ (VC 92).

Dieses Verständnis von Leitungsvollmacht der Oberen lässt sich als die gemeinsame Suche nach der besten Lösung charakterisieren und spiegelt das Verständnis von synodaler Leitung in den Religioseninstituten wider.[7] In einem Prozess des *decision-making* bringt sich die ganze Gemeinschaft im gegenseitigen Gehorsam ein. Das *decision-taking*, die letztgültige Entscheidung, liegt beim Oberen

7 Vgl. dazu Franz MEURES: „Gemeinsame Suche nach der besten Lösung. Synodalität aus Sicht der Orden“, in: *Herder-Korrespondenz* 76.8 (2022), S. 29–32.

im Rahmen seiner Leitungskompetenz und unter Beachtung der Beispruchsrechte (→ S. 144), der auch für die Ausführung der getroffenen Entscheidungen verantwortlich ist:

> „Die gemeinsame Entscheidungsfindung ist gewiß ein nützliches Verfahren, auch wenn es nicht leicht und nicht selbstverständlich ist, da es menschliche Kompetenz, geistliche Weisheit und Zurücknahme der eigenen Person erfordert. Dort, wo sie ernsthaft und gläubig praktiziert wird, schafft sie der Autorität die besten Bedingungen für die notwendigen Entscheidungen zum Wohl des brüderlichen Lebens und der Sendung. Wenn dann einmal eine Entscheidung gemäß den Vorschriften des Eigenrechtes getroffen ist, dann sind Beharrlichkeit und Kraft seitens des Oberen gefordert, damit die Beschlüsse nicht nur auf dem Papier bleiben.“[8]

Ein paternalistischer Führungsstil eines Oberen ist damit ausgeschlossen. Neben der Haltung des gegenseitigen Gehorsams sind Beteiligungs- und Beratungsorgane auch rechtlich vorgeschrieben (vgl. c. 633 CIC). Ausgeschlossen ist aber auch die Einführung einer kollegialen Leitungsstruktur in einer Form, dass ein Oberer zum reinen Ausführungsorgan von Beschlüssen der Gemeinschaft wird oder dass die Leitung kollegial von einem Ratsgremium ausgeübt wird (→ S. 149).

Das geistliche Leitungsprofil der Oberen ist in c. 619 CIC skizziert, wobei im Eigenrecht weitere Eigenschaften zusammengestellt

8 Kongregation für die Institute des geweihten Lebens und die Gesellschaften des apostolischen Lebens: *Das brüderliche Leben in Gemeinschaft. „Congregavit nos in unum Christi amor“*, hrsg. v. Sekretariat der Deutschen Bischofskonferenz (VApSt 116), Bonn 1994, Nr. 50c (S. 46).

werden können, die im Patrimonium des einzelnen Instituts wurzeln.[9] Die Oberen sollen sich eifrig ihrem Amt widmen. Gemeinsam mit ihren Untergebenen sollen sie eine brüderliche Gemeinschaft in Christus aufbauen, in der Gott vor allem gesucht und geliebt wird. In der Befolgung der Observanz ihres Instituts sollen sie ihren Untergebenen ein Vorbild sein. Sie sollen sie oft mit dem Wort Gottes nähren, beispielsweise durch regelmäßige geistliche Vorträge, und sie zur Feier der Liturgie hinführen. In persönlichen Nöten sollen sie ihnen beistehen. Sie sollen sich der Kranken annehmen und sie besuchen, Störenfriede sollen sie zurechtweisen, Kleinmütige trösten und gegenüber allen geduldig sein.

bb) Arten von Oberen (c. 620–622)

Das allgemeine Kirchenrecht kennt drei Arten von Oberen:

- Lokaloberer (*Superior localis*),[10]
- höherer Oberer (*Superior maior*; c. 620 CIC)
- oberster Leiter (*supremus Moderator*; c. 622 CIC)

Ein Lokaloberer ist der Leiter einer Niederlassung (→ S. 125). Höhere Obere sind Obere, die ein Institut, eine Provinz bzw. einen ihr gleichgestellten Teil des Instituts (→ S. 68)[11] oder eine recht-

9 Weiterführend zur geistlichen Dimension des Oberenamtes vgl.: Kongregation für die Institute des geweihten Lebens und die Gesellschaften des apostolischen Lebens: *Der Dienst der Autorität und der Gehorsam*, hrsg. v. Sekretariat der Deutschen Bischofskonferenz (VApSt 181), Bonn 2008, Nr. 13 (S. 28–33).

10 Die von der Deutschen Bischofskonferenz herausgegebene deutsch-lateinische Ausgabe des CIC/1983 verwendet in der deutschen Übersetzung den Begriff „Hausoberer".

11 Die mittlere Ebene eines Religioseninstituts bilden als Untergliederungen die Provinzen, in die ein Institut unterteilt sein kann, aber nicht muss. Eine Provinz

lich selbständige Niederlassung leiten, sowie deren Stellvertreter. Höhere Obere sind auch der Abtprimas und der Obere einer monastischen Kongregation (→ S. 64), die jedoch wegen der föderalen Struktur von monastischen Kongregationen und Konföderationen nicht die ganze Vollmacht haben, die das allgemeine Recht den höheren Oberen zuteilt, sondern nur die Vollmacht, die das Eigenrecht ihnen zuweist. Derjenige höhere Obere, der ein ganzes Institut leitet, wird oberster Leiter genannt. Der oberste Leiter hat Vollmacht über alle Provinzen, Niederlassungen und Mitglieder des Instituts nach den Bestimmungen des Eigenrechts. Alle übrigen Oberen haben Vollmacht innerhalb der Kompetenzen ihres Amtes nach den Bestimmungen des Eigenrechts. Die Amtsbezeichnungen der Oberen können sich von Institut zu Institut unterscheiden und spiegeln Verfassungsstruktur und Leitungsverständnis eines Instituts wider.[12] Bei föderalistisch verfassten Instituten ist der Lokalobere auch höherer Oberer, wenn er eine rechtlich selbstständige Niederlassung

ist, so definiert c. 621 CIC, eine „Vereinigung mehrerer Niederlassungen, die unter demselben Oberen einen unmittelbaren Teil des Instituts bildet und von der rechtmäßigen Autorität kanonisch errichtet worden ist“. Zu einer Provinz müssen bei ihrer Gründung mindestens drei Niederlassungen gehören (vgl. c. 115 § 2 CIC), für ihren Fortbestand nach rechtmäßiger Gründung ist die Mindestzahl allerdings nicht mehr erforderlich. Institute sehen in ihrem Eigenrecht mitunter Pro-Provinzen oder Vize-Provinzen als Untergliederungen mit weniger als drei Niederlassungen vor, die den Provinzen gleichgestellt sind.

12 In zentralistisch verfassen Verbänden sind Bezeichnungen wie Generaloberer, Provinzial und Hausoberer für die Oberen des Instituts, der Provinz und einer Niederlassung üblich. Die Franziskaner sprechen von Generalminister und Provinzminister, um die Dienstfunktion des Leitungsamts herauszustellen. In monastischen Orden heißen die Lokaloberen in der Regel Abt oder Prior und sind gleichzeitig höhere Obere, wenn sie einer rechtlich selbstständigen Niederlassung vorstehen. Der oberste Leiter einer benediktinischen Kongregation heißt in der Regel (Abt-)Präses, um die föderale Struktur zu unterstreichen.

leitet. In klerikalen Instituten päpstlichen Rechts sind die höheren Oberen, die Kleriker sind, den ihnen unterstellten Mitgliedern des Instituts gegenüber Ordinarien (vgl. c. 134 § 1 CIC), sie sind jedoch, mit Ausnahme der Territorialäbte, keine Ortsordinarien (vgl. c. 134 § 2 CIC). Ihnen kommt gegenüber ihren Untergebenen die Vollmacht zu, die das allgemeine Recht den Ordinarien zuweist. Für den Bereich der Religioseninstitute zählt dazu beispielsweise: Beauftragung zu Lektoren und Akolythen,[13] Dispens von nicht dem Apostolischen Stuhl vorbehaltenen Weiheirregularitäten und -hindernissen (vgl. c. 1047 § 4 CIC), Erlaubniserteilung zur Restaurierung der in Kirchen oder Kapellen zur Verehrung durch die Gläubigen ausgestellten wertvollen Bilder (vgl. c. 1189 CIC), Segnung von Heiligen Orten mit Ausnahme von Kirchen (vgl. c. 1207 CIC), Ausstellung eines Profanierungsdekrets für Heilige Orte (vgl. c. 1212 CIC), Erlaubnis zur Einrichtung einer Kapelle (vgl. cc. 1223–1224 CIC) sowie verschiedene Kompetenzen im Bereich des Strafrechts.

cc) Wahl und Ernennung von Oberen (cc. 623–626)

Der oberste Leiter eines Instituts ist stets durch kanonische Wahl gemäß den Konstitutionen zu bestimmen (vgl. c. 625 § 1 CIC). Die Wahl ist nicht bestätigungsbedürftig. Das Wahlrecht liegt beim Generalkapitel (vgl. c. 631 § 1 CIC). Bei der Wahl des obersten Leiters eines Instituts bischöflichen Rechts führt der Bischof des Hauptsitzes den Vorsitz (vgl. c. 625 § 2 CIC). Alle übrigen Oberen werden nach den Bestimmungen der Konstitutionen entweder gewählt oder

13 Vgl. Paul VI.: „Apostolisches Schreiben ‚Ministeria quaedam'", in: *Kleriker und Weiherecht. Sammlung kirchenrechtlicher Erlasse*, hrsg. v. Sekretariat der Deutschen Bischofskonferenz (Nachkonziliare Dokumentation 38), Trier: Paulinus, [2]1977, S. 24–41, Nr. IX.

ernannt (vgl. c. 625 § 3 CIC). Werden sie gewählt, bedürfen sie der Bestätigung durch den zuständigen höheren Oberen. Werden sie ernannt, muss der Ernennung eine geeignete Befragung vorausgehen. Dabei handelt es sich um ein Anhörungsrecht i. S. d. c. 127 § 2 Nr. 2 CIC, sodass eine Ernennung unwirksam ist, wenn die vorherige geeignete Befragung unterbleibt. Bei der Verleihung von Ämtern (vgl. c. 146–163 CIC) wie auch bei Wahlen (vgl. cc. 164–179 CIC) sind die Bestimmungen des allgemeinen Rechts und des Eigenrechts zu beachten. Dabei ist jedem Missbrauch vorzubeugen. Vom Oberen ernannt oder von den Wahlberechtigten gewählt werden soll ohne Ansehen der Person, allein Gott und das Wohl des Institutes vor Augen, derjenige, den sie vor Gott wirklich für würdig und geeignet halten. Direkte oder indirekte Stimmenwerbung sowohl für die eigene Person wie auch für andere ist nicht gestattet (c. 626 CIC). Die Oberen in klerikalen Instituten sind verpflichtet, nach den Bestimmungen der Konstitutionen das Glaubensbekenntnis nach der vom Apostolischen Stuhl gebilligten Formel persönlich abzulegen (vgl. c. 833 Nr. 8 CIC) und darüber hinaus einen Treueeid.[14]

Die Voraussetzungen für Wahl und Ernennung von Oberen sind größtenteils im Eigenrecht zu bestimmen. Damit gibt das allgemeine Recht den einzelnen Instituten Spielraum, ihrem Patrimonium entsprechend eigene Kriterien aufzustellen. Das allgemeine Recht gibt lediglich vor, dass eine angemessene Zeit nach der ewigen oder endgültigen Profess vergangen sein muss, bevor jemand zum Oberen gewählt oder ernannt werden kann (vgl. c. 623 CIC). Diese

14 Der deutsche Text von Glaubensbekenntnis und Treueeid ist abgedruckt in: Kongregation für die Glaubenslehre: *Lehramtliche Stellungnahmen zur Professio*, hrsg. v. Sekretariat der Deutschen Bischofskonferenz (VApSt 144), Bonn 1998.

Zeit ist im Eigenrecht und, wenn es sich um höhere Obere handelt, in den Konstitutionen zu bestimmen.

Die Amtsdauer eines Oberen festzulegen, ist Sache des Eigenrechts. Das allgemeine Recht gibt lediglich vor, dass die Wahl oder Ernennung für einen bestimmten und angemessenen Zeitraum gemäß der Natur und der Notwendigkeit des Instituts erfolgen soll und dass sichergestellt werden soll, dass die Oberen, die für eine bestimmte Zeit eingesetzt sind, nicht allzu lange ohne Unterbrechung in ihrem Amt verbleiben (vgl. c. 624 §§ 1–2 CIC). Bestimmte Religioseninstitute kennen von ihrer Tradition her eine Wahl von Oberen auf Lebenszeit. Äbte von Benediktinerklöstern beispielsweise wurden traditionell auf Lebenszeit gewählt, und der Generalobere der Gesellschaft Jesu wird dies bis heute. Um diesen Traditionen Rechnung zu tragen, können Konstitutionen für den obersten Leiter und für die Oberen von rechtlich selbstständigen Niederlassungen etwas anderes als die Wahl auf bestimmte Zeit festlegen (vgl. c. 624 §§ 1 CIC), sodass beispielsweise benediktinische Äbte auf Lebenszeit oder auf unbestimmte Zeit, etwa bis zum Erreichen einer Altersgrenze, gewählt werden können.

Normen den Amtsverlust betreffend enthalten die cc. 184–196 CIC. Eine Person kann ein Amt verlieren durch Ablauf der vorher festgesetzten Zeit, Erreichen der im Recht bestimmten Altersgrenze, Verzicht, Versetzung, Amtsenthebung und Absetzung (vgl. c. 184 § 1 CIC). Ist ein Oberer auf Zeit gewählt, verliert er sein Amt nach Ablauf der Zeit, für die er gewählt wurde. Gleiches gilt, wenn im Eigenrecht eine Altersgrenze festgesetzt ist. In beiden Fällen wird der Amtsverlust erst von dem Zeitpunkt an wirksam, zu dem er von der zuständigen Autorität schriftlich mitgeteilt wird (vgl. c. 186

CIC). Aus einem gerechten Grund kann ein Oberer auf sein Amt verzichten (vgl. c. 187 CIC). Der Verzicht muss von der zuständigen Autorität angenommen werden, die ihn nur annehmen darf, wenn er auf einem gerechten und angemessenen Grund beruht (vgl. c. 189 §§ 1–2 CIC). Außerdem können Obere aus den im Eigenrecht festgelegten Gründen auf ein anderes Amt versetzt werden oder ihres Amtes enthoben werden (vgl. c. 624 § 3 CIC). Die Amtsenthebung geschieht entweder durch ein von der zuständigen Autorität erlassenes Dekret oder sie tritt von Rechts wegen ein (vgl. c. 192 CIC). Eine Amtsenthebung von Rechts wegen tritt ein bei Verlust des Klerikerstandes, bei öffentlichem Abfall vom katholischen Glauben und bei Eheschließung oder Eheschließungsversuch eines Klerikers (vgl. c. 194 CIC). In den letzten beiden Fällen wird die Amtsenthebung erst rechtskräftig, wenn sie von der zuständigen Autorität festgestellt wurde. Bei Religiosen ziehen diese beiden Fälle auch eine Entlassung von Rechts wegen aus dem Institut nach sich (→ S. 218). In bestimmten Fällen kann ein Oberer von seinem Amt aufgrund einer kirchlichen Strafe abgesetzt werden. Einem Oberen, der wegen Erreichens der Altersgrenze oder aufgrund der Annahme seines Verzichts sein Amt verliert, kann der Titel eines Emeritus verliehen werden (vgl. c. 185 CIC). Dieser Ehrentitel wird nach verdienstvollem endgültigem Ausscheiden aus einem Amt von der zuständigen Autorität verliehen. Alternativ kann das Eigenrecht vorsehen, dass er von Rechts wegen verliehen wird. Bei Amtsverlust nach Ablauf einer bestimmten Amtszeit oder bei Versetzung wird der Titel üblicherweise nicht verliehen, da den Charakter eines Ruhestandstitels hat, wobei die Übernahme anderer Ämter nicht ausgeschlossen ist. Ebenso wird er nach Amtsenthebung oder Absetzung nicht verliehen, da es sich um einen Ehrentitel handelt. Im deutschen Sprachraum wird der Titel eines Emeritus in der Regel dadurch ausgedrückt, dass der Amtsbezeichnung ein „Alt-“ vorangestellt (bspw. Alt-Abt) oder ein „*em.*“ nachgestellt (bspw. Abt *em.*) wird. Das Eigenrecht kann Rechte und Pflichten eines Emeritus festlegen.

dd) Pflichten der Oberen (cc. 628–630)

Zu den wesentlichen Pflichten eines Oberen gehört es, die ihm untergebenen Niederlassungen und Mitglieder nach den Bestimmungen des Eigenrechts zu visitieren (vgl. c. 628 § 1 CIC). Der Turnus, in dem die Visitationen stattfinden, ist im Eigenrecht zu bestimmen. Die Visitation der einzelnen Niederlassungen eines Instituts bischöflichen Rechts, die in seinem Gebiet liegen, sowie die Visitation der selbstständigen Klöster i. S. d. c. 615 CIC[15] kommt dem Diözesanbischof zu.

Obere haben in ihrer Niederlassung Residenzpflicht (vgl. c. 629 CIC). Näheres, insbesondere die Ausnahmen, sind im Eigenrecht zu regeln. Ein Oberer, der die Residenzpflicht schwer verletzt, soll mit einer gerechten Strafe belegt werden, nach erfolgter Verwarnung den Amtsentzug nicht ausgenommen (vgl. c. 1396 CIC).

Eine weitere Pflicht der Oberen, die nicht zuletzt zur Vorbeugung geistlichen Missbrauchs wesentlich ist,[16] besteht darin, den Mit-

15 Bei selbstständigen Nonnenklöstern ist die Präsidentin der Föderation Co-Visitatorin (vgl. Kongregation für die Institute des geweihten Lebens und die Gesellschaften des apostolischen Lebens: *Instruktion „Cor Orans“*, Nr. 111 (S. 35–36)).

16 Vgl. weiterführend dazu: Dysmas de Lassus: *Verheissung und Verrat. Geistlicher Missbrauch in Orden und Gemeinschaften der katholischen Kirche*, Münster: Aschendorff, 2022, S. 233–235.

gliedern die gebührende Freiheit in Bezug auf das Bußsakrament und die geistliche Führung zu lassen (vgl. c. 630 § 1 CIC). Dabei soll die Ordnung des Instituts gewahrt bleiben. Zu denken ist dabei beispielsweise an die Wahrung der Klausur, insbesondere in Nonnenklöstern. Auch darf Beichte und geistliche Begleitung nicht als Vorwand dienen, sich den gemeinsamen Gebetszeiten oder der zugewiesenen Arbeit zu entziehen. Alle Religiosen dürfen Beichtvater und geistlichen Begleiter frei wählen. Die Oberen müssen den Bestimmungen des Eigenrechts entsprechend dafür sorgen, dass geeignete Beichtväter zur Verfügung stehen, bei denen die Religiosen häufig beichten können (vgl. c. 630 § 2 CIC). Es besteht seitens der Religiosen aber keine Verpflichtung, bei diesen das Bußsakrament zu empfangen. Sie können sich, unter Wahrung der Ordnung des Instituts, auch an andere Beichtväter wenden. In Nonnenklöstern, Ausbildungshäusern und größeren Laienkommunitäten hat der Obere dafür zu sorgen, dass nach Beratung mit der Kommunität vom Ortsordinarius genehmigte ordentliche Beichtväter zur Verfügung stehen, wobei auch in diesem Fall keine Verpflichtung besteht, bei diesen das Bußsakrament zu empfangen (vgl. c. 630 § 3 CIC). Um den äußeren und inneren Bereich nicht zu vermischen, dürfen Obere die Beichte ihrer Untergebenen nicht hören, außer diese bitten von sich aus darum (vgl. c. 630 § 4 CIC). Gleiches gilt für Novizenmeister die Beichte der Novizen betreffend (vgl. c. 985 CIC). Da die Oberen äußere Leitungsvollmacht gegenüber ihren Untergebenen haben, könnte ein Konflikt entstehen, da diese Wissen, das sie in der Beichte erlangt haben, bei der Ausübung ihrer äußeren Leitungsvollmacht nicht verwenden dürfen (vgl. c. 984 § 2 CIC). Aus diesem Grund tun Obere gut daran, außer in Todesgefahr die Beichte ihrer

Untergebenen selbst dann nicht zu hören, wenn diese sie darum bitten. Die zu befürchtende Vermischung von äußerem und innerem Bereich ist ein gerechter Grund, aus dem Obere die Spendung des Bußsakraments ablehnen dürfen, ohne dass sich die Untergebenen auf ihr Recht auf Sakramentenempfang berufen können (vgl. c. 213 CIC). Die Beichte betrifft den sakramentalen inneren Bereich. Es gibt auch den nichtsakramentalen inneren Bereich, der bei einer Gewissenseröffnung gegenüber dem Oberen außerhalb der Beichte betreten wird.[17] Nach c. 630 § 5 CIC ist es Oberen einerseits verboten direkt oder indirekt von ihren Untergebenen zu verlangen, dass sie ihnen gegenüber ihr Gewissen öffnen. Andererseits sollen die Untergebenen sich vertrauensvoll an ihre Oberen wenden und ihnen frei von sich aus ihr Gewissen eröffnen. Auf diese Weise sollen die Oberen die geistliche Dimension ihres Amtes besser verwirklichen können und ihren Untergebenen auch Seelenführer sein. Dabei muss allerdings feststehen, dass die Gewissenseröffnung völlig freiwillig und ohne jeglichen Zwang geschieht.[18] Es stellt sich allerdings die Frage, ob ein Oberer tatsächlich seinen Untergebenen gegenüber Seelenführer sein muss. Nicht nur, um geistlichem Missbrauch vorzubeugen, sondern aus dem praktischen Grund, in der geistlichen

17 Vgl. weiterführend dazu: Bruno GONÇALVES: „For interne et autorité“, in: *Autorité et gouvernement dans la vie consacrée*, hrsg. v. Loïc-Marie LE BOT, Toulouse: Les Presses universitaires de l'Institut Catholique, 2016, S. 95–121.

18 Die Gesellschaft Jesu kennt bis heute den in ihren Konstitutionen festgeschriebenen Brauch, dass alle Professen einmal im Jahr ihrem Oberen gegenüber ihr Gewissen eröffnen. Die Verpflichtung, dies in der sakramentalen Beichte zu tun, wurde auf der 34. Generalkongregation im Jahr 1995 abgeschafft. Vgl. weiterführend dazu: José Luis Sánchez-Girón RENEDO: „La cuenta de conciencia al superior. Relación entre carisma y derecho“, in: *PRC* 102 (2013), S. 211–240.447–482.

Begleitung eine Außenperspektive zu erhalten, ist es in der Praxis ratsam, die geistliche Begleitung nicht dem Oberen anzuvertrauen.

ee) Rat des Oberen (c. 627)

Literatur: Josef KÖNIGSMANN: „Der Obere und sein Rat im Licht des Kanon 127 CIC 1983“, in: *OK* 29 (1988), S. 443–445.

Alle Oberen müssen einen Rat haben, dessen Hilfe sie sich bei der Ausübung ihres Amtes nach den Bestimmungen der Konstitutionen bedienen (vgl. c. 627 § 1 CIC). Räte sind damit auf allen Ebenen eines Instituts einzurichten: auf der Ebene des gesamten Instituts, auf der Ebene der Provinzen und auf der Ebene der einzelnen Niederlassungen. Die Ratsmitglieder haben in den einzelnen Instituten verschiedene Bezeichnungen wie beispielsweise Assistenten, Definitoren, Dekane, Konsultoren oder Senioren. Lediglich für den Rat des obersten Leiters schreibt das allgemeine Recht vor, dass der Rat zur Gültigkeit der Entscheidung über die Ausstellung eines Entlassdekrets gem. c. 699 § 1 CIC aus mindestens vier Mitgliedern bestehen muss (→ S. 226). Ansonsten macht das allgemeine Recht keine Vorgaben über die Anzahl der Ratsmitglieder, sondern überlässt diese Festlegung dem Eigenrecht. In der Praxis orientiert sich die Anzahl der Ratsmitglieder üblicherweise an der Größe der Untergliederungen oder Niederlassungen, wobei sie mindestens zwei betragen sollte.[19] Auch die Art und Weise der Bestimmung der Rats-

19 In kleineren Provinzen oder Niederlassungen kann die Situation eintreten, dass die Mehrzahl der Mitglieder zum Rat des Oberen gehört. Um zu vermeiden, einzelne Mitglieder auszuschließen, sind Institute bemüht, alternative Lösungen zu finden. So hat die Kongregation für die Ordensleute und Säkularinstitute mit Dekret vom 26.11.1973, Prot.-Nr. 5719/73 (B. 25), der Benediktinerkongregation von Subiaco gestattet, dass die Oberen in Klöstern

mitglieder festzulegen, ist dem Eigenrecht überlassen. Bestimmte Personen sind in der Regel Ratsmitglieder *ex officio*. Die übrigen Ratsmitglieder werden in einigen Instituten gewählt, in anderen Instituten werden sie vom Oberen ernannt. Die Amtsdauer der Ratsmitglieder richtet sich ebenfalls nach dem Eigenrecht, wobei einige Institute die Amtsperiode an die Amtsperiode des Oberen koppeln, andere sehen einen eigenen Turnus vor. Die Ratsmitglieder sind verpflichtet, ihre Meinung aufrichtig vorzutragen und, insbesondere bei wichtigen Angelegenheiten, die Geheimhaltung zu wahren (vgl. c. 127 § 4 CIC).

Den Kapiteln (→ S. 151) kommt die Behandlung von außerordentlichen Angelegenheiten zu, während der Obere mit seinem Rat die Alltagsgeschäfte führt. Die Beteiligung des Rates kann in Form eines Beratungsvotums (*votum consultivum*) oder in Form eines Entscheidungsvotums (*votum deliberativum*) geschehen, d. h. der Obere muss entweder zunächst seinen Rat anhören und entscheidet dann selbst oder er braucht, um handeln zu können, die Zustimmung seines Rates. Der Rat muss nach den Bestimmungen des c. 166 CIC einberufen werden (vgl. c. 127 § 1 CIC). Nur für den Fall eines Beratungsvotums kann das Eigenrecht festlegen, dass die Ratsmitglieder nicht persönlich zusammenkommen müssen, sondern dass sie einzeln per Brief, Fax, E-Mail, Telefon oder Videokonferenz befragt werden können. Im Falle eines Entscheidungsvotums ist grundsätzlich eine persönliche Anwesenheit gefordert und Stimmabgabe durch Brief oder Stellvertreter ist grundsätzlich ausgeschlossen, wenn das Eigenrecht nicht etwas anderes bestimmt

mit weniger als neun Mönchen mit feierlicher Profess abweichend vom allgemeinen Recht und Eigenrecht alle Mönche mit feierlicher Profess zum Rat einberufen können.

(vgl. c. 167 § 1 CIC). Im Zuge der COVID-19-Pandemie hat Papst Franziskus der Kongregation für die Institute des geweihten Lebens und die Gesellschaften des apostolischen Lebens mit Datum vom 30. Juni 2020 *in forma specifica* eine außerordentliche Fakultät erteilt, im Einzelfall von der Anwesenheit der Ratsmitglieder nach der Vorschrift von c. 166 § 1 CIC abzuweichen und eine digitale Durchführung zu gestatten.[20] Dies sollte keine dauerhafte Lösung darstellen, sondern wurde als außerordentliche Möglichkeit für die Dauer der COVID-19-Pandemie eingeführt. Nach Überwindung der COVID-19-Pandemie hat das Dikasterium für die Institute des geweihten Lebens und die Gesellschaften des apostolischen Lebens in einem Rundschreiben vom 19. März 2023 festgehalten, dass die digitale Durchführung von Ratssitzungen eine Ausnahmeregelung darstellt und nicht zum Normalfall werden darf:

> „Es darf nicht unterschätzt werden, dass der häufige Einsatz solcher Mittel zu einer Art *virtueller Leitung* der Institute und Gesellschaften führen könnte und kurz- bis mittelfristig auch zu einer Mentalität und Leitungs-Praxis, die diesen Einsatz als den Normalfall ansehen würde. Es wird bekräf-

20 Vgl. Rundschreiben der Kongregation für die Institute des geweihten Lebens und die Gesellschaften des apostolischen Lebens vom 01.07.2020, Prot.-Nr. Sp.R. 2452/20. Das Dikasterium hat bereits damals festgehalten, dass es sich um eine Ausnahmeregelung handelt: „Das Online-Treffen des höheren Oberen mit seinem Rat ist keine gewöhnliche Lösung für die Leitung des Instituts oder der Provinz. In der Tat würde der gewohnheitsmäßige Einsatz von Telematikmitteln nach Überwindung des von der COVID-19-Pandemie ausgelösten Ausnahmezustands die Bedeutung des Dienstes der Autorität entleeren, der im geweihten Leben persönlich und verantwortungsbewusst aufgerufen ist, durch eine korrekte und effektive Kommunikation ein Netzwerk von Beziehungen zum Schutz und zur Förderung der Gemeinschaft im Institut lebendig zu halten“ (ebd. Nr. 2).

> tigt, dass eine telematische Sitzung der Höheren Oberen mit ihrem Rat als eine *außerordentliche* Arbeitsweise zu betrachten ist und keine *ordentliche* Lösung für die Leitung des gesamten Instituts oder der Provinzen darstellt."[21]

Die Fälle, in denen der Obere den Rat oder die Zustimmung seines Rates einholen muss, sind im allgemeinen Recht und im Eigenrecht festgelegt (vgl. c. 627 § 2 CIC).

Für folgenden Fall schreibt das allgemeine Recht ein Votum des Rates vor. Ob es sich dabei um ein Beratungs- oder Entscheidungsvotum handelt, ist im Eigenrecht festzulegen:

- Zulassung zur zeitlichen und feierlichen Profess (c. 656 Nr. 3; 658 CIC)

Neben den im Eigenrecht festgelegten Fällen schreibt das allgemeine Recht folgende Fälle vor, in denen der Obere seinen Rat anhören muss:

- Ausschluss eines zeitlichen Professen von der Ablegung der nachfolgenden Profess (c. 689 § 1 CIC)
- Einleitung des Entlassverfahrens in Fällen fakultativer Entlassung (c. 697 CIC)

Neben den im Eigenrecht festgelegten Fällen schreibt das allgemeine Recht folgende Fälle vor, in denen der Obere die Zustimmung seines Rates einholen muss:

21 Dikasterium für die Institute des geweihten Lebens und die Gesellschaften des apostolischen Lebens: *Rundschreiben über den Einsatz von computergestützten telematischen Kommunikationsmitteln für die in den cann. 627, 127 und 166 genannten Amtshandlungen* (19.03.2023), Prot.-Nr. Sp.R. 2452/20, hier Nr. 1.

- Veräußerung und alle Geschäfte, durch das sich die Vermögenslage verschlechtern kann (c. 638 § 3 CIC)
- Durchführung des Noviziats in einer anderen Niederlassung des Instituts (c. 647 § 2 CIC)
- längere erlaubte Abwesenheit von der Niederlassung (c. 665 § 1 CIC)
- Übertritt in ein anderes Religioseninstitut (c. 684 § 1 CIC)
- Exklaustration (c. 686 §§ 1.3 CIC)
- Austrittsindult während der zeitlichen Profess (c. 688 § 2 CIC)
- Feststellung der Tatsache einer Entlassung von Rechts wegen (c. 694 § 2 CIC)
- kollegiale Entscheidung über die Ausstellung eines Entlassdekrets (c. 699 § 1 CIC)
- vorläufige Entlassung im Dringlichkeitsfall durch den Lokaloberen bei Gefahr im Verzug (c. 703 CIC)

Ist die Einholung eines Beratungsvotums vorgeschrieben, liegt nach Anhörung aller Ratsmitglieder die Entscheidung allein beim Oberen, doch darf er nur aus einem seinem Ermessen nach schwerwiegenden Grund von der Stellungnahme seines Rates, vor allem von einer übereinstimmenden, abweichen. Die Handlung eines Oberen ist rechtsunwirksam, wenn die Einholung eines Beratungsvotums vorgeschrieben ist und er seinen Rat nicht angehört hat (vgl. c. 127 § 2 Nr. 2 CIC). Ist die Zustimmung des Rates erforderlich, handelt der Obere rechtsunwirksam, wenn er die Zustimmung gar nicht eingeholt hat oder wenn er trotz eines negativen Votums seines Rates die Handlung setzt (vgl. c. 127 § 2 Nr. 1 CIC).

Zur Gültigkeit einer Abstimmung muss wenigstens die Mehrheit der einzuladenden Ratsmitglieder anwesend sein (vgl. c. 119 Nr. 2 CIC), wenn das Eigenrecht nichts anderes bestimmt. Wenn jemand aufgrund mehrerer Rechtstitel das Recht hat, im eigenen Namen eine Stimme abzugeben, kann er nur eine einzige Stimme abgeben (vgl. c. 168 CIC).[22] Ob durch Handzeichen oder geheim abgestimmt wird, ist im Eigenrecht zu regeln. Wenn das Eigenrecht keine andere Mehrheit festlegt, ist für eine Zustimmung die absolute Mehrheit der Stimmen der Anwesenden[23] erforderlich (vgl. c. 119 Nr. 2 CIC). Der Obere handelt nicht kollegial mit seinem Rat, sondern er ist Alleinhandelnder, der zur Rechtmäßigkeit seines Handelns das Votum seines Rates benötigt. Daher darf er bei einer Abstimmung in seinem Rat nicht mit abstimmen, und er hat auch kein Dirimierungsrecht, d. h. er darf bei einer Stimmengleichheit nicht mit seiner Stimme entscheiden.[24] In der Praxis überlässt es das Dikasterium für die Institute des geweihten Lebens und die Gesellschaften des apostoli-

22 Als Beispiel zu nennen ist der Fall, dass das Eigenrecht in einem Kloster den Prior und den Ökonom als Ratsmitglieder *ex officio* vorsieht. Sollten beide Ämter von derselben Person bekleidet werden, hat diese im Rat trotzdem nur eine Stimme. Sollte das Eigenrecht die Stimmabgabe durch einen Stellvertreter erlauben, kann eine Person jedoch eine Stimme für sich selbst und eine weitere Stimme im Auftrag eines anderen abgeben.

23 Bezugsgröße ist die Zahl der anwesenden Stimmberechtigten, d. h. Stimmenthaltungen und ungültige Stimmen werden mitgezählt, wenn das Eigenrecht nichts anderes bestimmt.

24 Vgl. die authentische Interpretation zu c. 127 § 1 CIC der Päpstlichen Kommission für die Interpretation der Gesetzestexte vom 05.07.1985, in: *AAS* 77 (1985), S. 771: „*D. Utrum cum iure statuatur ad actus ponendos Superiorem indigere consensu alicuius Collegii vel personarum coetus, ad normam can. 127, § 1, ipse Superior ius habeat ferendi suffragium cum aliis, saltem ad paritatem suffragiorum dirimendam. R. Negative.*“ Einen Kommentar dazu bietet: Alberto Perlasca: „L'interpretazione autentica delle leggi ecclesiali: Il superiore e il suo consiglio (can. 127 § 1)“, in: *QDE* 23 (2010), S. 311–323.

schen Lebens bei der Approbation von Konstitutionen den einzelnen Instituten, ob sie den Oberen bei Abstimmungen im Rat ein Stimm- oder Dirimierungsrecht einräumen. Das Dikasterium geht von einem Rechtszweifel aus, ob die authentische Interpretation zu c. 127 § 1 CIC der Päpstlichen Kommission für die Interpretation der Gesetzestexte vom 5. Juli 1985 auch für Religioseninstitute gilt, da c. 627 CIC auf das Eigenrecht der Institute verweist.[25] Hintergrund ist, dass einige Institute den Oberen im Rat ein Stimmrecht geben, sodass der Obere mit seinem Rat kollegial handelt. Dadurch soll eine größere Teilhabe der einzelnen Mitglieder eines Instituts an der Leitungsverantwortung erreicht werden. Der CIC/1983 kennt ein kollegiales Handeln des Oberen mit seinem Rat nur im Fall der Entscheidung über die Ausstellung eines Entlassdekrets gem. c. 699 § 1 CIC (→ S. 226). Die Kongregation für die Ordensleute und Säkularinstitute hat mit Dekret vom 2. Februar 1972 die kollegiale Leitung eines Instituts, einer Provinz oder einer Niederlassung durch den Oberen mit seinem Rat oder nur durch einen Rat ausgeschlossen.[26] Nicht ausgeschlossen ist allerdings, dass das Eigenrecht eines Instituts konkrete Fälle aufzählt, in denen der Obere mit seinem Rat kollegial handelt.

---

25 Vgl. weiterführend dazu: Velasio DE PAOLIS: „An possit superior religiosus suffragium ferre cum suo consilio, vel suo voto dirimere paritatem sui consilii“, in: *PRC* 76 (1987), S. 413–446; Velasio DE PAOLIS: „Nuevas reflexiones sobre el consejo de los superios“, in: *Ius Communionis* 4 (2016), S. 49–70.

26 Vgl. Dekret der Kongregation für die Ordensleute und Säkularinstitute vom 02.02.1972, in: *AAS* 64 (1972), S. 393–394: „*D. An* [...] *regimen collegiale ordinarium et exclusivum admitti fas sit, sive pro toto Institute religioso, sive pro provincia, sive pro singulis domibus, ita ut Superior, si habetur, sit merus executor? R. Negative.*“

Die Protokollierung einer Abstimmung ist im allgemeinen Recht nur bei Wahlen explizit vorgeschrieben (c. 173 § 4 CIC), doch ist sie in der Praxis bei allen Ratssitzungen sinnvoll, insbesondere damit der Obere im Einzelfall nachweisen kann, dass er die Beispruchsrechte seines Rates beachtet und die Zustimmung mit der erforderlichen Mehrheit erhalten hat.

b) Kapitel (cc. 631–633)

Literatur: Rose McDermott: „Governance in Religious Institutes. Structures of Participation and Representation (Canons 631–633)", in: *The Jurist* 69 (2009), S. 442–471.

Kollektive Leitungsorgane sind die Kapitel. Dem Generalkapitel kommt nach den Bestimmungen der Konstitutionen die höchste Autorität in einem Institut zu (vgl. c. 631 § 1 CIC). Ihm ist auch der oberste Leiter untergeordnet. Zu den Aufgaben des Generalkapitels gehört insbesondere:

- Wahl des obersten Leiters
- Rechtssetzung für das Institut
- Behandlung bedeutenderer Angelegenheiten
- Schutz und Erneuerung des Patrimoniums

Der oberste Leiter eines Instituts ist stets durch kanonische Wahl zu bestimmen (→ S. 137). Die Kompetenz dazu liegt beim Generalkapitel nach den Bestimmungen des Eigenrechts. In einigen Instituten werden auch andere Amtsträger vom Generalkapitel gewählt. Das Generalkapitel hat wesentlich legislative Funktion, sodass die

Rechtssetzung für das Institut zu seinen Aufgaben gehört.[27] Neben der legislativen Funktion kommt dem Generalkapitel in Fällen von besonderer Bedeutung auch exekutive Funktion zu. Es entscheidet zusammen mit dem obersten Leiter über bedeutendere Angelegenheiten, die im Eigenrecht festgelegt sind. Nicht zuletzt kommt dem Generalkapitel der Schutz und die Erneuerung des Patrimoniums (→ S. 55) zu. Weitere Kompetenzen sind in den Konstitutionen aufzuführen sowie Näheres zu Turnus der Einberufung,[28] Arbeitsweise und Beschlussfassung ist im Eigenrecht zu regeln (vgl. c. 634 § 1 CIC).

Ebenfalls in den Konstitutionen festzulegen ist die Zusammensetzung des Generalkapitels (vgl. c. 634 § 2 CIC). Einige Personen sind Mitglieder *ex officio*, andere werden nach den Normen des Eigenrechts zu Delegierten gewählt oder bestimmt. Das allgemeine Recht gibt vor, dass das Generalkapitel das ganze Institut repräsentieren soll, um so zu einem wirklichen Zeichen der Einheit in Liebe zu werden (vgl. c. 634 § 1 CIC). Das erfordert eine angemessene Repräsentation aller Provinzen oder Regionen des Instituts wie auch aller Apostolats- und Tätigkeitsbereiche. Alle Mitglieder des Instituts sowie alle Provinzen und Niederlassungen können sich mit Wünschen und Vorschlägen nach den Bestimmungen des Eigenrechts direkt an das Generalkapitel wenden. In der Regel wird dafür

27 Formal erlässt ein Generalkapitel allerdings keine Gesetze, sondern Statuten i. S. d. c. 94 CIC.

28 Dabei ist zu beachten, dass das Generalkapitel weder eine permanente Einrichtung sein darf noch zu häufig einberufen werden soll, damit es die Ausübung der gewöhnlichen Leitungsautorität des obersten Leiters nicht behindert (vgl. Vgl. Kongregation für die Ordensleute und Säkularinstitute: „Wesentliche Elemente der Lehre der Kirche über das Ordensleben im Hinblick auf die apostolisch tätigen Institute", in: *OK* 25 (1984), S. 143–169, §§ 47–48).

eine eigene Kommission eingerichtet, die die Eingaben bearbeitet und in die Tagesordnung einplant (vgl. c. 634 § 3 CIC).

Kapitel gibt es auf jeder Ebene des Instituts. Neben dem Generalkapitel auf Ebene des gesamten Instituts gibt es auch Provinzkapitel auf Ebene der einzelnen Provinzen und Haus- oder Konventkapitel auf Ebene der einzelnen Niederlassungen. Näheres zu Zusammensetzung, Kompetenzen, Arbeitsweise und Beschlussfassung ist im Eigenrecht zu regeln (vgl. c. 632 CIC). Das Eigenrecht kann auch andere Zusammenkünfte vorsehen, beispielsweise Zusammenkünfte mehrer Niederlassungen einer Provinz oder mehrer Provinzen eines Instituts etwa aus demselben Sprachgebiet.

Die Kapitel als Beteiligungsorgane ebenso wie die Räte als Beratungsorgane drücken die Sorge und Teilhabe aller Mitglieder für das Wohl des Instituts aus (vgl. c. 633 § 1 CIC) und setzen damit das Prinzip der Beteiligung aller Mitglieder an der Leitungsverantwortung um. Alle Mitglieder sind gehalten, die rechtmäßig gefassten Beschlüsse mitzutragen. Daraus folgt eine Neuakzentuierung des Verständnisses von Gehorsam:

> „Bedeutete Gehorsam bislang vor allem Gehorsam gegenüber dem Befehl des Oberen, so scheint Gehorsam heute mehr auch im Sinne des Akzeptierens und Mittragens gemeinsam gefaßter Beschlüsse verstanden zu werden."[29]

c) Vermögensverwaltung (cc. 634–640)

Quellen: Kongregation für die Institute des geweihten Lebens und die Gesellschaften des apostolischen Lebens: *Ökonomie im*

29 Rudolf Henseler: „Can. 633", in: *MKCIC*, Rn. 2.

Dienst des Charismas und der Mission, OK-Sonderheft, 2018; KONGREGATION FÜR DIE INSTITUTE DES GEWEIHTEN LEBENS UND DIE GESELLSCHAFTEN DES APOSTOLISCHEN LEBENS: *Richtlinien für die Verwaltung der kirchlichen Güter der Institute des geweihten Lebens und der Gesellschaften apostolischen Lebens*, hrsg. v. SEKRETARIAT DER DEUTSCHEN BISCHOFSKONFERENZ (VApSt 198), Bonn 2014

Literatur: Rainer KIRCHMAIR/Martin van OERS/Peter KRAUSE: *Die vatikanischen Vorgaben zur Vermögensverwaltung der katholischen Orden in der Praxis. Erläuterungen zur Umsetzung der Richtlinien für die Verwaltung der kirchlichen Güter der Institute des geweihten Lebens und der Gesellschaften apostolischen Lebens in Österreich und Deutschland*, Wien: Facultas, 2017; Peter KRAUSE: „Verwaltung von Ordensvermögen – zwischen Institutscharisma und modernen Werkzeugen zur Kontrolle und Steuerung. Anmerkungen zu den Richtlinien für die Verwaltung der kirchlichen Güter der Institute des geweihten Lebens und der Gesellschaften des Apostolischen Lebens“, in: *OK* 58 (2017), S. 220–228; Helmuth PREE/Noach HECKEL: *Das kirchliche Vermögen, seine Verwaltung und Vertretung. Handreichung für die Praxis*, Wien: Verlag Österreich, ^{3}2021.

Da die Vermögensverwaltung einen wichtigen Teil der Leitungsaufgabe einnimmt, werden die Normen diesen Bereich betreffend im CIC/1983 in einem eigenen Artikel in das Kapitel über die Leitung eingereiht.

Institute, Provinzen und Niederlassungen sind öffentliche juristische Personen des kirchlichen Rechts (vgl. c. 116 § 1 CIC). Sie sind daher von Rechts wegen fähig, Vermögen zu erwerben, zu besitzen, zu verwalten und zu veräußern, wenn diese Fähigkeit nicht in den Konstitutionen ausgeschlossen oder eingeschränkt ist (vgl. c. 634 § 1; c. 1255 CIC). Eine Einschränkung oder einen Ausschluss der Vermögensfähigkeit findet sich beispielsweise bei den Bettelorden. So sehen die Konstitutionen der Franziskaner (→ S. 31) vor, dass das Eigentum an den Gebäuden und Gütern, die für das Leben und

Arbeiten der Brüder notwendig sind, im Eigentum der Wohltäter oder des Apostolischen Stuhls verbleibt. Sehen die Konstitutionen keine Einschränkung oder keinen Ausschluss der Vermögensfähigkeit vor, kommt dem Papst zwar ein Aufsichtsrecht hinsichtlich des Vermögens zu, das Vermögen verbleibt aber im Eigentum der juristischen Person, die es rechtmäßig erworben hat (vgl. c. 1256 CIC). Insofern ist Kirchenvermögen dezentral verteilt. Jede juristische Person ist für ihr eigenes Vermögen selbst verantwortlich, unbeschadet von Aufsichtsrechten einer übergeordneten Instanz und des Papstes. Alle Religioseninstitute müssen Luxus, unmäßigem Gewinn und Güteranhäufung vermeiden (vgl. c. 634 § 2 CIC). Diese Vorschrift ist relativ zur Aufgabe des Instituts zu sehen. Klöster im deutschsprachigen Bereich sind mitunter Eigentümer wertvoller Kulturgüter, für deren Erhalt sie die entsprechenden finanziellen Mittel benötigen. Da Religioseninstitute sowie deren Unterteilungen und Niederlassungen öffentliche juristische Personen des kirchlichen Rechts sind, ist deren Vermögen Kirchenvermögen (vgl. c. 1257 § 1 CIC). Daher sind das Vermögen und die Vermögensverwaltung betreffend neben den cc. 634–640 CIC auch die Normen des fünften Buches des CIC über das Kirchenvermögen anzuwenden, wenn nichts anderes vorgesehen ist (vgl. c. 635 § 1 CIC). Außerdem hat jedes Institut im Eigenrecht geeignete Normen über Gebrauch und Verwaltung des Vermögens zu erlassen, in denen auch das je eigene Verständnis von Armut zum Ausdruck kommt (vgl. c. 635 § 2 CIC). Das Vermögen ist zur Verwirklichung des eigenen Zwecks, wie er insbesondere im Patrimonium zum Ausdruck kommt, zu verwenden (vgl. c. 1254 § 2 CIC). Die Institute sollen aus ihrem Vermögen einen Beitrag leisten für die Erfordernisse der Kirche und den Unterhalt der Bedürftigen (vgl. c. 640 CIC). Nicht zuletzt sind insbesondere im Bereich des Vermögensrechts die Bestimmungen der Konkordate sowie die einschlägigen staatlichen Normen zu beachten.

aa) Ökonom (c. 636–637)

Die Vermögensverwaltung kommt dem Oberen zu, der das Institut, eine Provinz oder eine Niederlassung leitet (vgl. c. 1279 § 1 CIC). In jedem Institut und in jeder Provinz, die von einem höheren Oberen geleitet werden, muss es einen vom höheren Oberen verschiedenen Ökonom (in einigen Instituten Cellerar, Prokurator oder Schaffner genannt) geben, der vom höheren Oberen nach den Bestimmungen des Eigenrechts eingesetzt wird, und in den einzelnen Niederlassungen[30] soll es einen möglichst vom Lokaloberen verschiedenen Ökonom geben (vgl. c. 636 § 1 CIC). Falls in einzelnen Niederlassung die Ämter des Lokaloberen und des Ökonoms mit derselben Person besetzt sind, ist auf andere Weise eine angemessene Aufsicht über die Finanzen der Niederlassung zu schaffen. Das Amt des Ökonoms ist ein Kirchenamt i. S. d. c. 145 CIC. Dem Ökonom ist unter der Leitung des Oberen und im Rahmen der Bestimmungen des allgemeinen Rechts und des Eigenrechts die Vermögensverwaltung anvertraut. Seine wesentlichen Pflichten sind in c. 1284 CIC aufgeführt:

- Sorge tragen dafür, dass das ihm anvertraute Vermögen auf keine Weise verloren geht oder Schaden leidet.

30 Gemeint sind hier rechtlich unselbstständige Niederlassungen. Falls im Eigenrecht nichts anderes festgelegt ist, lässt sich die Soll-Vorschrift aber auch auf rechtlich selbstständige Niederlassungen anwenden. Diese Interpretation erleichtert es insbesondere in kleineren Gemeinschaften, die Ämter zu besetzen.

- Nötige Versicherungsverträge abschließen.
- Eigentum am Kirchenvermögen auf nach staatlichem Recht gültige Weise sichern.
- Vorschriften des kanonischen und des staatlichen Rechts sowie alle Bestimmungen, die von Stiftern, Spendern oder der rechtmäßigen Autorität getroffen worden sind, beachten, besonders aber verhüten, dass durch Nichtbeachtung der staatlichen Gesetze Schaden entsteht.
- Vermögenseinkünfte und Erträge genau und zur rechten Zeit einfordern, sie sicher verwahren und nach dem Willen der Stifter oder nach den rechtmäßigen Bestimmungen verwenden.
- Zinsen aufgrund von Darlehen oder Hypotheken in der festgesetzten Zeit begleichen und dafür sorgen, dass das aufgenommene Kapital in geeigneter Weise getilgt wird.
- Geld, das nach Ausgaben übrigbleibt, nutzbringend anlegen.
- Einnahmen- und Ausgabenbücher wohlgeordnet führen.
- Nach den Bestimmungen des Eigenrechts über die Verwaltung Rechenschaft ablegen.
- Dokumente und Belege, auf die sich vermögensrechtliche Ansprüche gründen, gebührend ordnen und in einem entsprechenden und geeigneten Archiv aufbewahren.
- Nach den Bestimmungen des Eigenrechts jährlich Haushaltspläne erstellen.

Das Eigenrecht kann weitere Bestimmungen enthalten. Auch Eignungskriterien können im Eigenrecht aufgestellt werden. Insbesondere die Vermögensverwaltung erfordert Fachkompetenz. Daher sind eine einschlägige Ausbildung und beständige Weiterbildung unerlässlich.

Zwar in c. 636 CIC nicht explizit genannt, nach herrschender Meinung aber vorausgesetzt ist, dass der Ökonom Mitglied des Instituts sein muss. Das stellt in der Praxis speziell kleinere Institute vor das Problem, dass sie mitunter nicht in der Lage sind, eine vom Oberen verschiedene Person zu finden, die von ihrer Ausbildung und Fachkompetenz für das Amt des Ökonoms geeignet ist. In der Praxis wird in einem solchen Fall die Lösung zu favorisieren sein, dass ein Institutsmitglied als Ökonom eingesetzt wird, die praktische Arbeit aber von einem angestellten Verwaltungsleiter erledigt wird.[31] Der Umfang der Vollmacht eines Ökonomen ist im Eigenrecht festzulegen. Der Ökonom ist dem Oberen gegenüber rechenschaftspflichtig.[32] Das Eigenrecht hat die Zeit und die Weise festzulegen, in der der Ökonom seiner Rechenschaftspflicht nachkommen muss (vgl. c. 636 § 2 CIC). Rechtlich selbstständige Klöster i. S. d. c. 615 CIC müssen dem Ortsordinarius einmal jährlich über die Verwaltung Rechenschaft ablegen (vgl. c. 637 CIC). Bei Instituten diözesanen Rechts hat der Ortsordinarius das Recht auf Einsichtnahme in die wirtschaftlichen Verhältnisse der Niederlassungen in seinem Gebiet (vgl. c. 637 CIC).

31 Vgl. weiterführend dazu anhand des Beispiels eines Klosters der Bayerischen Benediktinerkongregation: Philipp Werner: *Klostermanagement im Team. Praktische Fallstudie über die Einrichtung eines Wirtschaftsrates in einer Benediktinerabtei, seine rechtliche Gestaltung und praktische Arbeit* (Kanonistische Reihe 34), St. Ottilien: EOS, 2022.

32 Vgl. dazu auch Kongregation für die Institute des geweihten Lebens und die Gesellschaften des apostolischen Lebens: *Richtlinien für die Verwaltung der kirchlichen Güter der Institute des geweihten Lebens und der Gesellschaften apostolischen Lebens*, hrsg. v. Sekretariat der Deutschen Bischofskonferenz (VApSt 198), Bonn 2014, S. 10–12.

bb) Ordentliche und außerordentliche Verwaltung (c. 638)

Literatur: Rüdiger ALTHAUS: „Zum Stammvermögen von Ordensgemeinschaften. Historische, rechtliche und praktische Anmerkungen", in: *OK* 60 (2019), S. 340–354; Dominicus M. MEIER: „Ordentliche und außerordentliche Vermögensverwaltung", in: *EuA* 84 (2008), S. 311–313.

Im Vermögensrecht wird zwischen ordentlicher und außerordentlicher Verwaltung unterschieden. Beide Begriffe sind im allgemeinen Recht nicht definiert. Was als ordentliche und was als außerordentliche Verwaltung anzusehen ist, ist im Eigenrecht zu bestimmen. Von wesentlicher Bedeutung ist in diesem Zusammenhang das Stammvermögen als Gegenbegriff zum frei verfügbaren Vermögen. Auch dieser Begriff ist im allgemeinen Recht nicht definiert. Festzulegen, was Stammvermögen ist, ist dem Eigenrecht überlassen. Allgemein lässt sich der Begriff wie folgt definieren:

> „Stammvermögen (*patrimonium stabile*) ist das durch rechtmäßige Zuweisung (*legitima assignatio*) für die dauerhafte Vermögensausstattung einer kirchlichen juristischen Person bestimmte Vermögen (Vermögenssubstanz)."[33]

Sinn des Stammvermögens ist es, Vermögenswerte festzulegen, „die den Unterhalt des Instituts gewährleisten und das Erreichen der institutionellen Zwecke erleichtern sollen".[34] Vermögen wird zu Stammvermögen durch einen rechtmäßigen Widmungsakt durch

---

33 Helmuth PREE/Noach HECKEL: *Das kirchliche Vermögen, seine Verwaltung und Vertretung. Handreichung für die Praxis*, Wien: Verlag Österreich, ³2021, S. 67. Das Kirchenrecht kennt das *patrimonium stabile* als materielles Stammvermögen sowie das *patrimonium spirituale* als geistliches Erbe (→ S. 55).

34 KONGREGATION FÜR DIE INSTITUTE DES GEWEIHTEN LEBENS UND DIE GESELLSCHAFTEN DES APOSTOLISCHEN LEBENS: *Ökonomie im Dienst des Charismas und der Mission*, OK-Sonderheft, 2018, Nr. 38 (S. 30).

die nach dem Eigenrecht zuständige Autorität. Die Widmung als Stammvermögen ist in das Bestandsverzeichnis nach c. 1283 Nr. 2 CIC einzutragen. Als Stammvermögen herangezogen werden können alle Vermögenswerte, die für eine dauerhafte Vermögensausstattung geeignet sind, beispielsweise Grundstücke, Edelmetalle, wertvolle Kunstgegenstände und Wertpapiere.[35] Die Kongregation für die Institute des geweihten Lebens und die Gesellschaften des apostolischen Lebens hat in den *Richtlinien für die Verwaltung der kirchlichen Güter der Institute des geweihten Lebens und der Gesellschaften apostolischen Lebens* vom 2. August 2014 alle Institute dazu verpflichtet, Stammvermögen zu widmen und es in einem Verzeichnis zu erfassen:

> „Dieses Dikasterium fordert daher: dass alle Institute des geweihten Lebens und Gesellschaften apostolischen Lebens nach einer sorgfältigen Bewertung der Gesamtsituation und der zugehörigen Werke anhand streng sachbezogener Kriterien sowie unter Einhaltung der zivilrechtlichen Gesetzesvorschriften ein Verzeichnis derjenigen Güter aufstellen, die das Stammvermögen bilden; dass der höhere Obere gemeinsam mit seinem Rat oder einem mit einer Gemeinschaftsbefugnis ausgestatteten Gremium (General-, Provinzkapitel oder ähnliche Versammlungen), das auf der Grundlage des eigenen Rechts bestimmt wird, die rechtmäßige Zuweisung per Beschluss festlegt. Die Pflicht zur Einführung des Stammvermögens als Konzept muss in den

35 Vgl. ebd., Nr. 38 (S. 31).

> Konstitutionen oder zumindest in einem anderen Text des institutseigenen Rechts festgeschrieben sein."[36]

Der CIC/1917 definierte Stammvermögen als „kirchliche Güter, ob unbeweglich oder beweglich, die so beschaffen sind, dass sie erhalten werden sollten" (c. 1530 CIC/1917). Statt dieser qualitativen Wertung setzt das geltende Kirchenrecht allein auf einen Widmungsakt und gibt den einzelnen Instituten damit mehr Freiheit, selbst zu bestimmen, was sie als Stammvermögen ansehen. Daraus ergibt sich das Problem, dass vor dem Inkrafttreten des CIC/1983 gegründete juristische Personen bei ihrer Gründung noch kein Stammvermögen durch Widmungsakt festgelegt haben. Jede juristische Person muss jedoch Stammvermögen haben, sodass es in der Praxis zu Zweifelsfällen kommen kann, wenn kein Stammvermögen explizit gewidmet wurde. Im Zweifelsfall gilt, dass ein Vermögenswert nicht als Stammvermögen anzusehen ist, wenn er nicht explizit gewidmet wurde. Es gibt jedoch einige Fälle, in denen unzweifelhaft von Stammvermögen auszugehen ist:

> „Unzweifelhaft ist die Vermögensgrundausstattung, die einem Träger mit seiner Errichtung mitgegeben wurde, zum Stammvermögen zu rechnen, wenn sie sich zur Substanzsicherung und Veranlagung eignet. Zweifel treten hauptsächlich bei später Erworbenem auf. Dabei ist eine eventuelle Widmung des Spenders/Stifters zu beachten".[37]

36 Kongregation für die Institute des geweihten Lebens und die Gesellschaften des apostolischen Lebens: *Richtlinien für die Verwaltung der kirchlichen Güter der Institute des geweihten Lebens und der Gesellschaften apostolischen Lebens*, hrsg. v. Sekretariat der Deutschen Bischofskonferenz (VApSt 198), Bonn 2014, S. 14.

37 Pree/Heckel: *Das kirchliche Vermögen*, S. 72.

Erträge, die aus dem Stammvermögen gewonnen werden, zählen grundsätzlich zum frei verfügbaren Vermögen, wenn sie nicht explizit als Stammvermögen gewidmet werden. Die Veräußerung von Stammvermögen ist stets der außerordentlichen Verwaltung zuzurechnen. Handlungen über das frei verfügbare Vermögen zu bestimmen, die Grenze und Weise der ordentlichen Verwaltung übersteigen und damit der außerordentlichen Verwaltung zuzurechnen sind, sowie Normen zur gültigen Vornahme einer Handlung der außerordentlichen Verwaltung aufzustellen, obliegt dem Eigenrecht (vgl. c. 638 § 1 CIC). Außerdem kommt es dem Eigenrecht zu, Grenzen für Ausgaben und Rechtshandlungen der ordentlichen Verwaltung für den Oberen, den Ökonom und andere Amtsträger festzulegen (vgl. c. 638 § 2 CIC). Zur Gültigkeit der Veräußerung von Stammvermögen sowie von Geschäften über das Stammvermögen, durch die sich die Vermögenslage einer juristischen Person verschlechtern kann,[38] ist die schriftliche Erlaubnis des zuständigen Oberen mit Zustimmung seines Rats erforderlich (vgl. c. 638 § 3 CIC). Für Institute bischöflichen Rechts muss außerdem die schriftliche Zustimmung des Ortsordinarius eingeholt werden (vgl. c. 638 § 4 CIC). Bei rechtlich selbstständigen Nonnenklöstern i. S. d. c. 615 CIC ist abweichend von c. 638 § 4 CIC die schriftliche Genehmigung der höheren Oberin zusammen mit der Zustimmung ihres Rates oder des Konventskapitels und der Stellungnahme der Föderationspräsi-

38 Abgestellt wird nicht auf eine tatsächliche Verschlechterung, sondern auf die reine Möglichkeit einer Verschlechterung, sodass eine Reihe von Rechtsgeschäften darunter fallen kann, wie beispielsweise: Verpfändung; Einräumung von Hypothek, Grundschuld, Nießbrauchsrecht oder Baurecht; Risikogeschäfte.

dentin erforderlich.[39] Bei Rechtsgeschäften, deren Wert den für die betreffende Region festgelegten Betrag übersteigt,[40] unabhängig davon, ob es sich um Stammvermögen handelt oder nicht,[41] sowie bei Geschenken an die Kirche aufgrund eines Gelübdes oder bei Wertsachen künstlerischer oder historischer Art unabhängig vom Wert ist darüber hinaus zur Gültigkeit die Erlaubnis des Apostolischen Stuhles erforderlich (vgl. c. 638 § 3 CIC). Die sog. „Romgrenze" wird für Religioseninstitute entweder vom Apostolischen Stuhl festgelegt oder es gilt, wenn dieser keine eigene Festlegung vornimmt, die Festlegung der betreffenden Bischofskonferenz. Für Deutschland gilt die von der Deutschen Bischofskonferenz festgelegte Grenze von fünf Millionen Euro.[42] Für Österreich gilt die von der Österreichischen Bischofskonferenz festgelegte Grenze von drei Millionen Euro.[43] Für die Schweiz hat die Kongregation für die Institute des geweihten Lebens und die Gesellschaften des apostolischen Lebens mit Schreiben vom 24. April 1993 die Grenze auf fünf Millionen Schweizer Franken festgelegt.[44] In dem Antrag auf Erteilung der Er-

39 Vgl. Kongregation für die Institute des geweihten Lebens und die Gesellschaften des apostolischen Lebens: *Instruktion „Cor Orans"*, Nr. 52 (S. 20). Die Zustimmung des Diözesanbischof ist nur für jene Rechtsgeschäfte erforderlich, die im Eigenrecht festgelegt sind (vgl. ebd., Nr. 81d (S. 27)). Die Abänderung von c. 638 § 4 CIC wurde vom Papst *in forma specifica* approbiert.

40 Zugrundezulegen ist der tatsächliche Kaufpreis, nicht der Schätzpreis, wobei zu beachten ist, dass eine Sache in der Regel nicht unter ihrem Schätzpreis verkauft werden darf (vgl. c. 1294 § 1 CIC).

41 Vgl. Kongregation für die Institute des geweihten Lebens und die Gesellschaften des apostolischen Lebens: *Ökonomie im Dienst des Charismas und der Mission*, Nr. 81 (S. 50).

42 Vgl. Partikularnorm Nr. 19 vom 01.07.2002.

43 In: *ABlÖBK* 45 (01.05.2008), S. 11.

44 In: *OK* 34 (1993), S. 337–338.

laubnis zur Veräußerung an den Apostolischen Stuhl ist ein gerechter Grund für die Veräußerung (bspw. dringende Notwendigkeit, offenbarer Nutzen, Frömmigkeit, Caritas, gewichtiger pastoraler Grund) anzugeben sowie über die Verwendung des Veräußerungserlöses Rechenschaft abzulegen (vgl. c. 1293 § 1 Nr. 1 CIC). Außerdem ist eine von einem möglichst vereidigten Sachverständigen schriftlich vorgenommene Schätzung der zu veräußernden Sache vorzulegen (vgl. c. 1293 § 1 Nr. 2 CIC). Darüber hinaus verlangt das Dikasterium für die Institute des geweihten Lebens und die Gesellschaften des apostolischen Lebens bei Instituten päpstlichen Rechts bei der Veräußerung von Immobilien, dass der Ortsordinarius über den geplanten Verkauf zu unterrichten ist, und dass dieser eine Stellungnahme dazu abgibt, insbesondere im Hinblick auf einen eventuellen Erwerb zur pastoralen Nutzung durch das Bistum.[45] Damit wird dem Bistum in der Verwaltungspraxis faktisch ein Vorkaufsrecht eingeräumt, da zu erwarten ist, dass die Erlaubnis zur Veräußerung an einen Dritten nicht erteilt wird, wenn das Bistum Interesse am Kauf bekundet. Die Veräußerung von Kirchenvermögen ohne die vorgeschriebene Beratung, Zustimmung oder Erlaubnis steht im kirchlichen Recht unter Strafe (vgl. c. 1376 § 1 Nr. 2 CIC). Eine Erlaubnis kann nicht nachträglich erteilt werden.

cc) Haftungsregelungen (c. 639)

Aus der dezentralen Struktur des kirchlichen Vermögenswesens ergibt sich, dass grundsätzlich jede kirchliche juristische Person für

45 Vgl. Rundschreiben der Kongregation für die Institute des geweihten Lebens und die Gesellschaften des apostolischen Lebens an die Generaloberen vom 08.02.2005, Prot.-Nr. 971/2004 (unveröffentlicht).

ihre eigenen Verbindlichkeiten selbst haftet (vgl. c. 639 § 1 CIC). Eine übergeordnete juristische Person haftet nicht für die Verbindlichkeiten einer ihr untergeordneten juristischen Person. Auch eine zu einem Rechtsgeschäft gewährte Genehmigung begründet keine Haftungsverpflichtung, weder aufseiten des Oberen noch aufseiten der Ratsmitglieder noch aufseiten des Apostolischen Stuhls. Ist ein Religiose als Privatperson Verbindlichkeiten eingegangen, muss er mit seinem Privatvermögen dafür haften (c. 639 § 2 CIC). Zu denken ist hier an Religiosen mit einfacher Profess, die lediglich auf die Verwaltung ihres Vermögens, aber nicht auf das Vermögen als solches verzichtet haben. Den Bestimmungen des Eigenrechts entsprechend und mit Erlaubnis des zuständigen Oberen können sie Rechtshandlungen im Vermögensbereich vornehmen (c. 668 § 2 CIC), und selbst wenn sie die Verbindlichkeiten ohne Erlaubnis des Oberen eingegangen wären, wäre die Rechtshandlung zwar unerlaubt, aber trotzdem gültig. Geht ein Religiose im Auftrag des Oberen Verbindlichkeiten für die juristische Person ein, haftet die juristische Person (c. 639 § 2 CIC). Geht ein Religiose jedoch ohne Erlaubnis des Oberen Verbindlichkeiten ein, haftet er selbst (c. 639 § 3 CIC). Anders gelagert ist der Fall, wenn zwar die explizite Erlaubnis des Oberen fehlt, der Obere aber davon Kenntnis erlangt und den Religiosen gewähren lässt. Wenn in diesem Fall der Eindruck entsteht, der Religiose handle im Auftrag der juristischen Person, wird eine Haftungsverpflichtung der juristischen Person schwer zu verneinen sein. Obere sollen die Übernahme von Schulden nur gestatten, wenn sie sich sicher sind, dass aus den gewöhnlichen Einkünften die Zinsen gezahlt und das aufgenommen Kapital wieder zurückgezahlt werden kann (c. 639 § 5 CIC).

3. Zulassung der Kandidaten und Ausbildung der Mitglieder (cc. 641–661)

Quellen: Kongregation für die Institute des geweihten Lebens und die Gesellschaften des apostolischen Lebens: *Richtlinien für die Ausbildung in den Ordensinstituten*, hrsg. v. Sekretariat der Deutschen Bischofskonferenz (Verlautbarungen des Apostolischen Stuhls 97), Bonn 1990; Kongregation für die Institute des geweihten Lebens und die Gesellschaften des apostolischen Lebens: „Richtlinien über die Zusammenarbeit der Ordensinstitute in der Ausbildung (8. Dezember 1998)", in: *ON* 38.2 (1999), S. 43–62.

Die Zulassung von Kandidaten und die Ausbildung der Mitglieder nehmen einen besonders wichtigen Stellenwert für ein Religioseninstitut ein, da hier der Grundstein gelegt wird für die Weitergabe des eigenen Patrimoniums und die Zukunft des Instituts. Die Ausbildung in einem Religioseninstitut gliedert sich in verschiedene Phasen: Am Anfang steht eine vom Eigenrecht des Instituts näher auszugestaltende Vorprüfungszeit (i. d. R. Kandidatur bzw. Aspirantat und Postulat). Daran schließt sich die Aufnahme in das Noviziat an. Die Ablegung der Profess geschieht zunächst auf Zeit (Juniorat) bevor die endgültige Eingliederung in das Institut in der ewigen Profess folgt. Nach dieser Anfangsausbildung setzt sich die Ausbildung der Religiosen in einer lebenslangen Weiterbildung fort.

Die Anfangsausbildung für Nonnen ist in der Instruktion *Cor Orans* geregelt.[46] Sie gliedert sich in die Etappen Aspirantat (1–2

46 Vgl. Kongregation für die Institute des geweihten Lebens und die Gesellschaften des apostolischen Lebens: *Instruktion „Cor Orans" zur Anwendung der Apostolischen Konstitution „Vultum Dei quaerere" über das weibliche kontemplative Leben*, hrsg. v. Sekretariat der Deutschen Bischofskonferenz (VApSt 214), Bonn 2018, Nr. 250–289 (S. 69–77).

Jahre), Postulat (1–2 Jahre), Noviziat (2 Jahre) und Juniorat (mind. 5 Jahre). Sie dauert somit mindestens neun Jahre. Die Zeit des Juniorats kann verlängert werden, wobei die gesamte Anfangsausbildung für Nonnen zwölf Jahre nicht überschreiten soll.

a) Zulassung zum Noviziat (cc. 641–645)

Literatur: Dominicus M. MEIER: „Zulassungskriterien für einen Ordenseintritt“, in: *EuA* 83 (2007), S. 203–205.

Dem Noviziat geht eine Vorprüfungszeit voran, da nach c. 597 § 1 CIC niemand ohne entsprechende Vorbereitung aufgenommen werden darf (→ S. 102). Die Ausgestaltung und rechtliche Normierung ist dem Eigenrecht überlassen. Die Vorprüfungszeit gliedert sich in der Regel in die Kandidatur, auch Aspirantat genannt, als Zeit des gegenseitigen Kennenlernens und das Postulat als Zeit des probeweisen Mitlebens, in der der Eintrittswillige die Gemeinschaft und ihr Apostolat kennenlernt und sich mit der Spiritualität des Instituts beschäftigt sowie erforderlichenfalls seine religiöse Grundbildung und menschliche Reife vertieft. Die Gemeinschaft ihrerseits hat dadurch Gelegenheit, den Interessenten kennenzulernen und einzuschätzen, ob er in die Gemeinschaft passt und ihr Apostolat mittragen kann. Zulassungskriterien für die Vorprüfungszeit aufzustellen, ist dem Eigenrecht überlassen. Grundsätzlich sollte niemand aufgenommen werden, der die Kriterien für die Aufnahme in das Noviziat nicht erfüllt oder von dem nicht zu erwarten ist, dass er sie bis zum geplanten Beginn des Noviziats erfüllen wird. So spricht beispielsweise nichts dagegen, einen Kandidaten bereits zur Vorprüfungszeit zuzulassen, wenn er noch Schulden hat, die er aber voraussichtlich bis zum geplanten Noviziatsbeginn abbezahlt haben wird, oder jemanden, der noch kirchlich verheiratet ist, der aber voraussichtlich bis zum geplanten Noviziatsbeginn ein positives Urteil in einem Ehenichtigkeitsverfahren erlangen wird. Für Nonnenklöster ist ein Aspirantat und ein Postulat mit einer Mindestdauer von jeweils zwölf Monaten vorgeschrieben.[47] Die Zeit des Aspirantats wie auch des Postulats kann nach Ermessen der höheren Oberin mit der Zustimmung ihres Rates verlängert werden, jedoch nicht über jeweils zwei Jahre hinaus.

Das Recht, Kandidaten zum Noviziat zuzulassen, liegt beim zuständigen höheren Oberen den Bestimmungen des Eigenrechts entsprechend (vgl. c. 641 CIC). Als Grundvoraussetzungen (→ S. 101) nennt c. 597 CIC, dass in das Noviziat aufgenommen werden kann:

- jeder Katholik,
- der die rechte Absicht hat,
- die vom allgemeinen Recht und vom Eigenrecht geforderten Eigenschaften aufweist und
- dem kein Hindernis im Wege steht.

Als für die Aufnahme in das Noviziat erforderliche Eigenschaften nennt c. 642 CIC:

- gefordertes Mindestalter
- Gesundheit
- geeigneten Charakter
- genügende Reife

47 Vgl. ebd., Nr. 268.275 (S. 73.74).

Die nötige Gesundheit wird in der Regel im Rahmen einer ärztlichen Untersuchung nachgewiesen. Zur Feststellung des geeigneten Charakters und der genügenden Reife werden in der Regel standardisierte Tests herangezogen, die von einem Psychologen durchgeführt und ausgewertet werden. Das Ergebnis sollte der Psychologe gemeinsam mit dem Kandidaten und dem Oberen besprechen. Dabei ist stets der Schutz Intimsphäre des Kandidaten zu beachten (vgl. c. 220 CIC). Die letztgültige Entscheidung, ob der Kandidat den geeigneten Charakter und die genügende Reife für ein Leben im Institut mitbringt, liegt beim Oberen. Das Eigenrecht kann weitere Eigenschaften für die Zulassung zum Noviziat festlegen.

Hindernisse sind in c. 643 § 1 CIC aufgeführt. Danach wird nicht gültig zum Noviziat zugelassen:

- wer das siebzehnte Lebensjahr noch nicht vollendet hat
- ein Ehegatte, solange die Ehe besteht
- wer noch durch ein heiliges Band an ein Institut des geweihten Lebens gebunden oder in eine Gesellschaft des apostolischen Lebens eingegliedert ist, unbeschadet der Möglichkeit eines Übertritts nach cc. 684–685 (→ S. 207)
- wer unter Einfluss von Gewalt, schwerer Furcht oder Arglist in ein Institut eintritt oder wen ein Obere unter der gleichen Beeinflussung aufnimmt
- wer seine Eingliederung in ein Institut des geweihten Lebens oder in eine Gesellschaft des apostolischen Lebens verheimlicht hat

Das allgemeine Recht sieht als Mindestalter die Vollendung des siebzehnten Lebensjahres vor (vgl. c. 643 § 1 Nr. 1 CIC). Im Eigenrecht kann ein höheres Alter vorgesehen sein, entweder direkt oder indirekt in der Form, dass beispielsweise eine abgeschlossene Berufsausbildung oder Abitur gefordert wird. Im deutschsprachigen Raum sind Kandidaten ohnehin erfahrungsgemäß älter, sodass sich in der Praxis die Frage nach dem Mindestalter selten stellt. Auch ein Höchstalter kann im Eigenrecht festgelegt werden.

Im deutschsprachigen Raum in der Praxis von Bedeutung ist das Hindernis der bestehenden Ehe (vgl. c. 643 § 1 Nr. 2 CIC). Anfragen von Kandidaten, die verheiratet waren und staatlich geschieden sind, sind keine Ausnahme mehr. Die staatliche Scheidung hat keinen Einfluss auf das Fortbestehen der Ehe im kirchenrechtlichen Sinn. Unter das Hindernis fällt jegliche kirchenrechtlich gültige Ehe, unabhängig davon, ob zwischen zwei Christen oder nicht und ob vollzogen oder nicht. Vor Aufnahme in das Noviziat ist daher entweder ein Ehenichtigkeitsverfahren oder ein Nichtvollzugsverfahren mit positivem Ausgang erforderlich. Bei einer kirchlich geschlossenen ungültigen Ehe, beispielsweise wegen Formfehlers oder wegen Vorliegens eines nicht dispensierten Ehehindernisses, liegt zwar kein Hindernis für die Aufnahme in das Noviziat vor, doch gilt so lange die Rechtsvermutung der Gültigkeit der Ehe (vgl. c. 1060 CIC) bis eine beim zuständigen Generalvikariat erwirkte kirchliche Nichtbestandserklärung vorliegt. Eine nicht kirchlich, sondern rein standesamtlich geschlossene Ehe ist kein Hindernis für die Aufnahme in das Noviziat und ihr kommt auch keine Rechtsvermutung der Gültigkeit zu, doch sollte um der Rechtssicherheit willen auch in diesem Fall eine Nichtbestandserklärung beim zuständigen Generalvikariat erwirkt werden. Ist ein Ehenichtigkeitsverfahren negativ ausgegangen oder hat es von vornherein keine Aussicht auf Erfolg, bleibt die Möglichkeit einer Dispens vom Hindernis der bestehenden Ehe.[48] Zuständig ist bei Instituten bischöflichen Rechts wie auch bei Instituten päpstlichen Rechts der Apostolische Stuhl.[49] Den Antrag auf Dispens vom Hindernis der bestehenden Ehe richtet der zuständige Obere an das Dikasterium für die Institute des geweihten Lebens und die Gesellschaften des apostolischen Lebens und fügt folgende Unterlagen bei:[50]

- begründeter Antrag des Kandidaten
- Lebenslauf des Kandidaten
- kurzer Bericht über die Gründe für das Scheitern der Ehe und ob noch rechtliche oder moralische Verpflichtungen gegenüber dem Ehepartner bestehen

48 Vgl. weiterführend dazu: Victor George D'Souza: „Admission of Married Catholics into Religious Institutes", in: *Studies in Church Law* 6 (2010), S. 403–413; Priamo Etzi: „La dispensa dal *vetitum* del canone 643 § 1 2° sulla scorta dell'attuale comprensione del rapporto matrimonio – vita consacrata", in: *El matrimonio y su expresión canónica ante el III milenio: X Congreso Internacional de Derecho Canónico*, hrsg. v. Pedro-Juan Viladrich, Pamplona: EUNSA, 2000, S. 93–102; Alfredo Rava: „L'ammissione di separati e di divorziati negli istituti religiosi", in: *QDE* 18 (2005), S. 202–212.

49 Von einer Zuständigkeit des Diözesanbischofs geht aus: Klaus Kottmann: „Die Ehe als Zulassungshindernis zum Noviziat nach c. 643 § 1 n. 2 CIC. Kanonistische Anmerkungen zur Frage der Dispenszuständigkeit des Ortsordinarius", in: *Aktuelle Beiträge zum Kirchenrecht. Festgabe für Heinrich J. F. Reinhardt zum 60. Geburtstag*, hrsg. v. Rüdiger Althaus (AIC 24), Wien: Frankfurt a. M. und Berlin, 2002, S. 163–176. Diese Ansicht ist allerdings kritisch zu hinterfragen. Nach c. 87 § 1 CIC kann der Diözesanbischof von Disziplinargesetzen dispensieren, worunter ein Zulassungshindernis zum Noviziat nicht fällt. Selbst für Institute bischöflichen Rechts kommt dem Diözesanbischof nur die Dispens von Vorschriften der Konstitutionen zu (c. 595 § 2 CIC).

50 Vgl. Rava: „L'ammissione di separati e di divorziati negli istituti religiosi", S. 208–209.

- kurzer Bericht über aus der Ehe hervorgegangene Kinder und deren Alter sowie ob noch rechtliche oder moralische Verpflichtungen gegenüber den Kindern bestehen
- Erklärung vor dem Ortsordinarius und dem Kanzler der bischöflichen Kurie, dass der Ehegatte mit dem Eintritt des Kandidaten in ein Religioseninstitut einverstanden ist und dass er auf alle Rechte aus der Ehe endgültig verzichtet
- notariell beglaubigte Erklärung beider Ehegatten über die rechtmäßige und endgültige Trennung in gegenseitigem Einvernehmen sowie über die Verpflichtung, keine Ansprüche persönlicher oder materieller Art aus der Ehe geltend zu machen
- staatliches Scheidungsurteil
- Empfehlungsschreiben des Ortsordinarius oder des Pfarrers über die rechte Motivation und nötige Reife des Kandidaten
- Bestätigung des zuständigen höheren Oberen über die Absicht, den Kandidaten in das Noviziat aufzunehmen, sowie Dokumentation des Beratungsprozesses in der Gemeinschaft über diese Entscheidung

Aus den Unterlagen sollte hervorgehen, dass der Kandidat aus rechten Motiven um Aufnahme in das Noviziat bittet. Er darf nicht die Schuld am Scheitern der Ehe getragen haben. Außerdem sollte klargestellt sein, dass die Gründe, aus denen die Ehe gescheitert ist, keinen Einfluss auf die Eignung des Kandidaten haben, in ein Religioseninstitut einzutreten. Aus der Einwilligung des geschiedenen Ehegatten sollte hervorgehen, dass er auf alle Rechte aus der Ehe verzichtet. Ein staatliches Scheidungsurteil und, falls zutreffend, die Tatsache, dass er wieder verheiratet ist, untermauern dies. Sollte der Kandidat seinem früheren Ehegatten gegenüber noch unterhaltspflichtig sein, wird keine Dispens erteilt. Falls aus der Ehe Kinder hervorgegangen sind, darf auch ihnen gegenüber keine Unterhaltsverpflichtung mehr bestehen, d. h. es wird in der Regel verlangt, dass sie volljährig sind und ihre Erstausbildung abgeschlossen haben. Mitunter wird vom Dikasterium für die Institute des geweihten Lebens und die Gesellschaften des apostolischen Lebens die Durchführung eines Verfahrens zur Trennung der Ehepartner (vgl. cc. 1692–1696 CIC) verlangt. Sollten sowohl das Ehenichtigkeitsverfahren wie auch die Beantragung einer Dispens erfolglos geendet haben, bleibt als Alternative noch die Aufnahme als Klaustraloblate, wenn das Eigenrecht dies vorsieht. Da in diesem Fall keine Gelübde abgelegt werden, steht der Aufnahme trotz einer im kirchenrechtlichen Sinne bestehende Ehe nichts entgegen. In jedem Fall sollte vor Aufnahme eines Geschiedenen nach den Gründen für das Scheitern der Ehe gefragt werden, um beurteilen zu können, ob diese Gründe Auswirkungen auf die für eine Aufnahme ins Noviziat geforderte charakterliche und menschliche Reife haben.

Wer Mitglied eines Instituts des geweihten Lebens oder einer Gesellschaft des apostolischen Lebens ist, kann nicht gültig in das Noviziat aufgenommen werden (vgl. c. 643 § 1 Nr. 3 CIC). In diesem Fall ist ein Übertrittsverfahren nach cc. 684–685 durchzuführen (→ S. 207).

Eine Handlung, die aufgrund schwerer, widerrechtlich eingeflößter Furcht oder aufgrund arglistiger Täuschung vorgenommen wurde, ist grundsätzlich rechtswirksam, kann aber später aufgehoben werden (vgl. c. 125 § 1 CIC). Abweichend von diesem Grundsatz normiert c. 643 § 1 Nr. 4 CIC die Ungültigkeit der Aufnahme in das Noviziat für den Fall, dass ein Kandidat unter Einfluss von Gewalt, schwerer Furcht oder Arglist in ein Institut eintritt oder dass ein Oberer einen Kandidaten unter der gleichen Beeinflussung aufnimmt. In der Praxis relevant ist vor allem der Fall der Arglist. Sollte ein Kandidat beispielsweise ein Hindernis verschweigen oder verschweigen, dass er Schulden hat, die er nicht bezahlen kann, wäre eine Aufnahme in das Noviziat ungültig.

Nach c. 542 Nr. 1e CIC/1917 wurde nicht gültig zum Noviziat zugelassen, wer früher als Professe Mitglied in einem Religioseninstitut war. Im geltenden Kirchenrecht ist diese Bestimmung gelockert (vgl. c. 643 § 1 Nr. 5 CIC). Eine frühere Profess als solche ist kein Hindernis mehr, sondern nur das Verschweigen einer früheren Eingliederung in ein Institut des geweihten Lebens oder eine Gesellschaft des apostolischen Lebens. Abgestellt wird dabei auf die Profess in einem Religioseninstitut, die Bindung in einem Säkularinstitut oder die Eingliederung in eine Gesellschaft des apostolischen Lebens. Postulat, Noviziat oder sonstige Prüfungszeiten fallen nicht darunter. Offenbart der Kandidat dem Oberen gegenüber seine frühere Eingliederung, besteht kein Hindernis mehr. In der Praxis ist es für die Beurteilung der Eignung eines Kandidaten wichtig zu wissen, ob er bereits früher in ein Institut des geweihten Lebens oder eine Gesellschaft des apostolischen Lebens eingegliedert war und die Gründe für seinen Austritt oder gar seine Entlassung zu kennen.

Diese Hindernisse betreffen die Gültigkeit der Aufnahme in das Noviziat. Liegt ein Hindernis vor und wird ein Kandidat trotzdem aufgenommen, ist die Zulassung ungültig. Das Eigenrecht kann weitere Hindernisse aufstellen, auch zur Gültigkeit (c. 643 § 2 CIC).

Neben Hindernissen kennt das allgemeine Kirchenrecht zwei Zulassungsverbote (vgl. c. 644 CIC). Die Oberen dürfen nicht zum Noviziat zulassen:

- Weltkleriker, ohne deren eigenen Ordinarius befragt zu haben
- Kandidaten, die Schulden haben, die sie nicht bezahlen können

Unter Weltklerikern sind einer Teilkirche oder Personalprälatur inkardinierte Priester und Diakone zu verstehen. Vor deren Aufnahme muss der Obere deren Ordinarius befragen. Der Ordinarius hat kein Mitsprache- oder Widerspruchsrecht. Nach Befragung des Ordinarius liegt die Entscheidung über die Aufnahme beim Oberen.[51]

Um das Institut vor Schaden zu bewahren, darf niemand aufgenommen werden, der Schulden hat, die er nicht bezahlen kann. Verschweigt ein Kandidat seine Schulden, liegt ein Fall von Arglist vor (→ S. 169) und die Aufnahme in das Noviziat ist ungültig.

Die Zulassungsverbote betreffen die Erlaubtheit der Aufnahme ins Noviziat, nicht die Gültigkeit. Nimmt ein Oberer einen Kandidaten trotz eines Zulassungsverbots auf, ist die Aufnahme unerlaubt, aber trotzdem gültig.

Vor der Zulassung zum Noviziat müssen die Kandidaten folgende Unterlagen vorlegen (vgl. c. 645 §§ 1–2 CIC):

- Tauf- und Firmzeugnis
- Zeugnis des Ledigenstandes
- bei Klerikern, früheren Angehörigen eines Instituts des geweihten Lebens oder in einer Gesellschaft des apostolischen Lebens

51 Vgl. weiterführend dazu: Konrad Hartelt: „Die freie Aufnahme eines Weltpriesters in ein Ordensinstitut“, in: *OK* 31 (1990), S. 179–189.

sowie Seminaristen: Zeugnis des Ortsordinarius, des höheren Oberen oder des Seminarrektors

Als Tauf- und Firmzeugnis sowie als Zeugnis des Ledigenstandes dient ein aktueller Taufschein, der beim Taufpfarramt erhältlich ist. Im Taufregister der Taufpfarrei wird auch die Firmung erfasst, ebenso eine Eheschließung. Enthält der Taufschein keinen Eintrag zu einer Eheschließung, gilt das als Zeugnis des Ledigenstandes.

Das Eigenrecht kann die Vorlage weiterer Unterlagen vorschreiben (vgl. c. 645 § 3 CIC). Im Rahmen der institutionellen Schutzkonzepte der Religioseninstitute ist in der Regel die Vorlage eines erweiterten polizeilichen Führungszeugnisses vorgesehen.

Ergänzend können die Oberen eigene Erkundigungen einholen, auch im Geheimen (vgl. c. 645 § 3 CIC), jedoch immer unter Wahrung des Schutzes der Intimsphäre des Kandidaten (vgl. c. 220 CIC).

b) Ausbildung der Novizen (cc. 646–653)

Die Noviziatsausbildung hat eine spirituelle und eine praktische Ausrichtung (vgl. c. 646 CIC). Die spirituelle Seite der Noviziatsausbildung besteht darin, die dem Institut eigene göttliche Berufung besser zu erkennen sowie Sinn und Herz im Geist des Instituts zu formen. Die praktische Seite der Noviziatsausbildung besteht darin, dass die Kandidaten die Lebensweise des Instituts erfahren und dass ihre Eignung und rechte Absicht erwiesen werden kann.

Rechtlich selbstständige Niederlassungen haben in der Regel ein eigenes Noviziat. In zentralistisch strukturierten Verbänden gibt es in der Regel in jeder Provinz eine Niederlassung, die als Noviziatshaus dient. Errichtung, Verlegung und Aufhebung eines Noviziatshauses kommt dem obersten Leiter eines Instituts mit Zustimmung seines Rates durch schriftliches Dekret zu (vgl. c. 647 § 1 CIC). Das Noviziat muss zur Gültigkeit in einem rechtmäßig errichteten Noviziatshaus durchgeführt werden (vgl. c. 647 § 2 CIC). Im Einzelfall kann der oberste Leiter eines Instituts mit Zustimmung seines Rates die Durchführung des Noviziats in einer anderen Niederlassung des Instituts unter der Leitung eines bewährten Religiosen an Stelle des Novizenmeisters vorsehen. Außerdem kann der höhere Obere gestatten, dass sich Novizen für gewisse Zeiträume in einer anderen von ihm bestimmten Niederlassung des Instituts aufhalten (vgl. c. 647 § 3 CIC). Das ist sinnvoll, damit Novizen im Rahmen ihrer Ausbildung auch die Kommunitäten anderer Niederlassungen und deren Apostolat kennenlernen. In Zeiten, in denen die Zahl der Novizen rückläufig ist und es schwierig sein kann, geeignete Ausbilder zu finden, ist eine Zusammenarbeit der Institute im Bereich der Ausbildung wichtig. Die *Richtlinien über die Zusammenarbeit der Ordensinstitute in der Ausbildung* der Kongregation für die Institute des geweihten Lebens und die Gesellschaften des apostolischen Lebens sehen daher die Möglichkeit von zwischen-institutlichen Ausbildungszentren vor.[52]

Damit das Noviziat gültig ist, muss es zwölf Monate umfassen (vgl. c. 648 § 1 CIC). Dies ist das sog. „kanonische Jahr". In Nonnenklöstern dauert das Noviziat zwei Jahre, wobei das zweite Noviziatsjahr das kanonische Jahr ist.[53] Das kanonische Jahr muss in der

52 Kongregation für die Institute des geweihten Lebens und die Gesellschaften des apostolischen Lebens: „Richtlinien über die Zusammenarbeit der Ordensinstitute in der Ausbildung (8. Dezember 1998)", in: *ON* 38.2 (1999), S. 43–62, Nr. 4–18.

53 Kongregation für die Institute des geweihten Lebens und die Gesellschaften des apostolischen Lebens: *Instruktion „Cor Orans" zur*

Kommunität des Noviziates selbst durchgeführt werden, unbeschadet der oben erwähnten Ausnahmeregelung des c. 647 § 3 CIC. Die Konstitutionen eines Instituts können zur Ausbildung der Novizen apostolische Praktika außerhalb der Kommunität des Noviziates vorschreiben (vgl. c. 648 § 2 CIC). Die Zeit dieser Praktika darf allerdings nicht in die für das Noviziat vorgesehene Mindestzeit von zwölf Monaten eingerechnet werden, sondern das Noviziat ist um die Dauer der Praktika zu verlängern. Da die zwölf Monate des kanonischen Jahres nicht zwangsläufig am Stück stattfinden müssen, können die Praktika das kanonische Jahr auch unterbrechen. Das Eigenrecht kann eine längere Noviziatszeit vorsehen, wobei das Noviziat nicht über zwei Jahre ausgedehnt werden darf (vgl. c. 648 § 3 CIC). Außer im Fall des vom Oberen gestatteten Aufenthalts in einer anderen Niederlassung des Instituts (vgl. c. 647 § 3 CIC) sowie im Fall von apostolischen Praktika (vgl. c. 648 § 2 CIC), deren Zeit ohnehin zu den zwölf Monaten des kanonischen Jahres hinzugerechnet werden muss, macht eine Abwesenheit vom Noviziatshaus von mehr als drei Monaten mit oder ohne Unterbrechung das Noviziat ungültig (vgl. c. 649 § 1 CIC). In diesem Fall muss das Noviziat wiederholt werden. Eine Abwesenheit von bis zu fünfzehn Tagen wirkt sich auf die Gültigkeit des Noviziats nicht aus. Eine Abwesenheit von mehr als fünfzehn Tagen bis zu drei Monaten muss nachgeholt werden. Der zuständige höhere Obere kann die erste Profess nach dem Noviziat um höchstens fünfzehn Tage vorziehen (vgl. c. 649 § 2 CIC).

Anwendung der Apostolischen Konstitution „Vultum Dei quaerere“ über das weibliche kontemplative Leben, hrsg. v. Sekretariat der Deutschen Bischofskonferenz (VApSt 214), Bonn 2018, Nr. 279 (S. 75).

Für die Noviziatsausbildung ist in allen Instituten im Eigenrecht eine Ausbildungsordnung (*ratio institutionis*) aufzustellen. Die Novizen werden unter der Leitung eines Novizenmeisters ausgebildet (vgl. c. 650 § 1 CIC). Der Novizenmeister untersteht hinsichtlich der Leitung der Novizen dem zuständigen höheren Oberen (vgl. c. 650 § 2 CIC). Das ist für zentralistisch verfasste Institute wichtig, da in diesen, anders als bei selbstständigen Niederlassungen, der Lokalobere des Noviziatshauses nicht der höhere Obere ist. Das allgemeine Recht nennt an Kriterien für den Novizenmeister, dass er Mitglied des Instituts sein muss, die ewigen Gelübde abgelegt haben muss und rechtmäßig für das Amt bestellt sein muss (vgl. c. 651 § 1 CIC). Der Novizenmeister muss, auch in klerikalen Instituten, nicht zwangsläufig Priester sein, wenn es nicht vom Eigenrecht gefordert wird. Hinsichtlich Alter und Zeit, die seit der Profess vergangen sein muss, macht das geltende allgemeine Kirchenrecht anders als der CIC/1917 keine Vorgagen. Diese und weitere Kriterien können aber im Eigenrecht festgesetzt werden. Dem Novizenmeister können Mitarbeiter zur Seite gestellt werden, die ihn in der Noviziatsausbildung unterstützen (vgl. c. 651 § 2 CIC). Dies begründet jedoch keine kollegiale Noviziatsleitung. Die Mitarbeiter sind dem Novizenmeister unterstellt. Der Novizenmeister und seine Mitarbeiter müssen für ihre Aufgabe sorgfältig vorbereitet sein (vgl. c. 651 § 3 CIC). Außerdem dürfen sie nicht durch andere Belastungen daran gehindert sein, ihre Aufgabe kontinuierlich und fruchtbringend auszuüben, was insbesondere kleinere Gemeinschaften vor Herausforderungen stellt. Die Noviziatsausbildung soll folgende Bereiche umfassen (vgl. c. 652 § 2 CIC):

- Vervollkommnung der menschlichen und christlichen Tugenden
- Gebet
- *lectio divina*
- Pflege des Gottesdienstes
- Führung eines Lebens, das Gott und den Menschen in Christus durch die evangelischen Räte geweiht ist
- Eigenart, Geist, Ordnung und Zielsetzung des Instituts
- Geschichte des Instituts

Die Novizen sind angehalten, mit ihrem Novizenmeister aktiv zusammenzuarbeiten (vgl. c. 652 § 3 CIC). Alle Institutsmitglieder wirken bei der Noviziatsausbildung durch ihr Beispiel und ihr Gebet mit (vgl. c. 652 § 4 CIC). Die Zeit des kanonischen Jahres dient ausschließlich der Noviziatsausbildung, daher dürfen Novizen im kanonischen Jahr nicht mit Studien und Arbeiten beschäftigt werden, die nicht unmittelbar der Noviziatsausbildung dienen (vgl. c. 652 § 5 CIC). Das bedeutet, dass Novizen im Noviziatshaus nicht eingesetzt werden dürfen, um personelle Lücken in der Arbeit zu füllen. Ebenso dürfen sie während des kanonischen Jahres keine Berufsausbildung machen oder ein Hochschulstudium betreiben, was nicht ausschließt, dass sie einzelne Lehrveranstaltungen an einer Hochschule als Teil ihrer Noviziatsausbildung besuchen. Die Berufung der Novizen zu beurteilen und zu bestätigen ist Sache des Novizenmeisters und seiner Mitarbeiter (vgl. c. 652 § 1 CIC).

Ein Novize ist nicht durch Gelübde gebunden. Er kann daher das Institut jederzeit frei verlassen, und die zuständige Autorität kann ihn nach den Bestimmungen des Eigenrechts jederzeit entlassen (vgl. c. 653 § 1 CIC).[54] Eine bestimmte Form ist für die Entlassung eines Novizen ist im allgemeinen Recht nicht vorgesehen, auch nicht dass ihm der Grund für die Entlassung genannt werden muss, was in der Praxis allerdings stets geschehen sollte. Hat ein Novize das Noviziat rechtmäßig abgeschlossen und das Institut dann verlassen, besteht unter den Voraussetzungen des c. 690 CIC die Möglichkeit, ihn später wieder ohne Verpflichtung zu einem neuen Noviziat aufzunehmen (→ S. 217). Ist das Noviziat abgeschlossen, ist der Novize entweder zur ersten Profess zuzulassen oder aus dem Institut zu entlassen (vgl. c. 653 § 2 CIC). Bleiben noch Zweifel an der Eignung, kann der höhere Obere das Noviziat nach den Bestimmungen des Eigenrechts verlängern, aber nicht über sechs Monate hinaus. Falls im Eigenrecht ein zweijähriges Noviziat vorgesehen ist, kann der höhere Obere auch dieses zweijährige Noviziat um höchstens sechs Monate verlängern, sodass unter Berücksichtigung von c. 648 § 3 CIC die Zeit des Noviziats maximal zweieinhalb Jahre betragen kann.

c) Profess (cc. 654–658)

Literatur: Dominicus M. Meier: *Die Rechtswirkungen der klösterlichen Profess. Eine rechtsgeschichtliche Untersuchung der monastischen Profeß und ihrer Rechtswirkungen unter Berücksichtigung des Staatskirchenrechts* (EHS.T 486), Frankfurt: Lang, 1993.

54 Bei der Entlassung eines Novizen handelt es sich nicht um eine Entlassung im rechtlichen Sinne, da ein Novize noch keine Profess abgelegt hat und daher noch nicht in das Institut inkorporiert ist und somit auch nicht im rechtlichen Sinne aus dem Institut entlassen werden kann, auch wenn der CIC das Wort „entlassen“ (*dimittere*) verwendet.

Durch die Profess nehmen die Mitglieder von Religioseninstituten durch ein öffentliches, d. h. vom zuständigen Oberen im Namen der Kirche entgegengenommenes Gelübde die Befolgung der drei evangelischen Räte (→ S. 103) auf sich (vgl c. 654 CIC). Die Profess hat sowohl eine spirituelle wie auch eine rechtliche Dimension. In spiritueller Hinsicht ist sie ein Akt der Gottesverehrung, mit dem der Professe eine besondere Beziehung zu Gott eingeht und sich ihm in Selbsthingabe vollständig ausliefert. In rechtlicher Hinsicht konstituiert die Profess für den Professen einen neuen Stand in der Kirche mit der diesem Stand eigenen Rechten und Pflichten (→ S. 188). Außerdem wird der Professe in ein bestimmtes Institut inkorporiert, sodass die Profess vertraglichen Charakter hat, der den Professen und das Institut bindet. Insbesondere unterstellt sich der Professe der vollen Verfügbarkeit durch das Institut im Rahmen des allgemeinen Kirchenrechts und des Eigenrechts. Das Institut übernimmt dem Professen gegenüber eine Versorgungsverpflichtung (→ S. 197).

Eine Profess kann hinsichtlich ihrer Dauer zeitlich oder ewig sein, und hinsichtlich ihrer Rechtswirkungen einfach oder feierlich. Die zeitliche Profess ist eine noch recht junge Einrichtung. Sie wurde durch die Enzyklika *Neminem latet* Papst Pius' IX. vom 19. März 1857 eingeführt, die nach Abschluss des Noviziats die Ablegung von einfachen Gelübden für drei Jahre vorschrieb, bevor die ewige Profess, d. h. die Profess auf Lebenszeit, abgelegt werden durfte. Dadurch sollte eine weitere Zeit der Erprobung nach dem Noviziat ermöglicht werden. Eine Unterscheidung von Religiosen mit einfachen oder feierlichen Gelübden kennt der CIC/1983 nicht mehr. Die Unterscheidung hat sich im Eigenrecht verschiedener Institute aber noch erhalten. Außerdem spielt sie im Vermögensrecht eine Rolle:

Professen mit einfacher Profess sind vermögensfähig, verzichten aber auf der Verwaltung ihres Vermögens. Dem Armutsgelübde widersprechende Rechtshandlungen setzen sie rechtswidrig, aber gültig. Professen mit feierlicher Profess sind vermögensunfähig. Sie verzichten vollständig auf eigenes Vermögen. Dem Armutsgelübde widersprechende Rechtshandlungen setzen sie ungültig.

Nach dem Noviziat ist zunächst eine zeitliche Profess vorgeschrieben (vgl. c. 655 CIC). Die Dauer, für die die zeitliche Profess abgelegt wird, ist im Eigenrecht des Instituts festzulegen. Sie muss mindestens drei und darf nicht mehr als sechs Jahre betragen, wobei eine Unterteilung in mehrere Zeitabschnitte möglich ist.[55] Nach Ablauf ist gemäß den Bestimmungen des Eigenrechts eine Verlängerung möglich, jedoch darf die Gesamtdauer der zeitlichen Profess neun Jahre nicht übersteigen (vgl. c. 657 § 2 CIC). Für Nonnen ist vorgeschrieben, die zeitliche Profess zunächst für drei Jahre abzulegen und sie anschließend jährlich bis zum Ablauf von fünf Jahren zu erneuern.[56] Zur Gültigkeit der zeitlichen Profess ist erforderlich (vgl. c. 658 CIC):

- Vollendung des achtzehnten Lebensjahres
- gültig durchgeführtes Noviziat

55 Die erste Profess muss also nicht zwangsläufig auf drei Jahre am Stück abgelegt werden. Es ist auch möglich, die Profess auf ein Jahr abzulegen und zweimal um jeweils ein Jahr zu verlängern, oder die Profess kann auf zwei Jahre abgelegt werden und dann um ein Jahr verlängert werden. Jedenfalls muss sie in der Summe mindestens drei Jahre betragen.

56 Vgl. Kongregation für die Institute des geweihten Lebens und die Gesellschaften des apostolischen Lebens: *Instruktion „Cor Orans“*, Nr. 287 (S. 77).

- frei erteilte Zulassung durch den zuständigen Oberen mit Votum[57] seines Rates nach den Bestimmungen des Eigenrechts
- ausdrückliche Ablegung und ohne Zwang, schwere Furcht oder Täuschung
- Entgegennahme durch den rechtmäßigen Oberen persönlich oder durch einen anderen

Das Mindestalter ergibt sich aus dem Mindestalter für den Noviziatseintritt. Im Eigenrecht können ein höheres Mindestalter wie auch ein Höchstalter festgesetzt werden. Außerdem muss das Noviziat (→ S. 167) gültig durchgeführt worden sein. Ein ungültiges Noviziat würde eine ungültige Profess nach sich ziehen. Die Zustimmung zur Professablegung muss der Obere unter Beachtung der Beispruchsrechte seines Rates frei erteilen. Eine Zustimmung unter Zwang, Furcht oder Täuschung würde die Profess ungültig machen (vgl. c. 125 CIC). Gleiches gilt für den Professen: Eine unter Zwang, Furcht oder Täuschung abgelegte Profess wäre ungültig. Außerdem muss die Profess ausdrücklich abgelegt werden. Eine implizite Professablegung, beispielsweise nur durch Tragen des institutseigenen Gewands und Befolgung der äußeren Lebensordnung des Instituts, ist nicht möglich. Die Profess muss vom zuständigen Oberen oder einer von ihm rechtmäßig delegierten Person entgegengenommen werden. Die Profess hat Vertragscharakter, sodass sie nicht einseitig abgelegt werden kann, sondern der Annahme bedarf.

Ist die Zeit, für die die Profess abgelegt wurde, abgelaufen, kann nach den Bestimmungen des Eigenrechts auf freie Bitte des Professen hin die zeitliche Profess verlängert oder die Zulassung zur

57 Ob es sich dabei um ein Beratungs- oder Entscheidungsvotum handelt, ist im Eigenrecht festzulegen (→ S. 147).

ewigen Profess beantragt werden. Andernfalls scheidet der Professe aus dem Institut aus (c. 657 § 1 CIC). Außerdem kann ein Oberer nach Anhörung seines Rates aus einem gerechten Grund einen Religiosen von der Professverlängerung oder der Ablegung der ewigen Profess ausschließen (vgl. c. 689 § 1 CIC). Ein gerechter Grund kann unter anderem eine physische oder psychische Erkrankung sein, die nach Urteil eines Sachverständigen für ein Leben im Institut ungeeignet macht, auch wenn sie erst nach der Professablegung zugezogen wurde, es sei denn, der Religiose hat sich die Krankheit infolge einer Nachlässigkeit des Instituts oder aufgrund einer im Institut verrichteten Arbeit zugezogen (vgl. c. 689 § 2 CIC). Ist ein zeitlicher Professe während der Dauer der Profess geisteskrank (*amens*) geworden, darf er nicht weggeschickt werden, auch wenn er zur Ablegung einer neuen Profess nicht in der Lage ist (vgl. c. 689 § 3 CIC). In der Praxis dürfte es schwierig sein, zwischen einer psychischen Erkrankung im Allgemeinen, die eine Nichtzulassung rechtfertigen kann, und einer *amentia*, die ein Wegschicken verbietet, zu unterscheiden. Gegen die Nichtzulassung zur Professverlängerung oder zur Ablegung der ewigen Profess ist als Rechtsmittel der hierarchische Rekurs gegeben (→ S. 257).

Zur Gültigkeit der ewigen Profess ist erforderlich (vgl. c. 658 CIC):

- Vollendung des einundzwanzigsten Lebensjahres
- frei erteilte Zulassung durch den zuständigen Oberen mit Votum[58] seines Rates nach den Bestimmungen des Eigenrechts

58 Ob es sich dabei um ein Beratungs- oder Entscheidungsvotum handelt, ist im Eigenrecht festzulegen (→ S. 147).

- ausdrückliche Ablegung und ohne Zwang, schwere Furcht oder Täuschung
- Entgegennahme durch den rechtmäßigen Oberen persönlich oder durch einen anderen
- vorhergehende zeitliche Profess von mindestens drei Jahren

Das Mindestalter ergibt sich aus dem Mindestalter für die Aufnahme ins Noviziat und aus dem Mindestalter für die Ablegung der zeitlichen Profess. Im Eigenrecht kann ein höheres Mindestalter ebenso wie ein Höchstalter festgesetzt werden. Auch für die ewige Profess sind die freie Ablegung durch den Professen und die frei erteilte Zustimmung durch den zuständigen Oberen unter Beachtung der im Eigenrecht vorgesehenen Beispruchsrechte zur Gültigkeit erforderlich, ebenso die Entgegennahme durch den rechtmäßigen Oberen persönlich oder durch eine rechtmäßig delegierte Person. Der ewigen Profess muss eine zeitliche Profess von mindestens drei Jahren vorangegangen sein. Der Obere kann die ewige Profess aus einem gerechten Grund um höchstens drei Monate vorverlegen (vgl. c. 657 § 3 CIC).

Die Rechte und Pflichten, die sich aus der Profess ergeben, sind in den cc. 662–672 CIC normiert (→ S. 188).

d) Aus- und Weiterbildung (cc. 659–661)

Das Noviziat ist die Grundausbildung. Nach Ablegung der ersten Profess soll die Ausbildung der Religiosen vervollkommnet werden, „damit sie das dem Institut eigene Leben erfüllter führen und dessen Sendung geeigneter ausführen können“ (c. 659 § 1 CIC). Welche Art von Ausbildung dafür nötig ist, hängt von der Ausrichtung des einzelnen Instituts ab. In jedem Fall ist Ausbildung ganzheitlich zu verstehen. Sie beschränkt sich nicht auf Aneignung von Fachwissen und praktischer Fachkompetenz, sondern schließt auch spirituelles und menschliches Wachstum mit ein. Jedes Institut soll im Eigenrecht in einer Ausbildungsordnung (*ratio institutionis*), wie sie auch für das Noviziat gefordert ist (vgl. c. 650 § 1 CIC), Art und Dauer der Ausbildung festlegen. Die Ausbildung der Priesteramtskandidaten richtet sich nach dem allgemeinen Recht und wird in der von jedem Institut aufzustellenden Studienordnung (*ratio studiorum*) konkretisiert (vgl. c. 659 § 3 CIC). Die Ausbildungsordnung soll gewährleisten, dass die Ausbildung systematisch stattfindet. Es soll aber auch genügend Möglichkeit bleiben, die Ausbildung dem Fassungsvermögen der einzelnen Religiosen anzupassen. Die Ausbildung soll spirituell und auf das dem Institut eigene apostolische Wirken ausgerichtet sein. Theoretische und praktische Elemente ergänzen einander. Wenn möglich, soll die Ausbildung den Erwerb von staatlich anerkannten Abschlüssen und Titeln einschließen (vgl. c. 660 § 1 CIC). Die Religiosen in Ausbildung sollen genügend Zeit und Energie haben, sich der Ausbildung zu widmen. Daher dürfen ihnen während der Ausbildungszeit keine Ämter und Aufgaben übertragen werden, die ihre Ausbildung behindern (vgl. c. 660 § 2 CIC).

Mit Ende der Ausbildungszeit ist die Ausbildung nicht abgeschlossen. Die Religiosen sollen sich ein Leben lang weiterbilden und ihre spirituelle, theoretische und praktische Ausbildung fortführen. Die Oberen sollen ihnen dazu Hilfe und Zeit zur Verfügung stellen (vgl. c. 661 CIC). Hier lässt sich in gewisser Weise von Recht und Pflicht zur Weiterbildung sprechen, jedoch immer unter den individuellen

Umständen des Einzelnen und in Abwägung der Möglichkeiten des Instituts und der Religiosen. Die Konferenzen der höheren Oberen (→ S. 232) sollen Programme für die ständige Weiterbildung der Religiosen entwickeln.[59]

4. Rechte und Pflichten der Institute und ihrer Mitglieder (cc. 662–672)

Die Rechte und Pflichten der Institute und ihrer Mitglieder, die sich aus der Profess ergeben, sind in den cc. 662–672 CIC normiert. Sprachlich sind in diesen Normen Pflichten formuliert, die korrelierenden Rechte ergeben sich im Umkehrschluss zu den Pflichten.

a) Spirituelles Leben (cc. 662–664)

Die oberste Lebensregel der Religiosen ist die Nachfolge Christi, wie sie im Evangelium ausgedrückt ist und dem Patrimonium des einzelnen Instituts entsprechend in den Konstitutionen konkretisiert wird (vgl. c. 662 CIC). Verschiedene Institute pflegen ihrer Tradition entsprechend eigene Frömmigkeitsformen. Die cc. 663–664 CIC nennen verschiedene spirituelle Übungen, die allen Religiosen empfohlen werden:

- Betrachtung der göttlichen Dinge
- ständige Verbindung mit Gott im Gebet

59 Vgl. Kongregation für die Institute des geweihten Lebens und die Gesellschaften des apostolischen Lebens: „Richtlinien über die Zusammenarbeit der Ordensinstitute in der Ausbildung (8. Dezember 1998)“, in: *ON* 38.2 (1999), S. 43–62, hier Nr. 18.

- möglichst tägliche Teilnahme an der Messfeier und Empfang der Kommunion
- Anbetung
- Bibellesung und betrachtendes Gebet (*lectio divina*)
- Stundengebet nach den Bestimmungen des Eigenrechts
- Verehrung der Gottesmutter, auch im Rosenkranz
- jährliche geistliche Einkehr
- tägliche Gewissenserforschung
- häufiger Empfang des Bußsakraments

Diese Punkte spiegeln spirituelle Grundübungen wider, die allen Religiosen gemein sind, unabhängig von persönlicher Frömmigkeit oder spiritueller Ausrichtung des Instituts. Die cc. 663–664 CIC enthalten, außer das Stundengebet betreffend, Soll-Vorschriften.[60] Die Betrachtung der göttlichen Dinge ist ganzheitlich und im Zusammenhang mit der ständigen Verbindung mit Gott im Gebet zu verstehen. Gemeint ist mehr ein Zustand als eine Frömmigkeitsübung. Der Religiose soll sein ganzes Leben auf Gott ausrichten und beständiges Gebet nicht nur üben, sondern mit seiner ganzen Person sein. Die tägliche Teilnahme an der Messfeier sowie der tägliche Empfang der Kommunion werden empfohlen. Insbesondere für kontemplative Frauenklöster kann das zum Problem werden, wenn sie nicht genug Priester finden, die in ihrer Klosterkirche täglich die Messe feiern. Außerdem sollen Religiosen sich der Anbetung und der *lectio divina* widmen. Im Tages- und Wochenablauf

60 Im lateinischen Text wird der Konjunktiv verwendet. In der von der Deutschen Bischofskonferenz herausgegebenen deutsch-lateinischen Ausgabe des CIC/1983 wird der lateinische Konjunktiv in der deutschen Übersetzung zumeist, aber nicht durchgängig, mit dem Verb „sollen“ wiedergegeben.

eines Instituts soll dafür genügend Zeit eingeplant sein. Die einzige Verpflichtung, die in der Aufzählung genannt wird, betrifft das Stundengebet. Der verpflichtende Umfang ist im Eigenrecht geregelt. Für Religiosen, die Kleriker sind, ergibt sich die Verpflichtung zum Stundengebet außerdem aus c. 276 § 2 Nr. 3 CIC. Darüber hinaus wird den Religiosen die Verehrung der Gottesmutter, auch im Rosenkranz, empfohlen. Außerdem sollen sie eine jährliche geistliche Einkehr halten, wozu ihnen die Oberen die Möglichkeit einräumen müssen. Nicht zuletzt wird die tägliche Gewissenserforschung und der häufige Empfang des Bußsakraments empfohlen, unter Beachtung der Bestimmungen des c. 630 CIC (→ S. 141).

b) Gemeinschaftsleben (c. 665)

Quellen: Kongregation für die Institute des geweihten Lebens und die Gesellschaften des apostolischen Lebens: *Das brüderliche Leben in Gemeinschaft. „Congregavit nos in unum Christi amor“*, hrsg. v. Sekretariat der Deutschen Bischofskonferenz (VApSt 116), Bonn 1994.

Religiosen sind zum Gemeinschaftsleben in der ihrer eigenen Niederlassung verpflichtet (vgl. c. 665 § 1 CIC). Insbesondere diese Verpflichtung unterscheidet Religiosen von Angehörigen eines Säkularinstituts. Eine erlaubte Abwesenheit von der eigenen Niederlassung ist wegen Genesung von einer Krankheit,[61] zum Studium oder zur Ausübung eines Apostolats im Namen des Instituts (vgl. c. 665

61 C. 665 § 1 CIC spricht explizit von der Heilung einer Krankheit (*causa infirmitatis curandae*), doch fällt zweifellos jegliche krankheitsbedingte Abwesenheit darunter, auch wenn mit einer Genesung nicht zu rechnen ist, beispielsweise ein Aufenthalt in einem Pflegeheim oder einer Palliativeinrichtung.

§ 1 CIC) sowie wegen Ableistung von Militärdienst[62] möglich. Außerdem kann der höhere Obere mit Zustimmung seines Rates einem Religiosen aus gerechtem Grund gestatten, bis zu einem Jahr außerhalb einer Niederlassung des Instituts zu leben (vgl. c. 665 § 1 CIC). Dieses Recht hat nach der Instruktion *Cor orans* in Nonnenklöstern die Oberin mit Zustimmung ihres Rates nach Rücksprache mit dem Diözesanbischof oder dem zuständigen Ordensobern gegenüber einer Schwester mit feierlichen Gelübden.[63] Eine Abwesenheit von mehr als einem Jahr aus einem anderen als den genannten Gründen erfordert eine Exklaustration (→ S. 209).

Ein Religiose, der rechtmäßig von der eigenen Niederlassung abwesend ist, bleibt Mitglied seines Instituts mit allen Rechten und Pflichten. Er bleibt seinem rechtmäßigen Oberen unterstellt und muss zurückkehren, wenn der Obere ihn zurückruft. In dem Dokument, mit dem der höhere Obere die Abwesenheit gestattet, sollten folgende Punkte geregelt werden:[64]

- Art und Weise sowie Häufigkeit des Kontakts zum Institut

62 Vgl. *Decretum de Religiosis servitio militari adstrictis* vom 30.07.1957 (in: *AAS* 49 (1957), S. 871–874): „*Sodalis, servitii militaris tempore, legitime a domo religiosa absens est et, proinde, vitae religiosae obligationibus manet obstrictus quae, iuxta Superioris maioris iudicium, cum eius condicione militari componi possunt*“ (Art. 4 § 1).

63 Vgl. Kongregation für die Institute des geweihten Lebens und die Gesellschaften des apostolischen Lebens: *Instruktion „Cor Orans“ zur Anwendung der Apostolischen Konstitution „Vultum Dei quaerere“ über das weibliche kontemplative Leben*, hrsg. v. Sekretariat der Deutschen Bischofskonferenz (VApSt 214), Bonn 2018, Nr. 176 (S. 51).

64 Vgl. Congregazione per gli Istituti di vita consacrata e le Società di vita apostolica: *Il dono della fedeltà. La gioia della perseveranza*, Rom: Libreria Editrice Vaticana, 2020, Nr. 67 (S. 113).

- Art und Weise der Ausübung der Rechte (insb. Stimmrecht)[65]
- finanzielle Fragen

Der Bischof des Ortes, an dem sich der Religiose während seiner Abwesenheit aufhält, soll darüber informiert werden. Er muss informiert werden, wenn der Religiose Kleriker ist.[66] Die Erlaubnis zur Abwesenheit gilt aus einem bestimmten Grund und für eine bestimmte Zeit. Ist der Grund weggefallen (bspw. Abschluss des Studiums) oder ist die Zeit, für die die Erlaubnis erteilt wurde, abgelaufen, muss der Religiose zurückkehren. Auch während einer noch gültigen Erlaubnis zur Abwesenheit hat ein Religiose jederzeit das Recht, wieder in seine Niederlassung zurückzukehren.

Ist ein Religiose unrechtmäßig von der eigenen Niederlassung abwesend, soll der Obere ihm nachgehen und ihm helfen, dass er zurückkehrt und in seiner Berufung ausharrt (vgl. c. 665 § 2 CIC). Bleiben die Bemühungen des Oberen erfolglos, ist unrechtmäßige Abwesenheit unter bestimmten Voraussetzungen ein Grund für eine Entlassung (→ S. 218).

c) Gebrauch sozialer Kommunikationsmittel (c. 666)

Auf den Gebrauch sozialer Kommunikationsmittel geht c. 666 CIC ein, wobei der Gesetzgeber insbesondere Fernsehen, Radio und Zeitungen vor Augen hatte und sich vermutlich kaum vorstellen konnte, was in gegenwärtiger Zeit an sozialen Kommunikationsmitteln zur

65 Obwohl es sich technisch umsetzen ließe, dass ein erlaubt abwesender Religiose digital an Ratssitzungen teilnimmt und sein Stimmrecht digital ausübt, ist dies rechtlich nicht gestattet (→ S. 144).

66 Vgl. Congregazione per gli Istituti di vita consacrata e le Società di vita apostolica: *Il dono della fedeltà*, Nr. 67 (S. 114).

Verfügung steht. In jedem Fall ist im Umgang mit sozialen Kommunikationsmitteln Unterscheidungsgabe erforderlich. Vollständiges Verbot ist ebenso fehl am Platz wie exzessive Nutzung. Je nach Ausrichtung des Instituts und Tätigkeit der einzelnen Religiosen kann ein Internetzugang für die Arbeit unerlässlich sein. Präsenz auf sozialen Netzwerken ist für die Pastoral und für die Öffentlichkeitsarbeit wichtig. Bereits im Noviziat sollten neue Mitglieder an eine der Ausrichtung des Instituts entsprechende angemessene Nutzung sozialer Kommunikationsmittel herangeführt werden. Die Instruktion *Cor orans* fordert in Nonnenklöstern eine Nutzung sozialer Kommunikationsmittel mit Nüchternheit und Unterscheidungsgabe. Die kontemplative Stille der Klausur darf nicht ausgehöhlt werden. Eine Nutzung zu Informations-, Bildungs- oder Arbeitszwecken ist nach vom Konventkapitel aufzustellenden Regelungen gestattet.[67]

d) Klausur (c. 667)

Literatur: Dominicus M. MEIER: „Entschiedenheit leben. Die Klausurformen nach c. 667 CIC“, in: *EuA* 85 (2009), S. 434–438.

Um die den Religioseninstituten eigene Trennung von der Welt (vgl. c. 607 § 3 CIC) zu gewährleisten und die Privatsphäre der Mitglieder zu schützen, ist in jeder Niederlassung der Eigenart und Sendung des Instituts entsprechend ein Teil als Klausur allein den Mitgliedern vorzubehalten (vgl. c. 667 § 1 CIC). Es gibt vier Arten:

---

67 Vgl. KONGREGATION FÜR DIE INSTITUTE DES GEWEIHTEN LEBENS UND DIE GESELLSCHAFTEN DES APOSTOLISCHEN LEBENS: *Instruktion „Cor Orans“ zur Anwendung der Apostolischen Konstitution „Vultum Dei quaerere“ über das weibliche kontemplative Leben*, hrsg. v. SEKRETARIAT DER DEUTSCHEN BISCHOFSKONFERENZ (VApSt 214), Bonn 2018, Nr. 168–171 (S. 49–50).

- *allgemeine Klausur:*
  Die allgemeine Klausur betrifft nicht-beschauliche Gemeinschaften. Der Umfang der Klausur ist im Eigenrecht zu bestimmen. Als Minimum verlangt das allgemeine Recht, dass ein Teil der Niederlassung allein den Mitgliedern vorbehalten ist.
- *konstitutionelle Klausur:*
  Die konstitutionelle Klausur betrifft beschauliche Gemeinschaften. Der Umfang der Klausur ist in den Konstitutionen, also dem approbationsbedürftigen Teil des Eigenrechts, zu bestimmen (vgl. c. 667 § 2 CIC). Sie richtet sich an kontemplative Gemeinschaften, die eine apostolische oder caritative Arbeit verrichten.
- *monastische Klausur:*
  Die monastische Klausur betrifft ebenfalls beschauliche Gemeinschaften. Der Umfang der Klausur ist in den Konstitutionen, also dem approbationsbedürftigen Teil des Eigenrechts, zu bestimmen (vgl. c. 667 § 2 CIC). Sie richtet sich an kontemplative Gemeinschaften, die weitreichendere Formen der Gastfreundschaft praktizieren.
- *päpstliche Klausur:*
  Die päpstliche Klausur betrifft Nonnenklöster, die ganz auf das beschauliche Leben ausgerichtet sind, und schließt äußere Apostolatsaufgaben aus (vgl. c. 667 § 3 CIC). Die Normen die päpstliche Klausur betreffend sind päpstliches Sonderrecht[68]

68 Vgl. Kongregation für die Institute des geweihten Lebens und die Gesellschaften des apostolischen Lebens: *Instruktion „Cor Orans“ zur Anwendung der Apostolischen Konstitution „Vultum Dei quaerere“ über das weibliche kontemplative Leben*, hrsg. v. Sekretariat der Deutschen Bischofskonferenz (VApSt 214), Bonn 2018, Nrn. 189–203 (S. 54–57).

und geben dem Eigenrecht nur in diesem vorgegebenen Rahmen Gestaltungsmöglichkeiten.

Für Nonnenklöster, egal welcher Klausurform, gelten folgende Sonderbestimmungen: Der Diözesanbischof hat das Recht, aus gerechtem Grund die Klausur eines in seinem Bistum gelegenen Nonnenklosters zu betreten und mit Zustimmung der höheren Oberin anderen Personen den Zutritt zu gestatten (vgl. c. 667 § 4 CIC). Nonnen Dispens von der Klausur zu gewähren, kommt der höheren Oberin zu, bei mehr als 15 Tagen mit Zustimmungen ihres Rates. Weder der Diözesanbischof noch der Ordensobere dürfen in die Gewährung der Dispens von der Klausur eingreifen.[69]

e) Rechtswirkungen des Armutsgelübdes (c. 668)

Die Art und Weise, wie der evangelische Rat der Armut in einem Institut unter Beachtung von Eigenart und Zielsetzung zu leben ist, ist in den Konstitutionen festzulegen (vgl. c. 598 § 1 CIC). Das Armutsgelübde bedeutet stets eine Einschränkung der freien Verfügungsmacht über das eigene Vermögen. In einigen Instituten schließt es den vollständigen Verzicht auf eigenes Vermögen ein. In praktischer Hinsicht soll der Verzicht auf die Verwaltung des eigenen Vermögens oder sogar auf das Vermögen als solches den Religiosen von der Sorge um sein Vermögen entlasten.

Mitglieder von Religioseninstituten müssen vor der ersten Profess die Verwaltung ihres Vermögens an eine Person ihrer Wahl abtreten und über Gebrauch und Nießbrauch Verfügungen treffen (vgl. c. 668 § 1 CIC). Wie dies in der Praxis umgesetzt wird, hängt von

69 Vgl. ebd., Nrn. 174–175 (S. 50) Diese Abänderung von c. 667 § 4 CIC wurde vom Papst *in forma specifica* approbiert.

der Art des Vermögens ab. Handelt es sich beispielsweise um vermietete Immobilien, ist die Einsetzung eines Verwalters unerlässlich. Handelt es sich hingegen um Barvermögen, ist eine Anlageform sinnvoll, bei der die anfallenden Zinsen automatisch dem Kapitel zugeschlagen werden, sodass kein weiterer Verwaltungsaufwand entsteht. Um diese Verfügungen aus gerechtem Grund zu ändern sowie um Rechtshandlungen über ihr Vermögen zu setzen, brauchen Religiosen die Zustimmung des nach dem Eigenrecht zuständigen Oberen (vgl. c. 668 § 2 CIC). Was ein Religiose durch eignen Einsatz oder im Hinblick auf das Institut erwirbt, erwirbt er für das Institut. Gleiches gilt für Renten, Pensionen, Versicherungsleistungen oder Unterstützungen, wenn im Eigenrecht nichts anderes festgelegt ist (vgl. c. 668 § 3 CIC). Vor Ablegung der feierlichen Profess muss ein Religiose ein nach staatlichem Recht gültiges Testament abfassen (vgl. c. 668 § 1 CIC). Er ist dabei frei, als Erben einzusetzen, wen er will. Das kann, muss aber nicht zwangsläufig das Institut sein. Der vollständige Verzicht auf eigenes Vermögen geschieht in der feierlich-ewigen Profess.[70] Wenn das Eigenrecht es vorsieht und mit Erlaubnis des obersten Leiters, kann ein Religiose auch in der einfach-ewigen Profess vollständig auf Vermögen verzichten. Der Vermögensverzicht soll vom Tag der ewigen Profess an möglichst auch nach staatlichem Recht gültig sein (vgl. c. 668 § 4 CIC). Was einem Religiosen nach Vermögensverzicht unter welchem Titel auch immer zufällt, erwirbt er für das Institut (vgl. c. 668 § 5 CIC).

70 Eine Unterscheidung zwischen Religiosen mit einfacher und feierlicher Profess gibt es im CIC/1983 grundsätzlich nicht mehr. An dieser Stelle ist sie im allgemeinen Kirchenrecht aber noch von Bedeutung.

f) Habit (c. 669)

Das Habit als institutseigenes Gewand ist Zeichen der Weihe und Zeugnis der Armut (vgl. c. 669 CIC). Das Aussehen des Habits wie auch Bestimmungen zum Tragen des Habits sind im Eigenrecht zu regeln (vgl. c. 669 § 1 CIC).

Es gibt Institute (bspw. die Gesellschaft Jesu), die kein eigenes Habit kennen. In diesem Fall sollen die Kleriker des Instituts Klerikerkleidung gemäß den von der Bischofskonferenz erlassenen Normen und den rechtmäßigen örtlichen Gewohnheiten (vgl. c. 284 CIC) tragen (vgl. c. 669 § 1 CIC). Die Kleidung der Laienmitglieder des Instituts ist in diesem Fall im Eigenrecht festzulegen.

g) Versorgungsverpflichtung (c. 670)

Als Konsequenz aus dem Armutsgelübde ergibt sich die Verpflichtung des Instituts, „seinen Mitgliedern alles zur Verfügung stellen, was gemäß den Konstitutionen zur Erreichung des Zieles ihrer Berufung erforderlich ist“ (c. 670 CIC). Diese sehr allgemein gefasste Norm hat keine Parallelstelle im CIC/1917 und keine Quellen in den Dokumenten des Zweiten Vatikanischen Konzils. Die Versorgungsverpflichtung schließt die materielle Versorgung mit ein, ist aber nicht darauf beschränkt. Auch geistliche Fürsorge und fachliche und spirituelle Aus- und Weiterbildung (→ S. 186) fallen darunter sowie alles, was zur Aufrechterhaltung der psychischen und physischen Gesundheit dient, einschließlich angemessener Erholungszeiten. Die Versorgungsverpflichtung erstreckt sich auf alle Mitglieder des Instituts, einschließlich solcher, die rechtmäßig abwesend (→ S. 190) und exklaustriert (→ S. 209) sind.

h) Aufgaben und Ämter außerhalb des Instituts (c. 671)

In der Profess stellt sich ein Religiose in die volle Verfügbarkeit seines Instituts. Als Konsequenz daraus darf ein Religiose außerhalb seines Instituts keine Aufgaben und Ämter ohne Erlaubnis des zuständigen Oberen übernehmen (vgl. c. 671 CIC). Die Norm ist weit gefasst und beschränkt sich nicht auf die Übernahme von Ämtern. Sie umfasst jegliche Aufgaben außerhalb des Instituts wie beispielsweise ehrenamtliche Tätigkeit für einen Verein.

i) Weitere Pflichten (c. 672)

Alle Religiosen, Laien wie Kleriker, sind an die Vorschriften der cc. 277, 285, 286, 287 und 289 CIC aus dem Pflichtenkatalog für Kleriker gebunden:

- *Zölibat (c. 277 CIC):*
  Zölibat bedeutet die vollkommene und immerwährende Enthaltsamkeit um des Himmelreiches willen. Der Verweis auf c. 277 CIC ist letztlich eine Doppelung zur Keuschheitsverpflichtung, die sich aus c. 599 CIC ergibt.
- *standesfremdes und standeswidriges Verhalten (c. 285 §§ 1–2 CIC):*
  Religiosen sollen alles meiden, was ihrem Stand fremd oder für ihn ungeziemend ist.
- *Bekleidung öffentlicher Ämter (c. 285 § 3 CIC):*
  Religiosen dürfen keine öffentlichen Ämter annehmen, die eine Teilhabe an der Ausübung staatlicher Gewalt mit sich bringen. Zu denken ist hier beispielsweise an das Amt eines Bürgermeisters.

- *Vermögensverwaltung (c. 285 § 4 CIC):* Religiosen dürfen ohne Erlaubnis ihres Ordinarius nicht die Verwaltung von Vermögen von Laien übernehmen oder öffentliche Ämter bekleiden, die mit einer Rechenschaftspflicht verbunden sind. Außerdem dürfen sie ohne Befragung ihres Ordinarius keine Bürgschaften übernehmen, und sie dürfen keine Schriftstücke unterschreiben, in denen sie die Verpflichtung zu einer Geldzahlung ohne festgelegten Grund übernehmen. Ist in diesem Zusammenhang die Erlaubnis des Ordinarius erforderlich, kann die Erlaubnis in laikalen Instituten päpstlichen Rechts der höhere Obere erteilen, obwohl dieser kein Ordinarius ist (vgl. c. 672 CIC).
- *Gewerbe und Handel (c. 286 CIC):* Ohne Erlaubnis der nach Eigenrecht zuständigen Autorität dürfen Religiosen kein Gewerbe und keinen Handel treiben, weder persönlich noch durch andere, weder zum eigenen Nutzen noch zum Nutzen anderer.
- *politische Parteien und Gewerkschaften (c. 287 § 2 CIC):* In politischen Parteien sowie in der Leitung von Gewerkschaften dürfen Religiosen nicht aktiv teilnehmen, außer dies ist nach dem Urteil der nach Eigenrecht zuständigen Autorität erforderlich, um die Rechte der Kirche zu schützen oder das allgemeine Wohl zu fördern.
- *Militärdienst (c. 289 § 1 CIC):* Religiosen dürfen sich nur mit Erlaubnis ihres Ordinarius freiwillig zum Militärdienst melden.
- *Befreiung von der Ausübung von Aufgaben und öffentlichen Ämtern (c. 289 § 2 CIC):*

> Sieht das staatliche Recht für Religiosen eine Befreiung von der Ausübung von Aufgaben und öffentlichen Ämtern, die ihrem Stand fremd sind, vor, sollen sie diese Befreiung wahrnehmen, wenn der eigene Ordinarius im Einzelfall nicht anders entscheidet. Zu denken ist beispielsweise an die Berufung zum Schöffen.

Für Religiosen, die Kleriker sind, verweist c. 672 CIC außerdem auf die Verpflichtung zur theologischen und pastoralen Weiterbildung nach c. 279 CIC, die für sie als Kleriker allerdings ohnehin gilt. Diese Bestimmung korrespondiert mit der Pflicht zur lebenslangen Weiterbildung nach c. 661 CIC (→ S. 186).

j) Veröffentlichung von Schriften (c. 832)

Quellen: KONGREGATION FÜR DIE GLAUBENSLEHRE: *Instruktion über einige Aspekte des Gebrauchs der sozialen Kommunikationsmittel*, hrsg. v. SEKRETARIAT DER DEUTSCHEN BISCHOFSKONFERENZ (VApSt 106), Bonn 1992.

Nicht im Kapitel des CIC über die Rechte und Pflichten der Institute und ihrer Mitglieder, sondern im dritten Buch des CIC über den Verkündigungsdienst, dort im vierten Titel über die sozialen Kommunikationsmittel findet sich in c. 832 CIC eine weitere Pflicht von Religiosen: Sie benötigen zur Veröffentlichung von Schriften, die Fragen der Religion oder der Sitten behandeln, die Erlaubnis des höheren Oberen nach den Bestimmungen der Konstitutionen. Der Obere soll die Erlaubnis erst geben, wenn „er sich zuvor durch das Urteil wenigstens eines Zensors seines Vertrauens vergewissert hat, daß die Veröffentlichung nichts enthält, was der Lehre des

Glaubens und der Sitten schaden könnte".[71] Handelt es sich um die ständige Mitarbeitet bei periodischen Veröffentlichungen, beispielsweise theologischen Fachzeitschriften, kann der höhere Obere die Erlaubnis auch in allgemeiner Form geben.[72]

5. Apostolat (cc. 673–683)

Quellen: KONGREGATION FÜR DIE ORDENSLEUTE UND SÄKULARINSTITUTE/KONGREGATION FÜR DIE BISCHÖFE: *Leitlinien „Mutuae relationes" über die Beziehungen zwischen Bischöfen und Ordensleuten in der Kirche (14. Mai 1978)*, hrsg. v. SEKRETARIAT DER DEUTSCHEN BISCHOFSKONFERENZ (VApSt 8), Bonn 1978.

Literatur: Rudolf HENSELER: „Das Verhältnis des Diözesanbischofs zu den klösterlichen Verbänden unter besonderer Berücksichtigung des Exemtionsbegriffes und der Einordnung des Apostolates in die Gesamtpastoral des Bistums", in: *OK* 25 (1984), S. 276–297; Heribert SCHMITZ: „Apostolat der Ordensinstitute unter der Autorität des Diözesanbischofs. Zur Spannung zwischen c. 678 § 1 und c. 683 § 1 CIC", in: *AfkKR* 169 (2000), S. 35–83, DOI: 10.30965/2589045X-16901004; Bronislaw W. ZUBERT: „Das Apostolat der Ordensleute und seine Einordnung in die Gesamtpastoral der Ortskirche", in: *OK* 30 (1989), S. 310–321.

Das gemeinsame Apostolat aller Institute besteht vor allem im Zeugnis des geweihten Lebens durch Gebet und Buße (vgl. c. 673 CIC). In diesem gemeinsamen Rahmen lassen sich drei Arten von speziellen Apostolatsaufgaben der Institute unterscheiden:

71 KONGREGATION FÜR DIE GLAUBENSLEHRE: *Instruktion über einige Aspekte des Gebrauchs der sozialen Kommunikationsmittel*, hrsg. v. SEKRETARIAT DER DEUTSCHEN BISCHOFSKONFERENZ (VApSt 106), Bonn 1992, Nr. IV.17 § 1 (S. 16).

72 Vgl. ebd., Nr. IV.17 § 3 (S. 16)

- *gänzlich auf Kontemplation ausgerichtete Institute (c. 674 CIC):*
  Gänzlich auf die Kontemplation ausgerichteten Institute üben keine apostolische Tätigkeit nach außen aus. Sie „nehmen im mystischen Leib Christi immer eine hervorragende Stelle ein“ und wirken durch ihr ganz auf Kontemplation ausgerichtetes Leben „in geheimnisvoller apostolischer Fruchtbarkeit“ (c. 674 CIC). Die Mitglieder dieser Institute dürfen nicht zu Hilfeleistungen in den verschiedenen seelsorglichen Diensten herangezogen werden, selbst bei großer Notwendigkeit zu tätigem Apostolat. Zu dieser Kategorie zählen beispielsweise die Kartäuser.
- *auf Apostolatsaufgaben hingeordnete Institute (c. 675 CIC):*
  Hierzu zählen Institute, deren Zweck die apostolische Tätigkeit ist, sowie kontemplative Institute, die ihr kontemplatives Leben mit aktiven Apostolatsaufgaben verbinden. Die apostolische Tätigkeit dieser Institute muss vom Charisma ihres Instituts durchdrungen sein und aus einer tiefen Gottverbundenheit hervorgehen. Sie wird im Namen und im Auftrag der Kirche und stets in Gemeinschaft mit dieser ausgeübt.
- *laikale Institute (c. 676 CIC):*
  Das Apostolat laikaler Institute besteht in geistlichen und leiblichen Werke der Barmherzigkeit, durch die sie am Seelsorgsauftrag der Kirche teilhaben.

Die Oberen und die Mitglieder der einzelnen Institute sind gehalten, die eigenen Aufgaben einerseits treu zu bewahren sowie diese andererseits den örtlichen und zeitlichen Umständen entsprechend unter Anwendung neuer und geeigneter Mittel anzupassen (vgl. c. 677

§ 1 CIC; PC 20). Drittorden (je nach Institut im Einzelfall anders genannt) sind Vereine von Gläubigen, deren Mitglieder in der Welt leben und am Geist des Instituts teilhaben sowie unter der Leitung des Instituts ein apostolisches Leben führen (vgl. c. 303 CIC). Die Institute sollen darauf achten, dass die Mitglieder der Drittorden vom Geist des Instituts durchdrungen sind (vgl. c. 677 § 2 CIC).

Die Koordinierung des gesamten Apostolats in einem Bistum liegt in der Hand des Bischofs (vgl. c. 680 CIC). Dabei muss er Eigenart und Zielsetzung der einzelnen Institute sowie den Willen der Stifter beachten. Nähere Grundsätze, Richtlinien und Normen hierzu enthält MR, wobei die Leitlinien über die Zusammenarbeit zwischen Bischöfen und Religiosen zurzeit neu bearbeitet werden. Hinsichtlich der Seelsorge, der öffentlichen Abhaltung von Gottesdiensten und anderer Apostolatswerke unterstehen die Religiosen dem Bischof, dem sie mit Ehrerbietung und Gehorsam begegnen sollen (vgl. c. 678 § 1 CIC). In den genannten Bereichen ist der Bischof den Religiosen gegenüber kirchlicher Oberer, aber nicht hierarchischer Oberer (→ S. 92). Das Gehorsamsgelübde verpflichtet die Religiosen nicht gegenüber dem Bischof. Hierarchischer Oberer bleibt der institutsinterne Obere, und die Religiosen müssen auch hinsichtlich der äußeren apostolischen Tätigkeit die Ordnung des Instituts wahren (vgl. c. 678 § 2 CIC). Dies macht es erforderlich, dass Bischof und Oberer hinsichtlich der äußeren apostolischen Tätigkeit der Religiosen in einem beständigen Dialog stehen (vgl. c. 678 § 3 CIC).

In dem Fall, dass ein Religiose vom Bischof mit einer Aufgabe betraut wird, untersteht der Religiose der Autorität und Leitung des Bischofs hinsichtlich der Ausübung dieser Aufgabe. Hinsichtlich der institutsinternen Ordnung untersteht der Religiose weiterhin dem institutsinternen Oberen (vgl. c. 681 § 1 CIC). In einem solchen Fall ist zwischen dem Diözesanbischof und dem zuständigen institutsinternen Oberen ein Vertrag mit detaillierten Regelungen abzuschließen (vgl. c. 681 § 2 CIC), was in der Regel durch einen Gestellungsvertrag geschieht.

Soll einem Religiosen ein Kirchenamt übertragen werden, ernennt der Diözesanbischof den Religiosen auf Vorschlag des institutsinternen Oberen oder zumindest mit dessen Einverständnis (vgl. c. 682 § 1 CIC). Sowohl der Diözesanbischof wie auch der institutsinterne Obere können durch ein an den betreffenden Religiosen gerichtetes Dekret (vgl. c. 193 § 4 CIC) den Religiosen frei des Amtes entheben, nachdem der jeweils andere davon in Kenntnis gesetzt wurde (vgl. c. 682 § 2 CIC). Ein Anhörungs- oder Zustimmungsrecht besteht nicht, die reine Mitteilung der Tatsache reicht aus. Anderslautende Bestimmungen zur Amtsenthebung gelten in diesem Fall nicht. So gelten beispielsweise für einen Religiosen im Amt eines Pfarrers nicht die cc. 1740–1747 CIC über die Amtsenthebung eines Pfarrers. Gegen die Amtsenthebung ist als Rechtsmittel der hierarchische Rekurs gegeben (→ S. 257). Ein Rekursrecht ist zwar in c. 682 § 2 CIC nicht explizit erwähnt, doch lässt sich aus der Tatsache, dass die Amtsenthebung frei erfolgen kann, nicht schließen, dass prinzipiell keine Rechtsverletzungen vorliegen können. Eine Rechtsverletzung im Verfahren ist durchaus denkbar. Außerdem reicht für einen hierarchischen Rekurs aus, dass sich der Rekurrent durch ein Dekret beschwert fühlt.

Der Diözesanbischof hat das Recht, aber nicht die Pflicht, persönlich oder durch eine delegierte Person Kirchen und Kapellen, die von den Gläubigen ständig besucht werden, Schulen (vgl. c. 806 § 1 CIC) sowie andere Religioseninstituten übertragene Werke geistlicher oder weltlicher Art im Rahmen der Pastoralvisitation oder bei Notwendigkeit zu visitieren (vgl. c. 683 § 1 CIC). Das Visitationsrecht erstreckt sich nicht auf Schulen, die ausschließlich den institutseigenen Alumnen offenstehen. Wenn der Diözesanbischof im Rahmen der Visitation Missstände entdeckt, muss er diese zunächst dem institutsinternen Oberen mitteilen. Wenn dieser nicht gegen die Missstände vorgeht, kann der Diözesanbischof selbst Vorkehrungen treffen (vgl. c. 683 § 2 CIC).

In Bezug auf seine äußere apostolische Tätigkeit untersteht ein Religiose der Strafgewalt des Bischofs (c. 1320 CIC). Außerdem kann ein Diözesanbischof einem Religiosen verbieten, sich in seinem Bistum aufzuhalten, wenn dafür ein äußerst schwerer Grund gegeben ist und der institutsinterne Obere nach einem Hinweis nichts unternommen hat (vgl. c. 679 CIC). Nach Verhängung des Aufenthaltsverbots ist die Sache dem Apostolischen Stuhl mitzuteilen.

6. Trennung der Mitglieder vom Institut (cc. 684–704)

Quellen: Congregazione per gli Istituti di vita consacrata e le Società di vita apostolica: *Il dono della fedeltà. La gioia della perseveranza*, Rom: Libreria Editrice Vaticana, 2020.

Literatur: Daniel Tibi: „Die Trennung der Religiosen vom Institut. Ein kanonistischer Überblick unter besonderer Berücksichtigung der Leitlinien ‚Il dono della fedeltà' und der jüngsten Änderungen des Kirchenrechts", in: *ZKR* 1 (2022), DOI: 10.17879/zkr-2022-4619.

Die Mitgliedschaft in einem Religioseninstitut ist auf Dauer angelegt. In der Profess (→ S. 181) bindet sich der Religiose an eine Gemeinschaft, bei Regularkanonikern und den monastischen Orden sogar an die Gemeinschaft einer bestimmten Niederlassung. Es kann jedoch unterschiedliche Gründe geben, die eine Trennung von der Gemeinschaft erforderlich machen.[73] Die zunehmende Zahl an Schließungen von Niederlassungen, Provinzen und sogar ganzen Instituten kann Religiosen auch ohne eigenes Zutun vor die Frage eines Übertritts oder Austritts stellen. Die damalige Kongregation für die Institute des geweihten Lebens und die Gesellschaften des apostolischen Lebens hat aufgrund der hohen Zahl insbesondere an Austritten, mit der sie sich konfrontiert sah, am 2. Februar 2020 Leitlinien mit dem Titel *Il dono della fedeltà. La gioia della perseveranza* herausgegeben.[74] Nach einer Problemanalyse im ersten Teil und einer Ermutigung zu Treue und Beharrlichkeit im zweiten Teil folgt im dritten Teil eine Zusammenstellung der Normen die Trennung der Religiosen vom Institut betreffend. Der CIC kennt vier Formen der Trennung eines Religiosen vom Institut: Übertritt, Exklaustration, Austritt und Entlassung.

73 Vgl. weiterführend dazu: Rafael M. Rieger: „Der Umgang mit ‚biografischen Brüchen' aus kirchenrechtlicher Sicht", in: *Wissenschaft und Weisheit* 71 (2008), S. 228–244.

74 Congregazione per gli Istituti di vita consacrata e le Società di vita apostolica: *Il dono della fedeltà. La gioia della perseveranza*, Rom: Libreria Editrice Vaticana, 2020. Es gibt leider keine offizielle deutsche Übersetzung dieser für die Praxis sehr nützlichen Zusammenstellung der rechtlichen Normen die Trennung vom Institut betreffend. Einen kurzen Kommentar zu den Leitlinien bietet: Laurentius Eschlböck: „Trennung von der Ordensgemeinschaft. Neue römische Leitlinien", in: *EuA* 97 (2021), S. 343–355. Zu beachten ist allerdings, dass die Normen die Trennung vom Institut betreffend mehrmals geändert wurden seit die Leitlinien herausgegeben worden sind.

a) Übertritt (cc. 684–685)

Der Übertritt ist in den cc. 684–685 CIC normiert, wo drei Formen unterschieden werden: der Übertritt von einem Religioseninstitut in ein anderes, der Übertritt von einem rechtlich selbstständigen Kloster in ein anderes desselben Instituts, derselben Föderation oder derselben Konföderation sowie der Übertritt von einem Religioseninstitut in ein Säkularinstitut oder eine Gesellschaft des apostolischen Lebens und umgekehrt.

aa) Übertritt in ein anderes Religioseninstitut (c. 684 §§ 1–2)

Der Übertritt von einem Religioseninstitut in ein anderes ist nur für Religiosen mit ewiger Profess möglich (vgl. c. 684 § 1 CIC). Religiosen mit zeitlicher Profess, die das Institut wechseln wollen, müssen zunächst rechtmäßig aus dem eigenen Institut ausscheiden, sei es durch Ablauf der Zeit, für die sie die Gelübde abgelegt haben, oder sei es durch ein Austrittsindult, und ein neues Noviziat im anderen Institut absolvieren. Für einen Übertritt von einem Institut in ein anderes braucht ein Religiose die Zustimmung des jeweiligen obersten Leiters beider Institute und der jeweiligen Räte. Die Probezeit im neuen Institut beträgt mindestens drei Jahre und wird durch das Eigenrecht des Instituts näher geregelt. Die Probezeit ist kein neues Noviziat.[75] Während der Probezeit ruhen bei bestehenden Gelübden die Rechte und Pflichten im ursprünglichen Institut, und der Religiose ist verpflichtet, das Eigenrecht des neuen Instituts zu befolgen (vgl. c. 685 § 1 CIC). Legt der Religiose nach der Probezeit im neuen Institut keine Profess ab oder wird er im neuen

75 Vgl. Congregazione per gli Istituti di vita consacrata e le Società di vita apostolica: *Il dono della fedeltà*, Nr. 69 (S. 117).

Institut nicht zur Profess zugelassen, muss er in sein ursprüngliches Institut zurückkehren. Will er dagegen im neuen Institut die Profess ablegen und wird er dort nach den Bestimmungen des Eigenrechts zugelassen, wird der Religiose durch die Profess in das neue Institut eingegliedert, während die bisherigen Gelübde, Rechte und Pflichten erlöschen (vgl. c. 685 § 2 CIC). Das neue Institut informiert das ursprüngliche Institut offiziell über den erfolgten Übertritt. Wenn der Religiose Kleriker ist, wird er durch die Profess dem neuen Institut inkardiniert (vgl. c. 266 § 2; 268 § 2 CIC).

bb) Übertritt von einem rechtlich selbstständigen Kloster in ein anderes desselben Instituts, derselben Föderation oder derselben Konföderation (c. 684 §§ 3–4)

Ein Übertritt von einem rechtlich selbstständigen Kloster in ein anderes rechtlich selbstständiges Kloster desselben Instituts, derselben Föderation oder derselben Konföderation[76] ist für Religiosen mit feierlichen Gelübden ebenso möglich wie für Religiosen mit zeitlichen Gelübden.[77] Erforderlich und ausreichend ist die Zustimmung der jeweiligen höheren Oberen beider Klöster mit ihren jeweiligen Räten, unbeschadet möglicher weiterer Erfordernisse, die sich aus

76 Dies betrifft beispielsweise den Übertritt von einem rechtlich selbstständigen Benediktinerkloster in ein anderes. Hingegen nicht darunter fällt beispielsweise der Übertritt von einem rechtlich selbstständigen Benediktinerkloster in rechtlich selbstständiges Zisterzienserkloster, da es sich um zwei verschiedene Institute handelt. In diesem Fall ist das Verfahren des Übertritts von einem Religioseninstitut in ein anderes (vgl. c. 684 §§ 1–2 CIC) anzuwenden.

77 Vgl. dazu die authentische Interpretation zu c. 684 § 3 CIC der Päpstlichen Kommission für die Interpretation der Gesetzestexte vom 20.06.1987, in: *AAS* 79 (1987), S. 1249: „*D. Utrum verbo ‚religiosus', de quo in can. 684, § 3, intelligatur tantum religiosus a votis perpetuis an etiam religiosus a votis temporariis. R. Negative ad primum, affirmative ad secundum.*“

dem Eigenrecht ergeben (vgl. c. 684 § 3 CIC). Die Dauer und die Ausgestaltung der Probezeit im neuen Institut wird durch dessen Eigenrecht geregelt (vgl. c. 684 § 4 CIC). Will der Religiose nach der Probezeit im neuen Kloster bleiben und wird er dort den Bestimmungen des Eigenrechts entsprechend aufgenommen, so erlässt der höhere Obere des neuen Klosters ein Dekret über den Übertritt. Eine neue Profess ist nicht erforderlich. Das neue Kloster unterrichtet das ursprüngliche Kloster über den erfolgten Übertritt.

cc) Übertritt von einem Religioseninstitut in ein Säkularinstitut oder eine Gesellschaft des apostolischen Lebens und umgekehrt (c. 684 § 5)

Für den Fall des Übertritts von einem Religioseninstitut in ein Säkularinstitut oder eine Gesellschaft des apostolischen Lebens und umgekehrt muss die Angelegenheit dem Apostolischen Stuhl vorgelegt werden, dessen Weisungen zu beachten sind (vgl. c. 684 § 5; c. 730; c. 744 § 2 CIC).

b) Exklaustration (cc. 686–687)

Exklaustration ist die „Abwesenheit vom Gemeinschaftsleben eines Religiosen mit feierlicher Profess, der, während er Mitglied des Instituts bleibt, durch den rechtmäßigen Oberen die Erlaubnis erhalten hat, außerhalb der Gemeinschaft zu wohnen“.[78] Eine Exklaustration kann vom Religiosen selbst beantragt oder ihm auferlegt werden. Sie kann, muss aber nicht zwangsläufig, der erste Schritt zu einer endgültigen Trennung vom Institut sein.

78 Congregazione per gli Istituti di vita consacrata e le Società di vita apostolica: *Il dono della fedeltà*, Nr. 70 (S. 117).

aa) Beantragte Exklaustration (c. 686 § 1)

Eine vom Religiosen selbst beantragte Exklaustration von bis zu fünf Jahren kann der oberste Leiter des Instituts mit Zustimmung seines Rates gewähren (vgl. c. 686 § 1 CIC).[79] Die Gewährung einer Exklaustration von mehr fünf Jahren kommt bei Instituten päpstlichen Rechts dem Apostolischen Stuhl und bei Instituten bischöflichen Rechts dem Diözesanbischof zu. Ist der Religiose, der die Exklaustration beantragt, Kleriker, ist die Zustimmung des Ortsordinarius einzuholen, in dessen Gebiet sich der Religiose während seiner Exklaustration aufhalten wird. Für Kleriker gibt es außerdem eine besondere Form der Exklaustration, die im CIC nicht erwähnt wird, sondern der Verwaltungspraxis des Apostolischen Stuhls entspringt: die *exclaustratio qualificata*. Sie kann auf Antrag eines Religiosen, der Priester ist und Zweifel an seiner Berufung hat, durch den Apostolischen Stuhl gewährt werden. Das Exklaustrationsindult wird in diesem Fall in der Regel für ein bis zwei Jahre gewährt und erlaubt zur Klärung der eigenen Situation wie ein Laie in der Welt zu leben. Es schließt ein: das Verbot, das institutseigene Gewand oder andere geistliche Kleidung zu tragen, das Verbot die Weihe und jegliche Tätigkeit als Priester auszuüben sowie die Aussetzung jeglicher Rechte und Pflichten, die sich aus den Gelübden ergeben, mit Ausnahme der Verpflichtung zur Keuschheit. Ist die Zeit, für die das Indult gewäht wurde, abgelaufen, muss der betreffenden Religiose entweder in sein Institut zurückkehren oder ein Austrittsindult und die Laisierung beantragen.

79 Die Höchstdauer der Exklaustration, die vom obersten Leiter des Instituts mit Zustimmung seines Rates gewährt werden kann, wurde durch das Apostolische Schreiben *Competentias quasdam* von drei auf fünf Jahre erhöht.

bb) Exklaustration von Nonnen (c. 686 § 2)

Die Gewährung eines Exklaustrationsindults für Nonnen ist grundsätzlich dem Apostolischen Stuhl vorbehalten (vgl. c. 686 § 2 CIC). Durch die Instruktion *Cor orans* wurden Ausnahmen von diesem Grundsatz eingeführt. Nunmehr kann die höhere Oberin (bspw. Äbtissin oder Priorin) mit Zustimmung ihres Rates ein Exklaustrationsindult für bis zu einem Jahr gewähren, nachdem der Ordinarius des Ortes, an dem die Nonne wohnen wird, zugestimmt hat, und der Diözesanbischof bei Instituten bischöflichen Rechts oder der zuständige Ordensobere (bspw. Ordensgeneral oder Abtpräses) bei Instituten päpstlichen Rechts konsultiert wurde.[80] Über dieses eine Jahr hinaus kann die Präsidentin der Föderation, zu der das Kloster gehört, mit Zustimmung des Föderationsrates das Exklaustrationsindult um höchstens zwei Jahre verlängern. Dazu ist eine schriftliche Stellungnahme der höheren Oberin der betreffenden Nonne kollegial mit ihrem Rat erforderlich, die abgegeben wird, nachdem die Zustimmung des Ordinarius des Orts, an dem die exklaustrierte Nonne wohnt, vorliegt und eine Stellungnahme des Diözesanbischof bei Instituten bischöflichen Rechts oder des zuständigen Ordensoberen bei Instituten päpstlichen Rechts eingeholt wurde.[81] Ein Exklaustrationsindult für Nonnen von mehr als drei Jahren kann nur vom Apostolischen Stuhl gewährt werden. Dazu werden der Antrag der betreffenden Nonne sowie die Zustimmung der Präsidentin der Fö-

80 Vgl. Kongregation für die Institute des geweihten Lebens und die Gesellschaften des apostolischen Lebens: *Instruktion „Cor Orans" zur Anwendung der Apostolischen Konstitution „Vultum Dei quaerere" über das weibliche kontemplative Leben*, hrsg. v. Sekretariat der Deutschen Bischofskonferenz (VApSt 214), Bonn 2018, Nr. 177 (S. 51).

81 Vgl. ebd., Nrn. 130.178-179 (S. 39–40.51–52).

deration und des Föderationsrats dem Apostolischen Stuhl vorgelegt. Bevor die Zustimmung erteilt wird, ist die schriftliche Stellungnahme der höheren Oberin der betreffenden Nonne kollegial mit ihrem Rat erforderlich, die abgegeben wird, nachdem die Zustimmung des Ordinarius des Orts, an dem die exklaustrierte Nonne wohnen wird, sowie die zustimmende Stellungnahme des Diözesanbischof bei Instituten bischöflichen Rechts oder des zuständigen Ordensoberen bei Instituten päpstlichen Rechts vorliegen.[82]

cc) Auferlegte Exklaustration (c. 686 § 3)

Neben einer Exklaustration auf Antrag des Religiosen selbst kann einem Religiosen auch eine Exklaustration auferlegt werden (vgl. c. 686 § 3 CIC). Die Auferlegung einer Exklaustration erfolgt auf Antrag des obersten Leisters des Instituts mit Zustimmung seines Rates durch den Apostolischen Stuhl bei Instituten päpstlichen Rechts und durch den Diözesanbischof bei Instituten bischöflichen Rechts. Bevor der oberste Leiter eine Auferlegung der Exklaustration beantragt, soll er den Religiosen darüber informieren und ihm die Gründe und die Beweismittel mitteilen sowie ihn anhören, um ihm die Möglichkeit zur Verteidigung einzuräumen (vgl. c. 50 CIC). Zur Beantragung einer auferlegten Exklaustration müssen schwerwiegende Gründe vorliegen, wobei Gerechtigkeit und Liebe gewahrt werden sollen. Es handelt sich um eine Disziplinarmaßnahme, die zum Schutz der Gemeinschaft, aber auch des Religiosen selbst ergriffen werden kann, insbesondere wenn durch ein Verbleiben des Religiosen in der eigenen Niederlassung das Gemeinschaftsleben oder die gemeinsame Arbeit gefährdet werden würden. Detaillierte Bestimmungen

82 Vgl. ebd., Nrn. 131.180 (S. 39–40.52).

insbesondere über Dauer der auferlegten Exklaustration (i. d. R. drei bis fünf Jahre mit der Möglichkeit der Verlängerung) und Aufenthaltsort legt die zuständige Autorität im Exklaustrationsdekret fest.

dd) Rechtsfolgen der Exklaustration (c. 687)

Ein exklaustrierter Religiose bleibt weiterhin Mitglied seines Instituts, jedoch mit reduzierten Rechten und Pflichten. Er ist von solchen Verpflichtungen, die sich aus seinen Gelübden ergeben, befreit, die mit seiner neuen Lebenslage unvereinbar sind. Das Gewand des Instituts darf ein exklaustrierter Religiose tragen, wenn im Exklaustrationsindult nichts anderes vorgesehen ist. Er hat in seinem Institut weder aktives noch passives Wahlrecht.

c) Austritt (cc. 688–693)

Austritt ist die endgültige Trennung vom Institut auf freiwillige Initiative des betreffenden Religiosen selbst hin.

Ein Novize kann ein Institut jederzeit frei verlassen (vgl. c. 653 § 1 CIC), da er nicht durch Gelübde gebunden ist. Gleiches gilt für einen Postulanten. Dabei handelt es sich jedoch nicht um einen Austritt im rechtlichen Sinne. Die Inkorporation in ein Institut erfolgt mit der Profess. Novizen und ebenso auch Postulanten sind rechtlich gesehen noch gar nicht in das Institut eingetreten, daher kann nicht von Austritt die Rede sein, wenn sie das Institut wieder verlassen.

Der einfachste Fall eines Austritts liegt vor, wenn ein Religiose mit zeitlicher Profess nach Ablauf der Professzeit keine weiteren Gelübde mehr ablegt. In diesem Fall ist er durch die Gelübde nicht mehr gebunden und kann das Institut ohne Weiteres verlassen (vgl. c. 688 § 1 CIC).

Während der Professzeit kann ein Religiose mit zeitlichen wie auch mit ewigen Gelübden ein Austrittsindult beantragen.[83] Der CIC spricht in diesem Zusammenhang von einem Indult. Rechtlich gesehen handelt es sich aber nicht um ein Indult in Form einer Dispens von den Gelübden. Eine Dispens ist eine Befreiung von einem rein kirchlichen Gesetz im Einzelfall (vgl. c. 85 CIC). Bei der Bindung durch die Gelübde der Profess handelt es sich um eine Verpflichtung aufgrund göttlichen Rechts, sodass eine Dispens nicht möglich ist. Ein Austrittsindult ist rechtlich gesehen die Feststellung der zuständigen kirchlichen Autorität, dass die Bindung durch die Gelübde keine Rechtskraft mehr hat.[84] Die zuständige kirchliche Autorität für die Gewährung eines Austrittsindults für Religiosen mit zeitlicher Profess ist der oberste Leiter des Instituts mit Zustimmung seines Rates, wobei bei selbstständigen Klöstern i. S. d. c. 615 CIC zur Gültigkeit des Austrittsindults die Bestätigung des Bischofs der Niederlassung erforderlich ist (vgl. c. 688 CIC).[85] Von Religiosen mit ewiger Profess soll ein Austrittsindult nur aus sehr schwerwiegenden, vor Gott überlegten Gründen beantragt werden.

---

83 Der CIC/1983 verwendet den Begriff Austrittsindult (*indultum discedendi*). Der CIC/1917 sprach von Säkularisationsindult (*indultum saecularizationis*). Der CIC/1983 ist bei der Verwendung des Begriffs allerdings nicht konsequent. In c. 684 § 2 CIC wird einmalig noch der alte Begriff *indultum saecularizationis* verwendet.

84 Vgl. weiterführend dazu: Maurice B. WALSH: „The Authority to ‚Dispense' from Vow or Solemn Pledge", in: *The Jurist* 59 (1999), S. 263–269.

85 Bis zum Inkrafttreten der Änderungen durch das Apostolische Schreiben *Competentias quasdam* war auch bei Instituten bischöflichen Rechts zur Gültigkeit des Austrittsindults die Bestätigung des Bischofs der Niederlassung erforderlich.

Dabei soll sich der Religiose der Hilfe und des Rats kluger und erfahrener Menschen bedienen.[86] Zuständig für die Gewährung ist in diesem Fall nicht mehr eine interne, sondern eine externe Instanz. Das Verfahren beginnt intern. Der austrittswillige Religiose richtet einen schriftlichen mit einer Begründung versehenen Antrag an den obersten Leiter des Instituts. Dieser gibt zusammen mit seinem Rat eine Stellungnahme dazu ab und leitet den Antrag und die Stellungnahme zur Entscheidung an die zuständige externe Autorität weiter (vgl. c. 691 § 1 CIC), auch dann, wenn die Stellungnahme negativ ausfällt. Für die zuständige externe Instanz ist diese Stellungnahme eine wichtige Entscheidungshilfe, da sie den antragstellenden Religiosen in aller Regel nicht persönlich kennt und die Situation aufgrund der Aktenlage zu entscheiden hat. Zuständige externe Autorität ist bei Instituten päpstlichen Rechts der Apostolische Stuhl. Bei Instituten bischöflichen Rechts ist daneben der Bischof der Diözese zuständig, in der die Niederlassung liegt, zu welcher der Antragsteller gehört, unbeschadet der Zuständigkeit des Apostolischen Stuhls auch in diesem Fall (vgl. c. 691 § 2 CIC), sodass hier eine Wahlmöglichkeit besteht, welche externe Instanz angegangen wird.

Eine Besonderheit ergibt sich, wenn der Religiose, der um ein Austrittsindult ersucht, Kleriker ist. Kleriker, die die ewigen Gelübde in einem Religioseninstitut abgelegt haben, sind in der Regel diesem Institut inkardiniert, es sei denn die Konstitutionen bestimmen etwas anderes (vgl. c. 266 § 2 CIC). Da es Kleriker ohne Inkardination nicht geben darf (vgl. c. 265 CIC), wird für einen Kleriker,

86 Vgl. Congregazione per gli Istituti di vita consacrata e le Società di vita apostolica: *Il dono della fedeltà*, Nr. 78 (S. 126–127).

der dem Religioseninstitut, das er verlassen will, inkardiniert ist, ein Austrittsindult nur gewährt, wenn er einen Bischof gefunden hat, der ihn sofort seiner Diözese inkardiniert oder ihn zumindest probeweise aufnimmt (vgl. c. 693 CIC) oder wenn er gleichzeitig seine Laisierung beantragt (vgl. c. 290 Nr. 3 CIC). Im Falle der zunächst probeweisen Aufnahme wird für die Dauer der Probezeit nur eine Exklaustration gewährt. Bei probeweiser Aufnahme wird der Kleriker entweder durch Dekret des Bischofs oder nach Ablauf von fünf Jahren von Rechts wegen der Diözese inkardiniert, sofern ihn der Bischof nicht vorher zurückweist. Das Austrittsindult tritt erst mit dem Inkardinationsdekret des Bischofs bzw. mit der Inkardination von Rechts wegen in Kraft (vgl. c. 693 CIC).[87]

Wird einem Religiosen das Austrittsindult gewährt, muss es ihm bekanntgegeben werden. Dies geschieht üblicherweise durch Übergabe des schriftlichen Dekretes gegen Empfangsbestätigung (vgl. c. 56 CIC), alternativ durch Verlesen des Dekrets vor zwei Zeugen (vgl. c. 55 CIC). Bei Bekanntgabe besteht die Möglichkeit, das Austrittsindult zurückzuweisen, das in diesem Fall gegenstandslos wird. Es tritt damit abweichend von c. 62 CIC nicht vom Zeitpunkt der Ausstellung an in Kraft. Wird das Austrittsindult bei der Bekanntgabe nicht zurückgewiesen, treten die Rechtsfolgen sofort ein (vgl. c. 692 CIC). Der Religiose ist damit nicht mehr durch die Gelübde und die sonstigen Verpflichtungen, die sich aus der Profess ergeben, gebunden. Mit dem Austritt enden die Verpflichtungen des Instituts dem ausgetretenen Religiosen gegenüber. Für im Institut geleistete Arbeit kann der Religiose nichts verlangen (vgl. c. 702 § 1 CIC), unbeschadetet eventueller Ansprüche, die sich aus dem staatlichen

87 Vgl. ebd., Nr. 79 (S. 130).

Recht ergeben. Obwohl kein Rechtsanspruch besteht, soll das Institut Billigkeit und evangelische Liebe gegenüber dem Ausgetretenen zeigen (vgl. c. 702 § 2 CIC), um ihm, je nach Möglichkeiten des Instituts und Situation des Ausgetretenen, eine Hilfe für den Start in die neue Lebensphase zu gewähren.

Wer nach Ablauf des Noviziats rechtmäßig das Institut verlassen hat oder nach Ablegung der Profess aus einem Institut rechtmäßig ausgetreten ist, kann vom obersten Leiter des Instituts mit Zustimmung seines Rates in dasselbe Institut wieder aufgenommen werden ohne das Noviziat wiederholen zu müssen (vgl. c. 690 § 1 CIC). Der oberste Leiter hat eine der zeitlichen Profess vorausgehende Erprobungszeit sowie eine Gelübdezeit festzulegen, die der ewigen Profess vorausgeht, unter Berücksichtigung der cc. 655 und 657 CIC (→ S. 181). Das Noviziat stellt die Grundausbildung in einem Institut dar. Wer das Noviziat bereits abgeschlossen hat, braucht diese Grundausbildung nicht ein zweites Mal zu durchlaufen. Er kann aber nicht sofort zur Profess zugelassen werden, sondern muss zuerst eine vom obersten Leiter festzulegende Probezeit absolvieren. Diese Sonderregelung gilt nur, wenn der Wiedereintrittswillige das Noviziat rechtmäßig abgeschlossen hat. Hat er das Noviziat abgebrochen, muss er es vollständig neu durchlaufen. Hatte er bereits Profess abgelegt, gilt c. 690 CIC nur, wenn er rechtmäßig ausgetreten ist, nicht bei Entlassung. Der Obere eines rechtlich selbstständigen Klosters hat mit Zustimmung seines Rates dieselbe Befugnis (vgl. c. 690 § 2 CIC). Diese Regelung bezieht sich nur auf Wiedereintrittswillige, die in demselben Kloster das Noviziat abgeschlossen oder nach Ablegung der Profess aus demselben Kloster rechtmäßig ausgetreten sind. Ein Wiedereintritt ohne Verpflichtung zum Noviziat in ein anderes Kloster derselben Kongregation oder Konföderation ist nach den Bestimmungen des Eigenrechts grundsätzlich möglich, in diesem Fall ist allerdings eine Dispens der zuständigen Autorität (→ S. 78) erforderlich.

d) Entlassung (cc. 694–704)

Quellen: Franziskus: „Apostolisches Schreiben ‚Competentias Quasdam' mit dem mehrere Bestimmungen des Codex des kanonischen Rechts und des Codex der Canones der orientalischen Kirchen abgeändert werden (11. Februar 2022)", in: *ABlÖBK* 87 (05. 05. 2022), S. 10–14; Francesco: „Lettera Apostolica ‚Expedit ut iura' con la quale vengono modificati i termini di ricorso del membro dimesso da un Istituto di Vita Consacrata", in: *OR* 163.78 (03. 04. 2023), S. 10.

Literatur: Daniel Tibi: „Längere Rekursfrist im Entlassverfahren", in: *EuA* 99 (2023), S. 344–345.

Entlassung ist die endgültige Trennung vom Institut, die entweder von Rechts wegen eintritt oder einem Religiosen durch Dekret der zuständigen Autorität auferlegt wird.

aa) Entlassung von Rechts wegen (c. 694)

Literatur: Martin Krutzler: „Das Motu proprio ‚Communis vita'. Die Entlassung eines Religiosen wegen unrechtmäßiger Abwesenheit", in: *Iuris sacri pervestigatio. Festschrift Johann Hirnsperger*, hrsg. v. Wilhelm Rees/Stephan Haering (KST 72), Berlin: Duncker & Humblot, 2020, S. 233–257.

Die Entlassung von Rechts wegen erfolgt allein durch die Tatsache, dass eine bestimmte Verletzung einer aus der Profess erwachsenen Verpflichtung begangen wurde. In diesem Fall gibt es kein Entlassverfahren und es wird kein Entlassdekret ausgestellt. Die

Entlassung erfolgt kraft Gesetzes durch das Erfüllen der entsprechenden Tatbestände. Der zuständige Obere hat mit seinem Rat die Beweise zu sammeln und die Tatsache der Entlassung festzustellen. Der CIC/1983 nennt drei Tatbestände, die zu einer Entlassung von Rechts wegen führen (vgl. c. 694 § 1 CIC):

1. offenkundiger Abfall vom katholischen Glauben
2. Abschluss einer Ehe oder dessen Versuch, wenn auch nur in Form der Zivilehe
3. unrechtmäßige Abwesenheit von der eigenen Niederlassung von mindestens zwölf aufeinanderfolgenden Monaten, wenn der Religiose unauffindbar ist

Wer offenkundig vom katholischen Glauben abgefallen ist, kann nicht mehr Mitglied eines katholischen Religioseninstituts sein. Unter Abfall vom katholischen Glauben fallen Apostasie, d. i. die Ablehnung des Glaubens als Ganzen, Häresie, d. i. die Leugnung einer Glaubenswahrheit, sowie Schisma, d. i. die Weigerung, sich dem Papst zu unterstellen oder in Gemeinschaft mit der Hierarchie der Kirche zu bleiben. Als Abfall vom katholischen Glauben betrachtet wird auch ein Kirchenaustritt.[88] Zwar ist ein Kirchenaustritt als solcher noch nicht zwangsläufig ein Akt der Apostasie, der Häresie oder des Schismas. Ein solcher liegt nur vor, wenn die innere Entscheidung, die katholische Kirche zu verlassen, die äußere Bekundung dieser Entscheidung und die Annahme dieser Entscheidung vonseiten der kirchlichen Autorität gegeben sind.[89]

88 Vgl. ebd., Nr. 82 (S. 134).

89 Vgl. dazu das Zirkularschreiben des damaligen Päpstlichen Rates für die Gesetzestexte in Bezug auf die Klärung des *actus formalis defectionis ab Ecclesia catholica*, in: ABlÖBK 44 (15.08.2007), S. 13–14.

Es ist daher immer nach den konkreten Beweggründen für den Kirchenaustritt zu fragen. Allerdings ist es bei einem Religiosen schwer vorstellbar, dass ein Kirchenaustritt als rein administrativer Akt mit nur zivilrechtlichen Folgen, wie etwa keine Kirchensteuer mehr zahlen zu müssen, intendiert ist. Bei einem Religiosen dürfte vielmehr ein Kirchenaustritt nach außen hin immer wie ein Abfall vom katholischen Glauben wirken. Des Weiteren muss der Abfall vom katholischen Glauben offenkundig sein. Als offenkundig anzusehen ist ein Glaubensabfall, „wenn die Tatsache öffentlich bekannt ist aufgrund der verwendeten Mittel (Presse, Internet, öffentliche Erklärung) oder der Offensichtlichkeit der Tatsache".[90] Der Abfall vom katholischen Glauben muss nach außen hin erkennbar sein. Ein Glaubenszweifel fällt nicht darunter, ebenso wenig wie eine rein innere Abkehr vom Glauben, die nicht öffentlich erklärt wird oder offenkundig ist. Neben der Entlassung von Rechts wegen aus dem Institut zieht sich der betreffende Religiose die für Apostaten, Häretiker oder Schismatiker vorgesehenen Tatstrafen zu (vgl. c. 1364 CIC).

Zu den durch die Profess übernommenen Pflichten gehört auch das ehelose Leben in Keuschheit. Daher ist ein Religiose, der eine Ehe schließt oder zu schließen versucht, wenn auch nur eine Zivilehe, von Rechts wegen aus dem Institut entlassen. Nur die Ehe eines Religiosen mit zeitlichen Gelübden kann kirchenrechtlich gültig geschlossen werden. Die Gültigkeit der Ehe eines Religiosen mit ewigen Gelübden ist durch das trennende Ehehindernis eines öffentlichen ewigen Keuschheitsgelübdes in einem Religioseninstitut

90 Vgl. Congregazione per gli Istituti di vita consacrata e le Società di vita apostolica: *Il dono della fedeltà*, Nr. 82 (S. 134).

ausgeschlossen (vgl. c. 1088 CIC).[91] Ob kirchenrechtlich gültige Ehe oder nur der Versuch einer Eheschließung, die kirchrechtlich ungültig ist: in beiden Fällen ist der betreffende Religiose von Rechts wegen aus dem Institut entlassen. Darüber hinaus ziehen sich sowohl der betreffende Religiose als auch die Person, mit der er die Ehe geschlossen oder zu schließen versucht hat, kirchenrechtliche Strafen zu (vgl. c. 1329 § 2 CIC). Ist der Religiose Kleriker, ist er suspendiert und kann mit der Entlassung aus dem Klerikerstand bestraft werden (vgl. c. 1394 § 1 CIC). Wenn der Religiose kein Kleriker ist, zieht er sich die Tatstrafe des Interdikts zu (vgl. c. 1394 § 2 CIC). Hinzu kommt die Irregularität für den Empfang einer Weihe (vgl. c. 1041 Nr. 3 CIC). Die Person, mit der der Religiose die Ehe geschlossen oder zu schließen versucht hat, zieht sich ebenfalls die genannten Strafen zu (vgl. c. 1329 § 2 CIC).

Mit dem Apostolische Schreiben *Communis vita* vom 19. März 2019, wurde ein weiter Tatbestand der Entlassung von Rechts wegen bei Verstoß gegen eine aus der Profess erwachsene Pflicht eingeführt: die unrechtmäßige Abwesenheit eines Religiosen von der eigenen Niederlassung für zwölf ununterbrochene Monate bei gleichzeitiger Unauffindbarkeit des Religiosen. Unrechtmäßige, sich über ein halbes Jahr hinziehende Abwesenheit war auch vorher schon und ist weiterhin ein Grund für eine Entlassung im Rahmen eines Entlassverfahrens (→ S. 222), jedoch erhält ein Entlassdekret erst Rechtskraft, wenn es dem betreffenden Religiosen bekanntgegeben wird (vgl. c. 700 CIC), was bei unbekanntem Aufenthalt des Dekretempfängers ein ernsthaftes Problem darstellt. Der neu ein-

91 Nicht unter das trennende Ehehindernis fällt das Keuschheitsgelübde eines Diözesaneremiten und einer geweihten Jungfrau, da es nicht in einem Religioseninstitut abgelegt wurde.

geführte Grund für eine Entlassung von Rechts wegen soll in einer solchen Situation Rechtssicherheit bringen. Vorliegen müssen zwei Tatbestände: unrechtmäßige Abwesenheit von mindestens zwölf ununterbrochenen Monaten von der eigenen Niederlassung sowie Unauffindbarkeit. Ein Oberer soll einem unrechtmäßig abwesenden Religiosen nachgehen und ihn zur Rückkehr bewegen (vgl. c. 665 § 2 CIC). Hat der Obere keine Möglichkeit der Kontaktaufnahme mit dem betreffenden Religiosen, da er unauffindbar ist, steht zunächst an, herauszufinden, wo er sich aufhält, um mit ihm in Kontakt treten zu können. Dabei können beispielsweise Familienangehörige, Freunde oder Bekannte helfen, die noch Kontakt zu ihm haben. Auch eine Suche im Internet oder in sozialen Netzwerken kann zum Erfolg führen. Bleiben alle Versuche, den Verbleib des unrechtmäßig Abwesenden herauszufinden, erfolglos, ist dies aktenkundig zu machen. Ab dem Datum der Aktennotiz beginnt die Zwölf-Monats-Frist. Bleibt der Religiose weiterhin unauffindbar, tritt nach Ablauf der zwölf Monate die Entlassung von Rechts wegen ein. Lediglich in diesem Fall muss die Feststellung bei Instituten päpstlichen Rechts vom Apostolischen Stuhl und bei Instituten bischöflichen Rechts vom Bischof des Hauptsitzes des Instituts bestätigt werden, um Rechtskraft zu erlangen.

bb) Obligatorische Entlassung durch Verfahren (c. 695)

Der CIC unterschiedet hinsichtlich der Gründe für eine Entlassung durch Verfahren zwischen solchen, bei denen eine Entlassung obligatorisch erfolgen muss, und solchen, bei denen eine Entlassung fakultativ (→ S. 224) möglich ist. Die Gründe für eine obligatorische Entlassung wurden zuletzt durch das Apostolische Schreiben

Recognitum Librum VI Papst Franziskus' vom 26. April 2022[92] abgeändert. Danach muss das Entlassverfahren obligatorisch eingeleitet werden bei folgenden Delikten (vgl. c. 695 § 1 CIC):

- eheähnliches Verhältnis (c. 1395 § 1 CIC)
- andere sexuelle Vergehen (c. 1395 § 2 CIC)
- Sexualdelikte, begangen durch Gewalt oder durch Drohungen oder durch Autoritätsmissbrauch (c. 1395 § 3 CIC)
- Mord, Entführung, Verstümmelung, schwere Körperverletzung (c. 1397 § 1 CIC)
- Abtreibung (c. 1397 § 2 CIC)
- sexuelle Vergehen mit einem Minderjährigen oder einer Person, deren Vernunftgebrauch habituell eingeschränkt ist (vgl. c. 1398 § 1 Nr. 1 CIC)
- Kinderpornografie (vgl. c. 1398 § 1 Nr. 2–3 CIC)

Bei den in c. 1395 §§ 2–3 und c. 1398 § 1 CIC genannten Delikten kann der zuständige Obere von der Einleitung eines Entlassverfahrens absehen, wenn für die Besserung des Mitglieds, die Wiederherstellung der Gerechtigkeit und die Wiedergutmachung des Ärgernisses anderweitig hinreichend gesorgt werden kann, sodass in diesen Fällen von einer bedingt obligatorischen Entlassung gesprochen wird. Zuständig für das Entlassverfahren bei einer obligatorischen oder bedingt obligatorischen Entlassung ist der höhere Obere. Anders als bei einer fakultativen Entlassung muss der Rat des Oberen nicht zwangsläufig beteiligt werden, wobei eine Beteiligung

92 Franciscus: „Littera apostolica ‚Recognitum Librum VI' quibus can. 695 § 1 Codicis Iuris Canonici immutatur (26 aprilis 2022)", in: *OR* 162.94 (26. 04. 2022), S. 7.

in der Praxis sinnvoll ist. Der Obere hat die Beweise für das Delikt sowie dessen Zurechenbarkeit zu sammeln. Dem Beschuldigten Religiosen sind die Anschuldigungen gegen ihn sowie die Beweise bekanntzumachen und ihm ist Gelegenheit zur Verteidigung zu geben. Der Beschuldigte kann sich dabei eines kirchlichen Anwalts bedienen, jedoch besteht grundsätzlich keine Verpflichtung des Oberen, dem beschuldigten Religiosen einen Anwalt zur Verfügung zu stellen oder zu finanzieren.[93] Danach verfasst der höhere Obere eine eigene Stellungnahme und übergibt die Akten an den obersten Leiter des Instituts (vgl. c. 695 § 2 CIC). Der weitere Verfahrensverlauf richtet sich nach den cc. 697–700 CIC (→ S. 226) und ist identisch mit dem bei einer fakultativen Entlassung.

cc) Fakultative Entlassung durch Verfahren (c. 696)

Eine fakultative Entlassung ist möglich bei Delikten, die schwerwiegend, nach außen in Erscheinung getreten, zurechenbar und rechtlich bewiesen sind (vgl. c. 696 § 1 CIC). Gründe für eine fakultative Entlassung nennt c. 696 § 1 CIC:

- ständiges Vernachlässigen der Verpflichtungen des geweihten Lebens
- wiederholte Verletzungen der heiligen Bindungen

93 So hat die Apostolische Signatur im Enddekret *c.* Vallini vom 02.12.2006 (Prot.-Nr. 33358/02 CA, in: *Apoll* 84 (2011), S. 469–473) entscheiden. Dass sich der beschuldigte Religiose im zugrundeliegenden Fall im Entlassverfahren keines kirchlichen Anwalts bedient hat, stellte nach Ansicht des Gerichts keine Verletzung des Rechts auf Verteidigung dar.

- hartnäckiger Ungehorsam gegenüber den rechtmäßigen Anordnungen der Oberen in einer schwerwiegenden Angelegenheit[94]
- schweres, aus einem schuldhaften Verhalten des Mitglieds entstandenes Ärgernis
- hartnäckiges Festhalten oder Verbreiten von durch das Lehramt der Kirche verurteilten Lehren
- öffentliche Anhängerschaft an Materialismus oder Atheismus
- unrechtmäßige Abwesenheit von mindestens einem halben Jahr

Das Eigenrecht kann weitere Entlassgründe ähnlicher Schwere festlegen, die für Professen mit zeitlichen Gelübden auch weniger schwerwiegend sein dürfen (vgl. c. 696 § 2 CIC). Dem Oberen kommt es zunächst zu, die erforderlichen Beweise zu sammeln (vgl. c. 697 Nr. 1 CIC). Anschließend muss der betreffende Religiose schriftlich[95] oder vor zwei Zeugen verwarnt werden mit der ausdrücklichen Androhung der Entlassung, falls keine Besserung eintritt (vgl. c. 697 Nr. 2 CIC). Dabei muss der Entlassgrund klar bezeichnet werden und dem Religiosen ist das Recht auf Verteidigung zu gewähren. Auch hier besteht wie bei der obligatorischen Entlassung kein Rechtsanspruch auf den Beistand eines Anwalts, doch kann der Obere einen Rechtsbeistand gewähren. Bleibt die erste

94 In diesem Fall ist es erforderlich, dass sich der Obere bei seiner Anordnung explizit auf das Gehorsamsgelübde beruft. Eine nicht befolgte sprachlich als Bitte ausgedrückte Anordnung beispielsweise rechtfertigt keine Entlassung.

95 Eine kanonische Verwarnung kann grundsätzlich per E-Mail verschickt werden, wenn im Eigenrecht des Instituts nichts anderes vorgesehen ist. Bei Versand einer kanonischen Verwarnung per E-Mail kann es allerdings schwierig werden nachzuweisen, dass der Empfänger die E-Mail tatsächlich erhalten hat. Um der Rechtssicherheit willen sollte eine kanonische Verwarnung am besten per Briefpost als Einschreiben verschickt werden.

Verwarnung erfolglos, muss frühestens 15 Tage später eine weitere Verwarnung ausgesprochen werden. Bleibt auch die zweite Verwarnung erfolglos, kann der höhere Obere mit seinem Rat frühestens 15 Tage nach der zweiten Verwarnung das Entlassverfahren einleiten, wenn er und sein Rat zu der Ansicht kommen, dass die Unverbesserlichkeit des Religiosen erwiesen ist und seine Verteidigungsgründe unzureichend sind. (vgl. c. 697 Nr. 3 CIC).[96] Dazu leitet er die Akten zusammen mit den Stellungnahmen des betreffenden Religiosen an den obersten Leiter des Instituts weiter. Der weitere Verlauf des Entlassverfahrens richtet sich nach den cc. 697–700 CIC und ist bei obligatorischer wie auch bei fakultativer Entlassung identisch.

dd) Entlassverfahren (cc. 697–700)

Im Falle einer obligatorischen Entlassung wie auch im Falle einer fakultativen Entlassung liegen die Akten zu diesem Zeitpunkt des Verfahrens dem obersten Leiter des Instituts vor. Das Recht des betreffenden Religiosen muss stets gewahrt bleiben, mit dem obersten Leiter des Instituts direkt in Kontakt treten und ihm seine Verteidigungsgründe direkt darlegen zu können (vgl. c. 689 CIC). Der oberste Leiter des Instituts entscheidet die Sache in geheimer Abstimmung kollegial mit seinem Rat, der zur Gültigkeit des Beschlusses aus mindestens vier Mitgliedern bestehen muss (vgl. c. 699 § 1 CIC).[97] Fällt die Entscheidung für eine Entlassung aus, hat der

96 Nach Congregazione per gli Istituti di vita consacrata e le Società di vita apostolica: *Il dono della fedeltà*, Nr. 94 (S. 149) ist in diesem Fall eine geheime Abstimmung im Rat des Oberen erforderlich, was sich so aus dem Wortlaut von c. 697 Nr. 3 CIC nicht ergibt.

97 Dies ist der einzige im CIC/1983 vorgesehene Fall, in dem der Obere kollegial mit seinem Rat handelt. Sowohl das Handeln als Kollegium wie auch die

oberste Leiter das Entlassdekret auszustellen und zu seiner Gültigkeit die Rechts- und Tatsachengründe wenigstens summarisch darin aufzuführen (vgl. c. 699 § 1 CIC). Bei einem selbstständigen Einzelkloster i. S. d. c. 615 CIC entscheidet in gleicher Weise der höhere Obere mit Zustimmung seines Rates (vgl. c. 699 § 2).[98] Rechtskraft erlangt das Entlassdekret, sobald es dem betreffenden Religiosen bekanntgegeben wird (vgl. c. 700 CIC).[99] Als Rechtsmittel (→ S. 257) ist der Rekurs an die zuständige Autorität innerhalb von dreißig Tagen nach Bekanntgabe des Dekrets gegeben, d. i. bei Instituten päpstlichen Rechts der Apostolische Stuhl und bei Instituten bischöflichen Rechts der zuständige Diözesanbischof, ohne dass vorher ein Antrag auf Rücknahme an den Verfasser des Dekrets nach c. 1734

Anzahl der Mitglieder des Rates wurzeln in dem im CIC/1917 vorgesehenen Vorgehen auf dem Gerichtsweg, bei dem der Obere und vier Mitglieder seines Rates als Richter fungierten. Im geltenden Recht ist das Entlassverfahren aber ein Verwaltungs- und kein Gerichtsverfahren.

98 Vor Inkrafttreten der durch das Apostolische Schreiben *Competentias quasdam* eingeführten Änderungen kam es in diesem Fall dem Diözesanbischof zu, über die Entlassung zu entscheiden.

99 Die früher vorgeschriebene Bestätigung durch den Apostolischen Stuhl bei Instituten päpstlichen Rechts bzw. durch den Ortsordinarius bei Instituten bischöflichen Rechts ist durch das Apostolische Schreiben *Competentias quasdam* entfallen. In der Erarbeitungsphase des neuen allgemeinen Kirchenrechtsbuchs war im *Schema CIC* von 1980 eine Bestätigung durch den Apostolischen Stuhl bei Instituten päpstlichen Rechts noch gar nicht vorgesehen, sondern nur eine Bestätigung durch den Diözesanbischof bei Instituten bischöflichen Rechts sowie bei selbstständigen Einzelklöstern ohne weiteren höheren Oberen (vgl. c. 626 *Schema CIC / 1980*). Erst in den Anmerkungen zum *Schema CIC* von 1980 kam die Forderung nach einer Bestätigung durch den Apostolischen Stuhl auf, um die Rechte der Ordensleute, insbesondere der weiblichen, denen man damals unterstellte, vor dem Gebrauch der Rekursmöglichkeiten zurückzuschrecken, besser zu schützen (vgl. *Comm* 13 (1981), S. 356–358).

§ 1 CIC (→ S. 260) gestellt werden muss.[100] Zur Gültigkeit muss das Dekret einen Hinweis auf dieses Recht enthalten. Ein Rekurs gegen ein Entlassdekret hat aufschiebende Wirkung.

ee) Rechtsfolgen der Entlassung (cc. 701–702)

Mit der rechtmäßigen Entlassung erlöschen ohne weiteres die Gelübde und die aus der Profess hervorgehenden Rechte und Pflichten (vgl. c. 701 CIC). Für im Institut geleistete Arbeit kann der rechtmäßig entlassenen Religiose – ebenso wie oben bereits dargelegt der ausgetretene Religiose – nichts verlangen (vgl. c. 702 § 1 CIC), unbeschadetet eventueller Ansprüche, die sich aus dem staatlichen Recht ergeben. Obwohl kein Rechtsanspruch besteht, soll das Institut Billigkeit und evangelische Liebe gegenüber dem Entlassenen zeigen (vgl. c. 702 § 2 CIC), um ihm, je nach Möglichkeiten des Instituts und Situation des Entlassenen, eine Hilfe für den Start in die neue Lebensphase zu gewähren. Ist der Entlassene Kleriker, bleibt er dies auch nach seiner Entlassung, darf aber die Weihe nicht mehr ausüben (vgl. 701 CIC). Da der Entlassene nicht mehr dem Institut inkorporiert ist, erlischt mit der Entlassung die Inkardination. Daraus ergibt sich die in c. 265 CIC ausdrücklich verworfene Anomalie eines Klerikers ohne Inkardination. Das Verbot, die Weihe auszuüben, bleibt so lange bestehen, bis der Entlassene einen Bischof findet, der bereit ist, ihn seiner Diözese zu inkardinieren oder der

100 Die Rekursfrist wurde durch das Apostolische Schreiben *Expedit ut iura* Papst Franziskus' vom 02.04.2023 (in: *OR* 163.78 (03.04.2023), S. 10) von zehn auf dreißig Tage erhöht. Außerdem wurde explizit festgestellt, dass ein vorheriger Antrag nach c. 1734 § 1 CIC entfällt. Einen Kommentar zu *Expedit ut iura* bietet: Daniel Tibi: „Längere Rekursfrist im Entlassverfahren", in: *EuA* 99 (2023), S. 344–345.

ihm zumindest die Ausübung der Weihe gestattet (vgl. c. 701 CIC). Durch die Inkardination in einer Diözese ist die Anomalie eines Klerikers ohne Inkardination wieder behoben. Nach dem Wortlaut des c. 701 CIC ist es aber rechtlich möglich, dass ein Bischof dem entlassenen Kleriker die Ausübung der Weihe in seiner Diözese gestattet, ohne die Absicht zu haben, ihn zu inkardinieren, etwa um keine Verpflichtungen ihm gegenüber einzugehen. Dadurch wird die Anomalie eines nicht inkardinierten Klerikers noch weiter verfestigt.

ff) Vorläufige Entlassung im Dringlichkeitsfall (c. 703)

Bei schwerem äußerem Ärgernis oder sehr schwerem dem Institut drohenden Schaden kann ein Religiose unverzüglich vom höheren Oberen oder bei Gefahr im Verzug vom Lokaloberen mit Zustimmung seines Rates aus der Niederlassung gewiesen werden. Die Sache ist anschließend dem Apostolischen Stuhl zur endgültigen Entscheidung vorzulegen (vgl. c. 703 CIC).

e) Bericht über Trennungen vom Institut (c.704)

Alle im Berichtszeitraum vom Institut getrennten Mitglieder sind in dem nach c. 592 § 1 CIC vorgeschriebenen regelmäßigen Bericht an den Apostolischen Stuhl (→ S. 87) zu vermerken.

7. Religiosen im Bischofsamt (cc. 705–707)

Literatur: Stephan Haering: „‚De religiosis ad episcopatum evectis‘. Der Ordensbischof im Spiegel der kanonischen Rechtsordnung“, in: *In* *unum congregati. Festgabe für Augustinus Kardinal Mayer OSB zur Vollendung des 80. Lebensjahres*, hrsg. v. DEMS., Metten: Abtei-Verlag, 1991, S. 435–457.

Die cc. 705–707 CIC regeln den Sonderfall, dass ein Religiose Bischof wird. Die Normen erstrecken sich auf die Ernennung zum Diözesanbischof wie zum Weihbischof gleichermaßen. In analoger Anwendung von c. 431 CCEO und aufgrund der Tatsache, dass diese Fälle auch in c. 706 Nr. 1 CIC erwähnt werden, ist davon auszugehen, dass die cc. 705–707 CIC auch für Religiosen im Amt eines dem Diözesanbischof Gleichgestellten ohne Bischofsweihe (vgl. c. 381 § 2 i. V. m. c. 368 CIC) gelten.

Ein in das Bischofsamt berufener Religiose bleibt Mitglied seines Instituts (vgl. c. 705 CIC). Allerdings ergeben sich einige Besonderheiten bezüglich der in der Profess übernommenen Verpflichtungen.[101] Ein in das Bischofsamt berufener Religiose unterliegt nicht solchen Verpflichtungen, von denen er selbst klugerweise annimmt, dass sie mit seiner Stellung nicht vereinbart werden können. Das Gehorsamsgelübde bleibt bestehen, erstreckt sich aber einzig und allein auf den Papst, nicht mehr auf die Kapitel und Oberen des

101 Die Päpstliche Kommission für die Interpretation der Gesetzestexte hat in einer authentischen Interpretation zu den cc. 705–707 CIC vom 23.05.1988 (in: *AAS* 80 (1988), S. 1818–1819) die Frage beantwortet, ob ein Religiose, der zum Auditor der Römischen Rota ernannt worden ist, in gleichem Umfang von den aus der Profess erwachsenen Verpflichtungen befreit ist, wie ein in das Bischofsamt berufener Religiose. Die Päpstliche Kommission hat die Anfrage negativ beantwortet, mit Ausnahme dessen, was sich auf die Ausübung des eigentlichen Amtes bezieht: „*D. Utrum religiosi, Romanae Rotae Praelati Auditores nominati, exempti habendi sint ab Ordinario religioso et ab obligationibus, quae e professione religiosa promanant, ad instar religiosorum ad Episcopatum evectorum. R. Negative ad utrumque, salvis iis quae ad exercitium proprii officii spectant*“.

Instituts. Hinsichtlich des Armutsgelübdes wird unterschieden, ob der in das Bischofsamt berufene Religiose in seiner Profess auf sein Eigentum verzichtet hat oder nur auf die Verwaltung seines Eigentums (→ S. 195). In erstem Fall kommt ihm für das ihm zufallende Vermögen das Gebrauchsrecht zu, das Eigentum jedoch fällt der Teilkirche, deren Vorsteher er ist, zu, wenn es sich um einen Diözesanbischof oder um einen diesem nach c. 381 § 2 CIC Gleichgestellten handelt. Handelt es sich um einen Weihbischof, fällt das Eigentum dem Institut zu, wenn dieses vermögensfähig ist. Ist das Institut nicht vermögensfähig, fällt das Eigentum an den Apostolischen Stuhl (vgl. c. 706 Nr. 1 CIC). Hat der in das Bischofsamt berufene Religiose bei seiner Profess lediglich auf die Verwaltung seines Vermögens verzichtet, erlangt er die Verwaltung über sein früher erworbenes Vermögen zurück, und er erwirbt das Eigentum an dem Vermögen, das ihm nach seiner Bischofsernennung zukommt (vgl. c. 706 Nr. 2 CIC). In jedem Fall ist bei Vermögen, das ihm nicht in Hinblick auf seine Person zukommt, der Wille des Spenders zu beachten (vgl. c. 706 Nr. 3 CIC). Die cc. 705–707 CIC machen keine Aussage darüber, ob ein in das Bischofsamt berufener Religiose weiterhin aktives und passives Stimmrecht in seinem Institut hat. Nach c. 629 § 2 CIC/1917 hatte er dies nicht. Diese Regelung des alten kirchlichen Rechtsbuchs hat über eine authentische Interpretation zu den cc. 705–707 CIC der Päpstlichen Kommission für die Interpretation der Gesetzestexte vom 17. Mai 1986[102] Einzug in das geltende Kirchenrecht gehalten, sodass ein in das Bischofsamt

102 In: *AAS* 78 (1986), S. 1323–1324: „*D. Utrum Episcopus religiosus gaudeat in proprio instituto voce activa et passiva. R. Negative.*“.

berufener Religiose kein aktives und passives Stimmrecht in seinem Institut hat.

Ein Religiose, der emeritierter Bischof ist, kann seinen Wohnsitz frei wählen, auch außerhalb einer Niederlassung seines Instituts, wenn der Apostolische Stuhl nichts anderes verfügt hat (vgl. c. 707 § 1 CIC). Es liegt damit im klugen Ermessen des Religiosen selbst, ob er von sich annimmt, dass er sich wieder in die Gemeinschaftsstruktur einer Niederlassung seines Instituts integrieren kann oder nicht. Auch für einen Religiosen, der emeritierter Bischof ist, gilt, dass die Bischofskonferenz für seinen hinreichenden und würdigen Unterhalt sorgen muss, wobei dafür vorrangig das Bistum verantwortlich ist, in dem er gewirkt hat, wenn nicht das Institut selbst für den Unterhalt sorgt (vgl. c. 707 § 2 CIC i. V. m. c. 402 § 2 CIC). War der Religiose als Bischof nicht im Dienst eines Bistums tätig, sondern beispielsweise im Dienst eines Dikasteriums des Apostolischen Stuhls, hat der Apostolische Stuhl Vorkehrungen für den Unterhalt nach der Emeritierung zu treffen (c. 707 § 2 CIC).

8. Konferenzen der höheren Oberen (cc. 708–709)

Literatur: Stephan Haering: „Die Konferenzen der höheren Ordensoberen. Vom Zweiten Vatikanischen Konzil (Perfectae caritatis 23) zum revidierten Codex Iuris Canonici (cc. 708 und 709)“, in: *Rezeption des zweiten Vatikanischen Konzils in Theologie und Kirchenrecht heute. Festschrift für Klaus Lüdicke zur Vollendung seines 65. Lebensjahres*, hrsg. v. Dominicus M. Meier/Peter Platen (BzMK 55), Essen: Ludgerus, 2008, S. 211–236.

Regelmäßige Versammlungen von höheren Oberen entstanden in Deutschland ebenso wie in Frankreich bereits Ende des 19. und

Anfang des 20. Jahrhunderts. Damals hatten solche Vereinigungen noch keine Grundlage im kirchlichen Recht, und auch der CIC/1917 enthält keine Normen über Konferenzen der höheren Oberen. Das Zweite Vatikanische Konzil legt in PC 23 fest, dass Konferenzen oder Räte der höheren Oberen gefördert werden sollen. ES 43 und MR 61–65 heben die Bedeutung der Vereinigungen der höheren Oberen für die Zusammenarbeit mit den Bischofskonferenzen hervor.

Der CIC/1983 stellt es den höheren Oberen frei, sich zu Konferenzen und Räten zusammenzuschließen (vgl. c. 708 CIC), wobei die Selbstständigkeit der einzelnen Institute wie auch ihre Eigenart und ihr Geist gewahrt bleiben. Konferenzen und Räte der höheren Oberen können keine Beschlüsse fassen, die die einzelnen Institute binden. Als Zweck der Konferenzen und Räte der höheren Oberen nennt der CIC das bessere Erreichen der Zwecke der einzelnen Institute durch Zusammenarbeit, die Behandlung gemeinsamer Angelegenheiten sowie die Zusammenarbeit mit den Bischofskonferenzen und den einzelnen Bischöfen. Die Statuten von Konferenzen der höheren Oberen müssen vom Apostolischen Stuhl genehmigt werden, und die Errichtung als kirchliche öffentliche juristische Person ist dem Apostolischen Stuhl vorbehalten (vgl. c. 709 CIC). Konferenzen der höheren Oberen gibt es mit der *Deutschen Ordensobernkonferenz* in Deutschland, der *Österreichischen Ordenskonferenz*[103] in Österreich und der *Vereinigung der Höhern Ordensobern* in der

103 Die *Österreichische Ordenskonferenz* als Vereinigung der höheren Oberen der männlichen und weiblichen Religioseninstitute ist eine noch junge Einrichtung und wurde erst mit Dekret der Kongregation für die Institute des geweihten Lebens und die Gesellschaften des apostolischen Lebens vom 08.12.2019 errichtet. Bis dahin gab es mit der 1959 gegründeten *Superiorenkonferenz* und der 1966 gegründeten *Vereinigung der Frauenorden Österreichs* zwei

Schweiz. Von Konferenzen der höheren Oberen i. S. d. cc. 708–709 CIC sind andere Vereinigungen von höheren Oberen auf Bistumsebene, so beispielsweise die Paderborner Ordenskonferenz,[104] zu unterscheiden.

verschiedene Konferenzen der höheren Oberen für männliche und weibliche Religioseninstitute in Österreich.

104 Vgl. weiterführend dazu: Dominicus M. MEIER: „Nicht gegeneinander, sondern miteinander! Die ‚Paderborner Ordenskonferenz' als Chance eines neuen Miteinanders in der Erzdiözese Paderborn", in: *Saluti hominum providendo. Festschrift für Offizial und Domprobst Dr. Wilhelm Hentze*, hrsg. v. Rüdiger ALTHAUS (BzMK 51), Essen: Ludgerus, 2008, S. 229–246.

IV. Säkularinstitute (cc. 710–730)

Quellen: SEKRETARIAT DER DEUTSCHEN BISCHOFSKONFERENZ (Hrsg.): *Die Säkularinstitute* (VApSt 73), Bonn 1983.

Literatur: Gerhard FAHRNBERGER: „Die Säkularinstitute im neuen Kirchenrecht", in: *ÖAKR* 38 (1989), S. 85–105; Andrea MICHL: „‚In saeculo et ex saeculo'. Characteristics of the Secular Institutes", in: *Warszawskie Studia Teologiczne* 34 (2021), S. 196–211, DOI: 10.30439/WST.2021.2.11; Christoph OHLY: „Die Lebensführung im Säkularinstitut gemäß c. 714 CIC. Möglichkeiten und Entwicklungen", in: *Recht – Bürge der Freiheit. Festschrift für Johannes Mühlsteiger SJ zum 80. Geburtstag*, hrsg. v. Konrad BREITSCHING/Wilhelm REES (KST 51), Berlin: Duncker & Humblot, 2006, S. 759–785.

Säkularinstitute zählen zu den Instituten des geweihten Lebens, sodass die gemeinsamen Normen für alle Institute des geweihten Lebens in den cc. 573–606 CIC (→ S. 51) auch für diese gelten. Die Übernahme der evangelischen Räte haben die Mitglieder der Säkularinstitute mit den Mitgliedern der Religioseninstitute gemein. Die Eigenheit der Säkularinstitute gegenüber den Religioseninstituten besteht darin, dass die Mitglieder der Säkularinstitute in der Welt lebende Gläubige sind, die „nach Vollkommenheit der Liebe streben und sich bemühen, zur Heiligung der Welt, vor allem von innen her, beizutragen" (c. 710 CIC). Mitglieder der Säkularinstitute bilden keinen eigenen dritten kirchlichen Stand neben Klerikern und Laien, sondern gehören entweder dem einen oder dem anderen Stand an, unbeschadet der Rechte und Pflichten, die ihnen als Mitglieder eines Instituts des geweihten Lebens zukommen (vgl.

c. 711 CIC). Sie leben unter den gewöhnlichen Bedingungen der Welt den Konstitutionen ihres Instituts entsprechend, entweder alleine oder in der eigenen Familie oder in einer Gruppe zusammen mit anderen Mitgliedern des Instituts (vgl. c. 714 CIC). Die Art des gemeinschaftlichen Lebens (→ S. 106) in einem Säkularinstitut wird in dessen Eigenrecht geregelt (vgl. c. 716 CIC). In der Regel findet gemeinschaftliches Leben insbesondere in Form regelmäßiger Zusammenkünfte und gegenseitiger Unterstützung statt, wobei es auch Säkularinstitute gibt, deren Mitglieder ein klosterähnliches Gemeinschaftsleben führen.

1. Bindungen (c. 712)

Die Konstitutionen eines Säkularinstituts bestimmen die Art der Bindungen, mit der die Mitglieder die evangelischen Räte übernehmen, wie Gelübde (vgl. c. 1191 CIC), Versprechen oder Eid (vgl. c. 1199 CIC). Die Bindungen sind öffentliche, da sie vom rechtmäßigen Oberen im Namen der Kirche entgegengenommen werden. Außerdem bestimmen die Konstitutionen auf Grundlage der cc. 599–601 CIC (→ S. 103) den Inhalt der durch die Bindungen übernommenen Verpflichtungen (vgl. c. 712 CIC).

2. Apostolat (c. 713)

Das Apostolat der Mitglieder der Säkularinstitute besteht, wie auch bei den Religiosen (→ S. 201), vor allem im Zeugnis ihres geweihten Lebens (vgl. c. 713 CIC). Ihnen kommt zu, „wie ein Sauerteig alles mit dem Geist des Evangeliums zu durchdringen zur Stärkung und zum Wachstum des Leibes Christi“ (c. 713 § 1 CIC). Die Laienmitglieder sind aufgerufen, „die zeitlichen Dinge gottgemäß zu ordnen und die Welt in der Kraft des Evangeliums zu gestalten" (c. 713 § 2 CIC). Außerdem sollen sie ihre Mitarbeit zum Dienst für die christliche Gemeinschaft anbieten. Die Klerikermitglieder geben ein Zeugnis ihres geweihten Lebens im Presbyterium und in ihrer pastoralen Tätigkeit (vgl. c. 713 § 3 CIC). Sie sind in der Regel dem Bistum inkardiniert, dem sie angehören, wenn nicht kraft Verleihung des Apostolischen Stuhles das Institut selbst Inkardinationsrecht besitzt (vgl. c. 266 § 3 CIC). Die einem Bistum inkardinierten Klerikermitglieder eines Säkularinstituts unterstehen dem Bischof, außer in Dingen, die ihr geweihtes Leben betreffen (vgl. c. 715 § 1 CIC). Sind sie hingegen dem Institut inkardiniert, sind sie nach Art der Religiosen (→ S. 203) vom Bischof abhängig (vgl. c. 715 § 2 CIC).

3. Leitung (c. 717)

Was die Leitung eines Säkularinstituts angeht, spricht der CIC nicht wie bei Religioseninstituten von einem Oberen (*superior*), sondern von einem Leiter (*moderator*). Die Art und Weise der Leitung sowie der Bestellung der Leiters (Ernennung oder Wahl) und dessen Amtsdauer zu bestimmen, kommt den Konstitutionen zu (vgl. c. 717 § 1 CIC) und zwar sowohl für das Institut als ganzes wie auch für dessen Untergliederungen (→ S. 68), wenn es welche gibt. Eine einzige konkrete Vorgabe macht das allgemeine Recht, nämlich dass der oberste Leiter eines Säkularinstituts diesem endgültig eingegliedert sein muss (vgl. c. 717 § 2 CIC). Er soll darauf bedacht sein, die Einheit im Geist des Instituts zu wahren und die aktive Teilnahme der Mitglieder zu fördern (vgl. c. 717 § 3 CIC).

4. Vermögensverwaltung (c. 718)

Säkularinstitute sind kirchliche öffentliche juristische Personen. Ihr Vermögen ist somit Kirchenvermögen (vgl. c. 1257 § 1 CIC). Daher sind die Normen des fünften Buches des CIC über das Kirchenvermögen anzuwenden. Weitere Normen das Vermögen und die Vermögensverwaltung betreffend aufzustellen, die die evangelische Armut ausdrücken und fördern müssen, kommt dem Eigenrecht zu (vgl. c. 718 CIC).

Die Bestimmungen das Vermögen betreffen können von Institut zu Institut je nach dessen eigener Lebensweise unterschiedlich sein. In der Regel gehen die Mitglieder von Säkularinstituten einer eigenen Erwerbstätigkeit nach und sind für ihren eigenen Lebensunterhalt und die eigene soziale Absicherung selbst verantwortlich. Für die Belange des Instituts führen sie einen Beitrag ab. Die Höhe dieses Beitrags und was davon finanziert wird, ist wiederum unterschiedlich je nachdem, ob die Mitglieder ein Gemeinschaftsleben führen oder nicht. Es gibt Säkularinstitute, in denen die Mitglieder für das Institut arbeiten. Ähnlich wie Religiosen stellen sie sich und ihre Arbeitskraft in den Dienst des Instituts. In diesem Fall ist das Institut für den Lebensunterhalt und die soziale Absicherung der Mitglieder verantwortlich. Die finanziellen Verpflichtungen des Instituts den Mitgliedern gegenüber, die für das Institut arbeiten, ist im Eigenrecht festzulegen (vgl. c. 718 CIC).

5. Spirituelles Leben (c. 719)

Jedes Säkularinstitut hat seine eigene geistliche Prägung und jedes Mitglied seine eigene bevorzugte Spiritualität. Doch zählt c. 719

CIC einige Grundlagen des geistlichen Lebens auf, die den Mitglieder anempfohlen werden:[1]

- Gebet
- Lesung der Heiligen Schrift
- jährliche Zeiten der Einkehr
- möglichst tägliche Feier der Eucharistie
- häufiger Empfang des Bußsakrament
- notwendige Gewissensführung
- weitere geistliche Übungen nach dem Eigenrecht

Im Vergleich zu den Bestimmungen über das spirituelle Leben der Religiosen (→ S. 188) zeigen sich Gemeinsamkeiten, aber auch Unterschiede. Eine Verpflichtung zum Stundengebet gibt es für Laienmitglieder eines Säkularinstituts nach allgemeinem Recht nicht, wobei eine solche Verpflichtung in das Eigenrecht aufgenommen werden kann. Klerikermitglieder sind nach c. 276 § 2 Nr. 3 CIC zum Stundengebet verpflichtet. Warum Marienverehrung, betrachtendes Gebet, Anbetung und Kommunionempfang nur den Religiosen empfohlen wird, nicht aber den Mitgliedern der Säkularinstitute, ist nicht ersichtlich, vor allem da es sich um allgemein verbreitete Frömmigkeitsformen handelt, deren Übung nicht nur den Religiosen eigen ist.

Im Empfang des Bußsakraments und in der Gewissensführung sollen die Mitglieder, ähnlich wie dies c. 630 § 1 CIC für Religiosen vorsieht (→ S. 141), frei sein (vgl. c. 719 §§ 3–4 CIC). Es darf

1 Es handelt sich um Soll-Bestimmungen. Im lateinischen Text wird der Konjunktiv verwendet. In der von der Deutschen Bischofskonferenz herausgegebene deutsch-lateinische Ausgabe des CIC/1983 wird der lateinische Konjunktiv in der deutschen Übersetzung mit dem Verb „sollen“ wiedergegeben.

keine Verpflichtung zur Beichte bei den Leitern oder zur Gewissensführung durch die Leiter geben. Auf eigenen Wunsch dürfen sich die Mitglieder aber die Gewissensführung betreffend an die Leiter wenden.

6. Eingliederung und Ausbildung (cc. 720–725)

Für die Aufnahme neuer Mitglieder ist eine stufenweise Eingliederung vorgesehen, die sich in Probezeit, Übernahme der zeitlichen Bindungen sowie Übernahme der ewigen oder endgültigen Bindungen unterteilt. Das Recht, Kandidaten zur Probezeit zuzulassen, haben die höheren Leiter mit ihrem Rat nach den Bestimmungen der Konstitutionen (vgl. c. 720 CIC). Wer um Zulassung zur Probezeit bittet, muss über die nötige Reife verfügen, die zur Führung eines Lebens im Geist des Instituts erforderlich ist (vgl. c. 721 § 3 CIC). Als Grundvoraussetzungen (→ S. 101) nennt c. 597 CIC, dass zur Probezeit zugelassen werden kann:

- jeder Katholik,
- der die rechte Absicht hat,
- die vom allgemeinen Recht und vom Eigenrecht geforderten Eigenschaften aufweist und
- dem kein Hindernis im Wege steht.

Als Hindernisse für die gültige Zulassung nennt c. 721 § 1 CIC, dass nicht zur Probezeit zugelassen werden darf:

- wer noch nicht volljährig ist

- wer noch durch eine Bindung an ein Institut des geweihten Lebens gebunden oder in eine Gesellschaft des apostolischen Lebens eingegliedert ist
- ein Ehegatte, solange die Ehe besteht

Bei Säkularinstituten wird für die Zulassung zur Probezeit Volljährigkeit verlangt. Damit liegt das Mindestalter ein Jahr höher als bei der Zulassung zum Noviziat der Religioseninstitute. Wer durch eine Bindung an ein Institut des geweihten Lebens gebunden oder in eine Gesellschaft des apostolischen Lebens eingegliedert ist, kann nicht zur Probezeit zugelassen werden. In diesem Fall ist ein Übertrittsverfahren nach c. 730 CIC erforderlich (→ S. 244). Da Mitglieder eines Säkularinstituts den evangelischen Rat der Keuschheit übernehmen, können keine Ehegatten zugelassen werden, solange eine gültige Ehe besteht. Die Konstitutionen können weitere Hindernisse, auch zur Gültigkeit, aufstellen oder Bedingungen festlegen. Ebenso können sie ein höheres Mindestalter und ein Höchstalter festlegen. In den Konstitutionen ist außerdem die Art der Probezeit festzulegen sowie deren Dauer, wobei sie nicht kürzer als zwei Jahre sein darf (vgl. c. 722 § 3 CIC). Die Probezeit muss so ausgerichtet sein, dass die Kandidaten ein Leben im Geist des Instituts einüben (vgl. c. 722 § 1 CIC). Sie sollen zu einem Leben in den evangelischen Räten angeleitet sowie zur Ausübung des Apostolats im Geist des Instituts hingeführt werden (vgl. c. 722 § 2 CIC). Nach Ablauf der Probezeit ist ein Kandidat entweder zur Übernahme der Bindungen auf seine Bitte hin nach den Bestimmungen der Konstitutionen zuzulassen oder er muss das Institut verlassen (vgl. c. 723 § 1 CIC). Die erste Übernahme der Bindungen ist eine zeitliche. Sie muss mindestens fünf Jahre betragen und kann den Bestimmungen der Konstitutionen entsprechend verlängert werden (vgl. c. 723 § 2 CIC). Eine Höchstdauer ist im allgemeinen Recht nicht vorgesehen, kann aber in den Konstitutionen festgelegt sein. Nach Ablauf der zeitlichen Eingliederung kann ein Kandidat zur Übernahme der ewigen oder endgültigen Bindungen zugelassen werden (vgl. c. 723 § 3 CIC). Übernahme der endgültigen Bindungen bedeutet, dass sich ein Kandidat grundsätzlich lebenslang auf die evangelischen Räte verpflichten will, aber keine ewigen Bindungen übernimmt, sondern die zeitlichen kontinuierlich erneuert. Die Rechtswirkungen der endgültigen Eingliederung sind nach den Bestimmungen der Konstitutionen denen der ewigen gleichgestellt (vgl. c. 723 § 4 CIC).

Die Probezeit ist die Grundausbildung für ein Leben im Institut. Nach Übernahme der ersten Bindungen soll die Aus- und Weiterbildung im weltlichen und im geistlichen Bereich beständig fortgesetzt werden (vgl. c. 724 § 1 CIC). Die Einzelheiten sind in den Konstitutionen zu regeln. Die beständige geistliche Formung der Mitglieder soll den Leitern ein Anliegen sein (vgl. c. 724 § 2 CIC).

Ein Institut kann sich durch in den Konstitutionen festzulegende Bindungen andere Gläubige angliedern, die im Geist des Instituts leben und an dessen Sendung teilhaben (vgl. c. 724 CIC). Einer solchen angegliederten Gemeinschaft können auch Verheiratete angehören.

7. Trennung vom Institut (cc. 726–730)

Nach Ablauf der zeitlichen Eingliederung kann ein Mitglied das Institut frei verlassen. Außerdem kann es aus einem gerechten Grund vom höheren Leiter nach Anhörung seines Rats von der Erneuerung der Bindungen ausgeschlossen werden (vgl. c. 726 § 1 CIC). Während der zeitlichen Eingliederung kann ein Mitglied auf seine Bitte hin vom obersten Leiter mit Zustimmung seines Rates aus einem schwerwiegenden Grund ein Austrittsindult erhalten (vgl. c. 726 § 2 CIC). Wer nach ewiger Eingliederung aus einem sehr schwerwiegenden Grund und nach ernsthafter Prüfung der Angelegenheit vor Gott das Institut verlassen möchte, kann über den obersten Leiter ein Austrittsindult beantragen, und zwar bei Instituten päpstlichen Rechts beim Apostolischen Stuhl und bei Instituten bischöflichen Rechts je nach Bestimmungen der Konstitutionen entweder beim Apostolischen Stuhl oder beim zuständigen Diözesanbischof (vgl. c. 727 § 1 CIC). Ist das austrittswillige Mitglied Kleriker und dem Institut inkardiniert, wird ein Austrittsindult nicht gewährt, bevor es einen Bischof gefunden hat, der es seinem Bistum inkardiniert oder zumindest probeweise aufnimmt oder es gleichzeitig die Laisierung beantragt (vgl. c. 693; 727 § 2 CIC). Mit rechtmäßig gewährtem Austrittsindult erlöschen die Bindungen sowie die daraus erwachsenen Rechte und Pflichten (vgl. c. 728 CIC). Ein Recht, ein Austrittsindult bei Bekanntgabe zurückzuweisen, gibt es nach dem Wortlaut des c. 728 CIC nicht.

Hinsichtlich einer Entlassung von Rechts wegen aus Gründen des offenkundigen Abfalls vom katholischen Glauben sowie der Eheschließung oder des Eheschließungsversuchs verweist c. 729 CIC auf die Bestimmungen des c. 694 § 1 Nrn. 1–2 CIC Religiosen betreffend (→ S. 218), die sinngemäß anzuwenden sind. Eine Entlassung wegen unrechtmäßiger Abwesenheit von der eigenen Niederlassung kann es bei Mitgliedern von Säkularinstituten nicht geben, da Säkularinstitute keine Pflicht zum Gemeinschaftsleben in einer Niederlassung kennen. Hinsichtlich einer Entlassung durch Verfahren verweist c. 729 CIC auf die Bestimmungen des c. 695 CIC Religiosen betreffend (→ S. 222), die sinngemäß anzuwenden sind, wobei die Konstitutionen weitere Entlassungsgründe gleicher Schwere festlegen können, die nach außen in Erscheinung getreten, zurechenbar und rechtlich bewiesen sein müssen. Das Verfahren betreffend sind die cc. 697–700 CIC (→ S. 225) sinngemäß anzuwenden, die Rechtsfolgen betreffend c. 701 CIC (→ S. 228).

Bei einem Übertritt von einem Säkularinstitut in ein anderes sind die cc. 684 §§ 1–2.4 und 685 CIC den Übertritt von einem Religioseninstitut in ein anderes betreffend (→ S. 207) sinngemäß anzuwenden. Bei einem Übertritt in ein Religioseninstitut oder in eine Gesellschaft des apostolischen Lebens oder umgekehrt, ist die Angelegenheit dem Apostolischen Stuhl vorzulegen, dessen Weisungen beachtet werden müssen (vgl. c. 730 CIC).

Teil B

Gesellschaften des apostolischen Lebens

V. Gesellschaften des apostolischen Lebens (cc. 731–746)

Literatur: Hubert SOCHA: „Die grundlegende Natur und die Charakteristika einer Gesellschaft des apostolischen Lebens", in: *AfkKR* 165 (1996), S. 373–413; Hubert SOCHA: „Die Gesellschaften des apostolischen Lebens im neuen Kirchenrecht", in: *AfkKR* 152 (1983), S. 76–106.

Gesellschaften des apostolischen Lebens zeichnen sich nach c. 731 § 1 CIC durch drei Merkmale aus:

- apostolisches Ziel
- brüderliches Leben in Gemeinschaft
- Streben nach Vollkommenheit der Liebe gemäß der eigenen Lebensordnung durch Befolgung der Konstitutionen

Mitglieder der Gesellschaften des apostolischen Lebens verfolgen ein gemeinsames apostolisches Ziel und führen ein Gemeinschaftsleben. Die Lebensordnung richtet sich nach den Konstitutionen. Eine Verpflichtung auf die evangelischen Räte durch öffentliche Gelübde kennen Gesellschaften des apostolischen Lebens nicht, wohl aber eine implizite Verpflichtung durch die Übernahme des Eigenrechts bei der Aufnahme in die Gesellschaft, die durch Einschreibung in die Mitgliederliste, Versprechen oder Eid erfolgen kann. Es gibt jedoch auch Gesellschaften des apostolischen Lebens, deren Mitglieder durch eine in den Konstitutionen festgelegte Bindung wie privates Gelübde, Versprechen oder Eid die evangelischen Räte explizit übernehmen (c. 731 § 2 CIC).

Das Fehlen einer Verpflichtung auf die evangelischen Räte durch eine öffentliche Bindung unterscheidet die Mitglieder der Gesellschaften des apostolischen Lebens von den Mitgliedern der Institute des geweihten Lebens. Trotzdem gibt es strukturelle Ähnlichkeiten, sodass c. 732 CIC auf die cc. 578–597 und 606 CIC die Institute des geweihten Lebens betreffend verweist, die auf die Gesellschaften des apostolischen Lebens angewendet werden, unbeschadet der je eigenen Natur der Gesellschaften. Die Verweise in c. 732 CIC umfassen folgende Rechtsgebiete:

- *c. 578 CIC:*
  Patrimonium (→ S. 55)
- *cc. 579–585 CIC:*
  Errichtung, Angliederung, Zusammenschluss, Vereinigung, Föderation, Konföderation, Änderung, Aufhebung und Untergliederung (→ S. 57)
- *c. 586 CIC:*
  gebührende Autonomie (→ S. 69)
- *c. 587 CIC:*
  Eigenrecht (→ S. 71)
- *cc. 588–595 CIC:*
  Typologie (→ S. 79)
- *c. 596 CIC:*
  Vollmacht von Oberen und Kapiteln (→ S. 100)
- *c. 597 CIC:*
  Grundvoraussetzungen für die Aufnahme (→ S. 101)

- *c. 606 CIC:*
  grundsätzliche Gleichstellung von männlichen und weiblichen Instituten (→ S. 123)

Für Gesellschaften des apostolischen Lebens, deren Mitglieder die evangelischen Räte explizit übernehmen, gelten außerdem die cc. 598–602 CIC:

- *cc. 598–601 CIC:*
  evangelischen Räte (→ S. 103)
- *c. 602 CIC:*
  gemeinschaftliches Leben (→ S. 106)

1. Niederlassungen und örtliche Kommunitäten (c. 733)

Gesellschaften des apostolischen Lebens kennen Niederlassungen und örtliche Kommunitäten, wobei im allgemeinen Recht beide Begriffe nicht definiert sind. Das Eigenrecht kann nähere Bestimmungen enthalten. Grundsätzlich gilt, dass eine Niederlassung dauerhaften Charakter hat, während eine örtliche Kommunität eher als vorübergehende gemeinsame Wohnung während eines bestimmten Apostolats zu charakterisieren ist.

Die Errichtung einer Niederlassung und die Gründung einer örtlichen Kommunität erfolgen durch die nach Eigenrecht dafür zuständige Autorität der Gesellschaft. Vorher ist die schriftlich zu erteilende Zustimmung des Diözesanbischofs erforderlich (vgl. c. 733 § 1 CIC). Die Zustimmung zur Errichtung einer Niederlassung schließt das Recht ein, in der Niederlassung zumindest eine Kapelle zu haben, in der die Eucharistie gefeiert und aufbewahrt wird (vgl. c. 733 § 2 CIC). Eine rechtmäßig errichtete Niederlassung ist ohne Weiteres eine kirchliche öffentliche juristische Person (vgl. c. 116 § 2 CIC). Eine rechtmäßig errichtete örtliche Kommunität ist das nicht ohne Weiteres, der Status kann ihr aber bei Vorliegen der Voraussetzungen durch die zuständige kirchliche Autorität verliehen werden.

Vor der Aufhebung einer Niederlassung oder örtlichen Kommunität ist der Diözesanbischof zu befragen (vgl. c. 733 § 1 CIC).

2. Leitung (c. 734.738)

Die Leitung einer Gesellschaft des apostolischen Lebens ist in deren Konstitutionen zu normieren (vgl. c. 734 CIC). Unbeschadet der Eigenart einer Gesellschaft sind dabei die cc. 617–633 CIC über die Oberen und ihre Räte (→ S. 132) sowie über die Kapitel (→ S. 151) von Religioseninstituten zu beachten.

Hinsichtlich der internen Leitung unterstehen alle Mitglieder dem eigenen Leiter nach den Bestimmungen der Konstitutionen (vgl. c. 738 § 1 CIC). Hinsichtlich des öffentlichen Gottesdienstes, der Seelsorge und anderer Apostolatswerke unterstehen die Mitglieder auch dem zuständigen Diözesanbischof (vgl. c. 738 § 2 CIC). Dabei sind die cc. 679–683 CIC aus dem Recht der Religioseninstitute zu beachten (→ S. 203).

3. Aufnahme und Eingliederung (cc. 735–736)

Aufnahme, Probezeit, Eingliederung und Ausbildung der Mitglieder einer Gesellschaft des apostolischen Lebens sind in deren Eigenrecht zu normieren (vgl. c. 735 § 1 CIC). Dabei sind die cc. 642–645 CIC die Aufnahme in das Noviziat eines Religioseninstituts (→ S. 167) betreffend zu beachten, einschließlich der darin geforderten Eigenschaften sowie der darin enthaltenen Hindernisse und Zulassungsverbote (vgl. c. 735 § 2 CIC). Zur Prüfung der Berufung eines Kandidaten sowie zur Vorbereitung für das Apostolat und für das Leben in der Gesellschaft ist eine Erprobungs- und Ausbildungsordnung aufzustellen, die lehrmäßige, geistliche und apostolische Aspekte umfasst (vgl. c. 735 § 3 CIC).

Klerikalen Gesellschaften des apostolischen Lebens werden die Klerikermitglieder inkardiniert, wenn die Konstitutionen nichts anderes bestimmen (vgl. c. 736 § 1 CIC). Ist ein Klerikermitglied der Gesellschaft nicht inkardiniert, sind dessen Beziehungen zum eigenen Bischof in den Konstitutionen oder in besonderen Vereinbarungen zu regeln (vgl. c. 738 § 3 CIC). Hinsichtlich Studienordnung und Weiheempfang sind unbeschadet der Regelungen der eigenen Studienordnung die Bestimmungen für Weltkleriker zu beachten (vgl. c. 736 § 2 CIC).

4. Rechte und Pflichten (cc. 737.739–740)

Die Rechte und Pflichten der Mitglieder einer Gesellschaft des apostolischen Lebens ergeben sich aus deren Konstitutionen (vgl. c. 737 CIC). Außerdem unterliegen sie den allgemeinen Pflichten der Kleriker, sofern nicht aus der Natur der Sache oder aus dem Textzusammenhang einer Norm etwas anderes feststeht (vgl. c. 739 CIC). Die Gesellschaft hat die Verpflichtung, die Mitglieder gemäß den Konstitutionen zum Ziel der eigenen Berufung zu führen (vgl. c. 737 CIC).

Die Mitglieder einer Gesellschaft des apostolischen Lebens sind zum Gemeinschaftsleben nach den Bestimmungen des Eigenrechts in der eigenen Niederlassung oder örtlichen Kommunität verpflichtet. Dem Eigenrecht kommt es zu, Normen hinsichtlich der rechtmäßigen Abwesenheit aufzustellen (vgl. c. 740 CIC).

5. Vermögensverwaltung (c. 741)

Gesellschaften des apostolischen Lebens sowie deren Untergliederungen und Niederlassungen sind kirchliche öffentliche juristische Personen (vgl. c. 116 § 1 CIC). Sie sind daher von Rechts wegen fähig, Vermögen zu erwerben, zu besitzen, zu verwalten und zu veräußern. Ihr Vermögen ist Kirchenvermögen (vgl. c. 1257 § 1 CIC). Daher sind das Vermögen und die Vermögensverwaltung betreffend die Normen des fünften Buches des CIC über das Kirchenvermögen anzuwenden, wenn nichts anderes vorgesehen ist (vgl. c. 741 § 1 CIC). Außerdem gelten aus dem Recht der Religioseninstitute c. 636 CIC über den Ökonom (→ S. 156), c. 638 CIC über die ordentliche und außerordentliche Verwaltung (→ S. 159) sowie c. 639 CIC über die Haftung (→ S. 164).

Mitglieder einer Gesellschaft des apostolischen Lebens behalten ihre Fähigkeit, im Rahmen der Bestimmungen des Eigenrechts Vermögen zu erwerben, zu besitzen, zu verwalten und darüber zu verfügen. Was ihnen im Hinblick auf die Gesellschaft zufällt, erwerben sie für die Gesellschaft (vgl. c. 741 § 2 CIC).

6. Austritt, Übertritt und Entlassung (cc. 742–746)

Normen den Austritt und die Entlassung eines noch nicht endgültig eingegliederten Mitglieds betreffend sind in den Konstitutionen aufzustellen (vgl c. 742 CIC).

Bei einem endgültig eingegliederten Mitglied ist für die Gewährung eines Austrittsindults der oberste Leiter mit Zustimmung seines Rates zuständig, wenn dies nicht in den Konstitutionen dem Apostolischen Stuhl vorbehalten wurde (vgl. c. 743 CIC). Ist der Austrittswillige Kleriker, ist c. 693 CIC zu beachten (→ S. 215), d. h. ein Austrittsindult darf nur gewährt werden, wenn er einen Bischof gefunden hat, der ihn seiner Diözese inkardiniert oder ihn zumindest probeweise aufnimmt oder wenn er gleichzeitig seine Laisierung beantragt. Durch den Austritt erlöschen alle aus der Eingliederung hervorgehenden Rechte und Pflichten.

Dem obersten Leiter mit Zustimmung seines Rates kommt es auch zu, einem endgültig eingegliederten Mitglied die Erlaubnis zum Übertritt in eine andere Gesellschaft des apostolischen Lebens zu erteilen. Während der Probezeit in der neuen Gesellschaft ruhen die Rechte und Pflichten in der eigenen Gesellschaft. Bis zur endgültigen Eingliederung in die neue Gesellschaft hat der Übertrittswillige das Recht, in die bisherige Gesellschaft zurückzukehren (vgl. c. 744 § 1 CIC). Handelt es sich um den Übertritt in ein Institut des geweihten Lebens oder umgekehrt, ist die Angelegenheit dem Apostolischen Stuhl vorzulegen, dessen Weisungen zu beachten sind (vgl. c. 744 § 2 CIC).

Der oberste Leiter kann mit Zustimmung seines Rates einem endgültig eingegliederten Mitglied die Erlaubnis gewähren, für bis zu drei Jahre außerhalb der Gesellschaft zu leben. In diesem Fall ruhen Rechte und Pflichten des Mitglieds, die mit seiner neuen Situation nicht zu vereinbaren sind. Der Betreffende bleibt Mitglied der Gesellschaft des apostolischen Lebens und untersteht weiterhin seinen rechtmäßigen Leitern. Handelt es sich bei dem betreffenden

Mitglied um einen Kleriker, ist außerdem die Zustimmung des Ortsordinarius erforderlich, in dessen Gebiet er sich aufhalten wird und dem er ebenfalls untersteht (vgl. c. 745 CIC).

Für die Entlassung eines endgültigen eingegliederten Mitglieds gelten die cc. 694–704 CIC über die Entlassung eines Religiosen (→ S. 218) entsprechend (vgl. c. 746 CIC).

Teil C

Anhang

VI. Rechtsschutz in Verwaltungsangelegenheiten

Literatur: Velasio de Paolis: „I ricorsi amministrativi presso gli Istituti religiosi", in: *Informationes SCRIS* 18 (1992), S. 206–228; Hans Heimerl: „Der hierarchische Rekurs (can. 1732-1739 CIC)", in: *ÖAKR* 35 (1985), S. 158–177; Peter Krämer: „Rechtsschutz gegen innerkirchliche Rechtshandlungen", in: *TThZ* 110 (2001), S. 214–229; Elizabeth McDonough: „The Protection of Rights in Religious Institutes", in: *The Jurist* 46 (1986), S. 164–204; Nikolaus Schöch: „Vorstellung der lex propria, der neuen Verfahrensordnung des Höchstgerichts der Apostolischen Signatur", in: *DPM* 15/16 (2008), S. 531–553.

Das Kirchenrecht sieht die Möglichkeit des Rechtsschutzes in Verwaltungsangelegenheiten vor. Mitglieder der Institute des geweihten Lebens und der Gesellschaften des apostolischen Lebens können gegen Dekrete ihrer Oberen vorgehen, durch die sie sich beschwert fühlen. Gleiches gilt für juristische Personen: Niederlassungen, Provinzen, Instituten und Gesellschaften steht der Rechtsschutz offen gegen Dekrete übergeordneter Oberer, eines Bischofs oder eines Dikasteriums des Apostolischen Stuhls. Der hierarchische Rekurs wird auf dem Verwaltungsweg geführt. Gegen Dekrete eines Dikasteriums des Apostolischen Stuhls ist die Klage vor der Apostolischen Signatur möglich.

1. Hierarchischer Rekurs (cc. 1732–1739)

Der hierarchische Rekurs ist als Rechtsmittel gegeben gegen Verwaltungsakte für Einzelfälle, die im äußeren Bereich außergerichtlich erlassen wurden (vgl. c. 1732 CIC). Ein Verwaltungsakt für Einzelfälle kann ein Dekret, ein Verwaltungsbefehl oder ein Reskript sein. Er kann innerhalb der Grenzen seiner Zuständigkeit von demjenigen erlassen werden, der ausführende Gewalt besitzt (vgl. c. 35 CIC). In Instituten des geweihten Lebens und Gesellschaften des apostolischen Lebens umfasst dies alle Oberen, auch wenn sie keine Ordinarien sind (vgl. c. 596 § 1 CIC). Gegenstand eines hierarchischen Rekurses kann nur sein, was belegbar und nachprüfbar ist, somit nur Verwaltungsakte, die im äußeren Bereich erlassen worden sind. Da der hierarchische Rekurs eine Überprüfung des Verwaltungshandelns ist, hat er nur Verwaltungsakte für Einzelfälle zum Gegenstand, die außergerichtlich erlassen worden sind. Gegen Gerichtsurteile und gerichtliche Dekrete sind andere Rechtsmittel gegeben. Ein Dekret ist ein Verwaltungsakt, durch den eine Entscheidung oder Feststellung für einen Einzelfall getroffen wird, sei es auf Antrag oder sei es von Amts wegen (vgl. c. 48 CIC). Beispiele sind die Gewährung oder Auferlegung der Exklaustration (→ S. 209), die Nichtzulassung zur Professverlängerung oder zur Ablegung der ewigen Profess (→ S. 185) oder die Entlassung (→ S. 218). Ein Verwaltungsbefehl ist eine Sonderform eines Dekrets, mit dem einer Person unmittelbar und rechtmäßig ein Tun oder Unterlassen auferlegt, insbesondere die Befolgung eines Gesetzes eingeschärft, wird (vgl. c. 49 CIC). Ein Beispiel ist die Einschärfung der Verpflichtung zur Teilnahme an den gemeinsamen Gebetszeiten. Vor Erlass eines Dekrets soll die zuständige Autorität die notwendigen

Erkundigungen einholen und Beweismittel sammeln sowie diejenigen anhören, deren Rechte verletzt werden könnten (vgl. c. 50 CIC). Ein Dekret muss schriftlich erlassen und zumindest summarisch begründet werden (vgl. c. 51 CIC). In der Praxis ist es wichtig, daran zu denken, einem Dekret eine ausreichende und konkrete Begründung beizufügen. Fehlt eine Begründung ganz oder fällt sie zu allgemein gehalten aus, kann ein Dekret wegen Formfehlers für nichtig erklärt werden. Ein Reskript ist ein Verwaltungsakt, durch den auf Antrag hin ein Privileg, eine Dispens oder ein anderer Gnadenerweis gewährt wird (vgl. c. 59 § 1 CIC). Beispiele sind die Dispens von den Gelübden (→ S. 213) oder die Gültigmachung der Profess. Ein Rekurs gegen ein Reskript ist zwar rechtlich möglich, dürfte aber in der Praxis kaum vorkommen. Für einen Rekurs gegen ein antragsgemäß gewährtes Reskript gibt es keinen Grund, und bei Nichtgewährung ist kein Rekurs gegeben, da es sich um einen Gnadenerweis handelt, auf den kein Rechtsanspruch besteht.

Auch bei Untätigkeit der zuständigen Autorität gibt es ein Rekursrecht. Wenn ein Gesetz den Erlass eines Dekretes vorschreibt oder wenn ein Dekret rechtmäßig beantragt wird, muss die zuständige Autorität innerhalb von drei Monaten nach Erhalt des Antrags eine Entscheidung in Form es Dekrets fällen, wenn nicht eine andere Frist im Gesetz vorgeschrieben ist. Wenn nach Ablauf der vorgesehenen Frist kein Dekret ergangen ist, wird eine ablehnende Antwort vermutet, gegen die ein hierarchischer Rekurs möglich ist (vgl. c. 57 §§ 1–2 CIC).

In der Kirche sollen Rechtsstreitigkeiten möglichst vermieden werden, sodass eine einvernehmliche Lösung einem hierarchischen Rekurs vorzuziehen ist. Daher soll zunächst versucht werden, dass derjenige, der ein Dekret erlassen hat, und derjenige, der sich durch das Dekret beschwert fühlt, miteinander zu einer einvernehmlichen Lösung zu gelangen. Ist ein Einvernehmen nicht zu erlangen, sollen angesehene Persönlichkeiten als Vermittler hinzugezogen werden (vgl. c. 1733 § 1 CIC). Erst wenn ein Schlichtungsversuch gescheitert ist, soll der eigentliche hierarchische Rekurs beginnen. Diese offensichtlich an Mt 18,15–17 angelehnte Vorgehensweise zur Streitschlichtung ist eine Soll-Vorschrift.[1] Es besteht keine Verpflichtung zu einem Schlichtungsversuch. Zu beachten ist außerdem, dass die Frist zu Einlegung eines hierarchischen Rekurses trotz Schlichtungsversuch nach Bekanntgabe des Dekrets zu laufen beginnt.

Bevor Rekurs gegen ein Dekret beim hierarchischen Oberen desjenigen eingelegt werden kann, der das Dekret erlassen hat, muss innerhalb einer Nutzfrist[2] von zehn Tagen nach Bekanntgabe des Dekrets (vgl. c. 1734 § 2 CIC) bei dessen Autor zunächst die Abänderung oder Rücknahme seines Dekrets beantragt werden (vgl. c. 1734 § 1 CIC). Mit dem Antrag gilt auch die Aussetzung des Vollzugs als mit beantragt. Der Antrag auf Rücknahme oder Abänderung ist nicht zu stellen bei einem Rekurs beim Bischof gegen Dekrete ihm unterstellter Autoritäten,[3] bei einem Rekurs gegen ein Dekret, durch das eine hierarchische Beschwerde entschieden wird, sofern nicht die Entscheidung vom Bischof ergangen ist, bei Untätigkeit i. S. d. c. 57 §§ 1–2 CIC sowie bei Dekreten, mit denen nach c. 1735 CIC über einen Antrag auf Rücknahme oder Abänderung entscheiden

1 C. 1733 § 1 CIC beginnt mit den Worten „Es ist sehr zu wünschen" (*Valde optandum est*).

2 Nutzfrist (vgl. c. 201 § 2 CIC) bedeutet, dass die Frist für denjenigen nicht verstreicht, der sie nicht kennt (bspw. wegen fehlender Rechtsbehelfsbelehrung im Dekret) oder der nicht handeln kann (bspw. wegen Krankheit).

3 General- und Bischofsvikare fallen nicht unter diese Ausnahme.

wurde (vgl. c. 1734 § 3 CIC). Für Religiosen wichtig ist die Ausnahme, dass auch bei einem Rekurs gegen ein Entlassdekret (→ S. 227) ein Antrag auf Rücknahme oder Abänderung nicht zu stellen ist. Über einen Antrag auf Rücknahme oder Abänderung muss innerhalb von dreißig Tagen entscheiden werden (vgl. c. 1735). Durch ein neues Dekret wird das alte entweder bestätigt oder abgeändert oder vollständig aufgehoben. Ergeht innerhalb von dreißig Tagen keine Entscheidung, wird eine ablehnende Antwort vermutet, die Grundlage für das weitere Rekursverfahren ist (vgl. c. 57 §§ 1–2 CIC).

Gegen das Dekret, mit dem über den Antrag auf Rücknahme oder Abänderung entschieden wurde, oder bei Untätigkeit von mehr als dreißig Tagen ist innerhalb einer Nutzfrist von fünfzehn Tagen nach Bekanntgabe des Dekrets oder nach Verstreichen der Frist von dreißig Tagen der Rekurs an den hierarchischen Oberen gegeben (vgl. c. 1737 §§ 1–2 CIC). Der Rekurs kann entweder direkt an den hierarchischen Oberen gerichtet werden oder an den Autor des angefochtenen Dekrets, der den Rekurs an seinen hierarchischen Oberen weiterleiten muss. Der Rekurrent hat das Recht, sich eines Anwalts oder Bevollmächtigten zu bedienen. In Fällen, in denen ein Rechtsbeistand nötig erscheint, soll er sogar von Amts wegen bestellt werden (vgl. c. 1738 CIC). Für eine Entscheidung über den Rekurs hat der hierarchische Obere drei Monate Zeit. Er kann das angefochtene Dekret bestätigen, aufheben oder für nichtig erklären, er kann es aber auch nach eigenem Ermessen ganz oder teilweise abändern oder es ersetzen (vgl. c. 1738 CIC).

Gegen das Dekret, mit dem über einen hierarchischen Rekurs entschieden wurde, ist wiederum der Rekurs an den nächsthöheren

Oberen gegeben. Letzte Instanz ist das zuständige Dikasterium des Apostolischen Stuhls. So ist beispielsweise gegen ein Dekret des Provinzoberen, mit dem ein Religiose in eine andere Niederlassung des Instituts versetzt wird, nach vorheriger Bitte um Rücknahme an den Provinzoberen zunächst der Rekurs an den Generaloberen und danach der Rekurs an das Dikasterium für die Institute des geweihten Lebens und die Gesellschaften des apostolischen Lebens gegeben.

2. Klage vor der Apostolischen Signatur (c. 1445 § 2)

Gegen Verwaltungsakte für Einzelfälle, die vom Dikasterium für die Institute des geweihten Lebens und die Gesellschaften des apostolischen Lebens oder einem anderen Dikasterium des Apostolischen Stuhls erlassen oder gebilligt worden sind, ist als Rechtsmittel die Klage vor der Apostolischen Signatur gegeben, wenn eine Rechtsverletzung im Verfahren oder in der Sachentscheidung geltend gemacht wird (vgl. Art. 197 PE). Der Apostolischen Signatur kommt es nicht zu, darüber zu richten, ob eine Entscheidung opportun oder angemessen ist. Somit unterscheidet sich die Beschwerdebefugnis bei einer Klage vor der Apostolischen Signatur von der Beschwerdebefugnis beim hierarchischen Rekurs. Bei einer Klage vor der Apostolischen Signatur muss eine Rechtsverletzung geltend gemacht werden, beim hierarchischen Rekurs reicht es aus, dass sich der Rekurrent durch einen Verwaltungsakt beschwert fühlt. Auf Antrag entscheidet die Apostolische Signatur auch über Schadenersatz für die aus einem unrechtmäßig ergangenen Verwaltungsakt entstandenen Schäden. Die Frist zur Einreichung einer Klage beträgt sechzig Tage nach Bekanntgabe des angefochtenen Verwaltungsakts. Vor der Apostolischen Signatur gilt Anwaltszwang. Die Namen und Kontaktdaten der zugelassenen Anwälte können bei der Apostolischen Signatur erfragt werden. Nach Eingang der Klage ist vom Kläger eine Kaution von zurzeit 1.550 € zu hinterlegen. Es ist Praxis der Apostolischen Signatur, dass bei Religiosen die Verfahrenskosten zu Lasten des Instituts gehen, dem der Religiose angehört. Gleiches gilt für die Anwaltskosten. Bei Klagen von Religiosen verlangt die Apostolische Signatur vom Institut zurzeit eine Kaution in Höhe von 2.550 €, wovon 1.000 € als Kaution für die Anwaltskosten vorgesehen sind. Der Sekretär der Apostolischen Signatur nimmt bei einer Klage eine formale und inhaltliche Vorprüfung vor. Ist die Klage formal fehlerhaft (bspw. wegen versäumter Klagefrist) oder fehlt ihr inhaltlich offensichtlich jegliche Grundlage, wird sie vom Sekretär zurückgewiesen. Nach erfolgreicher Vorprüfung informiert der Sekretär das betreffende Dikasterium über die Klage und fordert dort die Akten des Falls an. Der Präfekt der Apostolischen Signatur entscheidet nach Beratung im *Congressus*, ob die Klage angenommen wird oder ob sie abzuweisen ist, weil sie inhaltlich offensichtlich unbegründet ist. Wird die Klage angenommen, entscheidet ein Kollegium von in der Regel fünf Richtern. Gegen deren Urteil ist kein Rechtsmittel gegeben.

Abkürzungsverzeichnis

AAS	Acta Apostolicae Sedis
ABlÖBK	Amtsblatt der Österreichischen Bischofskonferenz
AfkKR	Archiv für katholisches Kirchenrecht
AIC	Adnotationes in Ius Canonicum
Apoll	Apollinaris
ASS	Acta Sanctae Sedis
BzMK	Beihefte zum Münsterischen Kommentar zum Codex Iuris Canonici
CCEO	Ludger MÜLLER (Hrsg.): *Codex Canonum Ecclesiarum Orientalium. Kodex der Kanones der Orientalischen Kirchen*, Bonifatius, 2020.
CIC	Codex Iuris Canonici
CIC/1917	*Codex Iuris Canonici*, Rom: Typis Polyglottis Vaticanis, 1917.

CIC/1983	Deutsche Bischofskonferenz (Hrsg.): *Codex Iuris Canonici. Codex des kanonischen Rechtes*, Kevelaer: Butzon und Bercker, [10]2021.
CO	Kongregation für die Institute des geweihten Lebens und die Gesellschaften des apostolischen Lebens: *Instruktion „Cor Orans" zur Anwendung der Apostolischen Konstitution „Vultum Dei quaerere" über das weibliche kontemplative Leben*, hrsg. v. Sekretariat der Deutschen Bischofskonferenz (VApSt 214), Bonn 2018.
Comm	Communicationes
DPM	De processibus matrimonialibus
EHS.T	Europäische Hochschulschriften, Reihe 23: Theologie
ES	Paul VI.: *Apostolisches Schreiben „Ecclesiae Sanctae"* (Nachkonziliare Dokumentation 3), Trier: Paulinus, 1967.
EuA	Erbe und Auftrag
ExF	Ex Fonte – Journal of Ecumenical Studies in Liturgy
GuL	Geist und Leben

KRR	Kirchen- und Religionsrecht
KST	Kanonistische Studien und Texte
MKCIC	Münsterischer Kommentar zum Codex Iuris Canonici
MR	KONGREGATION FÜR DIE ORDENSLEUTE UND SÄKULARINSTITUTE/KONGREGATION FÜR DIE BISCHÖFE: *Leitlinien „Mutuae relationes" über die Beziehungen zwischen Bischöfen und Ordensleuten in der Kirche (14. Mai 1978)*, hrsg. v. SEKRETARIAT DER DEUTSCHEN BISCHOFSKONFERENZ (VApSt 8), Bonn 1978.
MThSt	Münchener theologische Studien
ÖAKR	Österreichisches Archiv für Kirchenrecht
OK	Ordenskorrespondenz
ON	Ordensnachrichten
OR	L'Osservatore Romano

PC	ZWEITES VATIKANISCHES KONZIL: „Dekret ‚Perfectae Caritatis' über die zeitgemäße Erneuerung des Ordenslebens", in: *Kleines Konzilskompendium. Sämtliche Texte des Zweiten Vatikanischen Konzils*, hrsg. v. Karl RAHNER/Herbert VORGRIMLER, Freiburg i. Br., Basel und Wien: Herder, ^{35}2008, S. 311–330.
PE	FRANZISKUS: *Apostolische Konstitution „Praedicate Evangelium" über die Römische Kurie und ihren Dienst für die Kirche in der Welt (19. März 2022)*, hrsg. v. SEKRETARIAT DER DEUTSCHEN BISCHOFSKONFERENZ (VApSt 236), Bonn 2022.
PRC	Periodica de re canonica
QDE	Quaderni di diritto ecclesiale
StudCan	Studia Canonica
TThZ	Trierer Theologische Zeitschrift
VApSt	Verlautbarungen des Apostolischen Stuhls
VC	JOHANNES PAUL II.: *Nachsynodales Apostolisches Schreiben „Vita consecrata" über das geweihte Leben und seine Sendung in Kirche und Welt*, hrsg. v. SEKRETARIAT DER DEUTSCHEN BISCHOFSKONFERENZ (VApSt 125), Bonn 1996.

ZKR Zeitschrift für Kanonisches Recht

ZSRG.K Zeitschrift der Savigny-Stiftung für Rechtsgeschichte, Kanonistische Abteilung

Die Abkürzungen der biblischen Bücher richten sich nach: KATHOLISCHE BISCHÖFE DEUTSCHLANDS/RAT DER EVANGELISCHEN KIRCHE IN DEUTSCHLAND/DEUTSCHE BIBELGESELLSCHAFT (Hrsg.): *Ökumenisches Verzeichnis der biblischen Eigennamen nach den Loccumer Richtlinien*, Stuttgart: Katholisches Bibelwerk, ^{2}1981.

Literaturverzeichnis

ALTHAUS, Rüdiger: „Zum Stammvermögen von Ordensgemeinschaften. Historische, rechtliche und praktische Anmerkungen", in: *OK* 60 (2019), S. 340–354.

ANUTH, Bernhard Sven: *Gottgeweihte Jungfrauen nach Recht und Lehre der römisch-katholischen Kirche* (BzMK 54), Essen: Ludgerus, 2009.

— „Gottgeweihte Jungfrauen in der römisch-katholischen Kirche. Kanonistische Bemerkungen zu einer spezifisch weiblichen Lebensform", in: *Ius quia iustum. Festschrift für Helmuth Pree zum 65. Geburtstag*, hrsg. v. Elmar GÜTHOFF und Stephan HAERING (KST 65), Berlin: Duncker & Humblot, 2015, S. 569–593, DOI: 10.15496/publikation-30908.

— „Ecclesiae Sponsae Imago. Kanonistische Beobachtungen zur Instruktion vom 8. Juni 2018 über den Ordo virginum", in: *Ecclesiae et scientiae fideliter inserviens. Festschrift für Rudolf Henseler CSsR zur Vollendung des 70. Lebensjahres*, hrsg. v. Matthias PULTE und Rafael M. RIEGER (Mainzer Beiträge zu Kirchen- und Religionsrecht 7), Würzburg: Echter, 2019, S. 253–269, DOI: 10.15496/publikation-84448.

AYMANS, Winfried: „Die Quellen des kanonischen Rechtes in der Kodifikation von 1917", in: *Ius Canonicum* 15 (1975), S. 79–95.

AYMANS, Winfried und Klaus MÖRSDORF (Hrsg.): *Kanonisches Recht. Lehrbuch aufgrund des Codex Iuris Canonici. Bd. 2: Verfassungs- und Vereinigungsrecht*, Paderborn: Schöningh, 13 1997.

BAMBERG, Anne: „Eremiten und geweihtes Leben. Zur kanonischen Typologie“, in: *GuL* 78 (2005), S. 313–318.

BASILIUS VON CAESAREA: *Mönchsregeln*, hrsg. v. Karl Suso FRANK, St. Ottilien: EOS, 22010.

BERZDORF, Franziskus: *Autonomie und Exemtion der kanonischen Lebensverbände* (MThSt III/49), St. Ottilien: EOS, 2015.

BEYER, Jean: „Das neue Ordensrecht. Ein schöpferischer, aufgeschlossener Entwurf“, in: *Concilium* 10 (1974), S. 507–513.

— „Ordo viduarum“, in: *PRC* 76 (1987), S. 253–269.

BISCHOFSKONFERENZEN DEUTSCHLANDS, ÖSTERREICHS UND DER SCHWEIZ SOWIE DIE (ERZ-)BISCHÖFE VON BOZEN-BRIXEN, LÜTTICH, LUXEMBURG UND STRASSBURG (Hrsg.): *Pontifikale für die katholischen Bistümer des deutschen Sprachgebietes. Bd. 2: Die Weihe des Abtes und der Äbtissin. Die Jungfrauenweihe*, Freiburg i. Br., Basel und Wien: Herder, 21994.

CIARDI, Fabio: „Il carisma del fondatore“, in: *Annales theologici* 30 (2016), S. 141–158.

Codex Iuris Canonici, Rom: Typis Polyglottis Vaticanis, 1917.

CONGREGAZIONE PER GLI ISTITUTI DI VITA CONSACRATA E LE SOCIETÀ DI VITA APOSTOLICA: *Il dono della fedeltà. La gioia della perseveranza*, Rom: Libreria Editrice Vaticana, 2020.

D’SOUZA, Victor George: „Admission of Married Catholics into Religious Institutes“, in: *Studies in Church Law* 6 (2010), S. 403–413.

DAMMERTZ, Viktor: „Die Exemtion der Ordensverbände im neuen Kirchenrecht“, in: *OK* 23 (1982), S. 153–158.

— „Die gebührende Autonomie der diözesanrechtlichen Ordensverbände und der eigenberechtigten Klöster“, in: *OK* 30 (1989), S. 19–33.

DAVID, Suzanne: „L'évêque et les congrégations du droit diocésain“, in: *Les cahiers du droit ecclésial* 1 (1984), S. 9–22.

DE BOCCARD, Nicolas: *Charisme et instituts de vie consacré. Les canons 578 et 587 du code de droit canonique de 1983* (Romanité et modernité du droit 22), Paris: DeBoccard, 2015.

DE PAOLIS, Velasio: „An possit superior religiosus suffragium ferre cum suo consilio, vel suo voto dirimere paritatem sui consilii“, in: *PRC* 76 (1987), S. 413–446.

— „I ricorsi amministrativi presso gli Istituti religiosi“, in: *Informationes SCRIS* 18 (1992), S. 206–228.

— „Neue Formen des geweihten und des monastischen Lebens“, in: *OK* 47 (2006), S. 20–37.

— „Nuevas reflexiones sobre el consejo de los superios“, in: *Ius Communionis* 4 (2016), S. 49–70.

DEMURGER, Alain: *Die Ritter des Herrn. Geschichte der geistlichen Ritterorden*, München: Beck, 2003.

DEUTSCHE BISCHOFSKONFERENZ (Hrsg.): *Codex Iuris Canonici. Codex des kanonischen Rechtes*, Kevelaer: Butzon und Bercker, [10]2021.

EBERL, Immo: *Die Zisterzienser. Geschichte eines europäischen Ordens*, Stuttgart: Thorbecke, 2002.

ESCHLBÖCK, Laurentius: „Eine neuerliche Änderung im Ordensrecht. Das Motu Proprio ‚Authenticum Charismatis'", in: *EuA* 97 (2021), S. 104–107.

— „Trennung von der Ordensgemeinschaft. Neue römische Leitlinien", in: *EuA* 97 (2021), S. 343–355.

— „Ein Laie als Abt?", in: *EuA* 98 (2022), S. 346–347.

— „‚Ponam in deserto viam' (Jes 43,19). Das eremitische Leben in der Teilkirche", in: *EuA* 98 (2022), S. 343–345.

ETZI, Priamo: „La dispensa dal *vetitum* del canone 643 § 1 2° sulla scorta dell'attuale comprensione del rapporto matrimonio – vita consacrata", in: *El matrimonio y su expresión canónica ante el III milenio: X Congreso Internacional de Derecho Canónico*, hrsg. v. Pedro-Juan VILADRICH, Pamplona: EUNSA, 2000, S. 93–102.

FAHRNBERGER, Gerhard: „Die Säkularinstitute im neuen Kirchenrecht", in: *ÖAKR* 38 (1989), S. 85–105.

FLECKENSTEIN, Gisela: *Die Franziskaner* (Urban Kohlhammer Taschenbücher: Geschichte der christlichen Orden), Stuttgart: Kohlhammer, 2023.

FLECKENSTEIN, Josef: „Die Rechtfertigung der geistlichen Ritterorden nach der Schrift ‚De laude novae militiae' Bernhards von Clairvaux", in: *Die geistlichen Ritterorden Europas*, hrsg. v. Josef FLECKENSTEIN und Manfred HELLMANN (Vorträge und Forschungen des Konstanzer Arbeitskreises für Mittelalterliche Geschichte 26), Sigmaringen: Thorbecke, 1980, S. 9–22.

FRANCESCO: „Rescritto circa la deroga al can. 588 § 2 CIC (18 maggio 2022)", in: *OR* 162.113 (18. 05. 2022), S. 6.

— „Lettera Apostolica ‚Expedit ut iura' con la quale vengono modificati i termini di ricorso del membro dimesso da un Istituto di Vita Consacrata", in: *OR* 163.78 (03. 04. 2023), S. 10.

Franciscus: „Littera apostolica ‚Recognitum Librum VI' quibus can. 695 § 1 Codicis Iuris Canonici immutatur (26 aprilis 2022)", in: *OR* 162.94 (26. 04. 2022), S. 7.

Frank, Karl Suso (Hrsg.): *Die Magisterregel*, St. Ottilien: EOS, 1989.

— *Geschichte des christlichen Mönchtums*, Darmstadt: WBG, [6]2010.

Franziskus: „Apostolisches Schreiben ‚Communis Vita' mit dem einige Normen des Codex des kanonischen Rechtes geändert werden (19. März 2019)", in: *AfkKR* 187 (2020), S. 168–169, DOI: 10.30965/2589045X-1870111.

— „Apostolisches Schreiben ‚Authenticum Charismatis', mit dem c. 579 des Codex Iuris Canonici abgeändert wird (1. November 2020)", in: *AfkKR* 188 (2021), S. 614–615, DOI: 10.30965/2589045x-18802009.

— *Apostolische Konstitution „Praedicate Evangelium" über die Römische Kurie und ihren Dienst für die Kirche in der Welt (19. März 2022)*, hrsg. v. Sekretariat der Deutschen Bischofskonferenz (VApSt 236), Bonn 2022.

— „Apostolisches Schreiben ‚Competentias Quasdam' mit dem mehrere Bestimmungen des Codex des kanonischen Rechts und des Codex der Canones der orientalischen Kirchen abgeändert werden (11. Februar 2022)", in: *ABlÖBK* 87 (05. 05. 2022), S. 10–14.

GERHARTZ, Johannes Günter: *„Insuper promitto ...". Die feierlichen Sondergelübde katholischer Orden* (Series Facultatis Iuris Canonici / B 19), Rom: Editrice Pontificia Università Gregoriana, 1966.

GONÇALVES, Bruno: „For interne et autorité", in: *Autorité et gouvernement dans la vie consacrée*, hrsg. v. Loïc-Marie Le BOT, Toulouse: Les Presses universitaires de l'Institut Catholique, 2016, S. 95–121.

GRUNDMANN, Herbert: „Die Bulle ‚Quo elongati' Papst Gregors IX." In: *Archivum Franciscanum Historicum* 54 (1961), S. 3–25.

HAERING, Stephan: „‚De religiosis ad episcopatum evectis'. Der Ordensbischof im Spiegel der kanonischen Rechtsordnung", in: *In unum congregati. Festgabe für Augustinus Kardinal Mayer OSB zur Vollendung des 80. Lebensjahres*, hrsg. v. DEMS., Metten: Abtei-Verlag, 1991, S. 435–457.

— „Tendenzen und Desiderate im Ordensrecht zwei Jahrzehnte nach der Promulgation des Codex Iuris Canonici", in: *Antonianum* 79 (2004), S. 657–679.

— „Die Konferenzen der höheren Ordensoberen. Vom Zweiten Vatikanischen Konzil (Perfectae caritatis 23) zum revidierten Codex Iuris Canonici (cc. 708 und 709)", in: *Rezeption des zweiten Vatikanischen Konzils in Theologie und Kirchenrecht heute. Festschrift für Klaus Lüdicke zur Vollendung seines 65. Lebensjahres*, hrsg. v. Dominicus M. MEIER und Peter PLATEN (BzMK 55), Essen: Ludgerus, 2008, S. 211–236.

— „Rechtliche Leitungskonzepte in Ordensgemeinschaften", in: *Leitung, Vollmacht, Ämter und Dienste. Zwischen römischer Reform und teilkirchlichen Initiativen*, hrsg. v. Matthias PULTE und Thomas MECKEL (KRR 33), Münster: Aschendorff, 2021, S. 205–220.

— „Vom Stand der Vollkommenheit zum gottgeweihten Leben. Zur Konzeption des Ordensrechts in den beiden Gesetzbüchern der lateinischen Kirche“, in: *Der Codex Iuris Canonici im Wandel. Entwicklungslinien vom CIC/1917 bis heute*, hrsg. v. Barbara KRÄMER und Philipp THULL, Würzburg: Echter, 2021, S. 69–83.

HAERING, Stephan, Wilhelm REES und Heribert SCHMITZ (Hrsg.): *Handbuch des katholischen Kirchenrechts*, Regensburg: Pustet, [3]2015.

HANSTEIN, Honorius: *Ordensrecht. Ein Grundriß für Studierende, Seelsorger, Klosterleitungen und Juristen*, Paderborn: Schöningh, 1958.

HARDICK, Lothar und Engelbert GRAU (Hrsg.): *Die Schriften des Heiligen Franziskus von Assisi*, Kevelaer: Butzon und Bercker, 2001.

HARTELT, Konrad: „Die freie Aufnahme eines Weltpriesters in ein Ordensinstitut“, in: *OK* 31 (1990), S. 179–189.

HARTMANN, Peter C.: *Die Jesuiten* (Beck’sche Reihe 2171), München: Beck, [2]2008.

HEIMERL, Hans: „Der hierarchische Rekurs (can. 1732-1739 CIC)“, in: *ÖAKR* 35 (1985), S. 158–177.

HENSELER, Rudolf: „Zur Geschichte des nachkonziliaren Ordensrechts. Übersicht, Tendenzen und Entwicklungen“, in: *OK* 21 (1980), S. 257–310.

— „Das Verhältnis des Diözesanbischofs zu den klösterlichen Verbänden unter besonderer Berücksichtigung des Exemtionsbegriffes und der Einordnung des Apostolates in die Gesamtpastoral des Bistums", in: *OK* 25 (1984), S. 276–297.

— „Vom institutum iuris diocesani zum institutum iuris pontificii. Die zwölf Erfordernisse", in: *Veritas vos liberabit. Festschrift zum 65. Geburtstag von Günter Assenmacher*, hrsg. v. Matthias PULTE, Paderborn: Schöningh, 2017, S. 481–490.

— „Can. 591", in: *MKCIC*.

— „Can. 633", in: *MKCIC*.

HINNEBUSCH, William A.: *Kleine Geschichte des Dominikanerordens* (Dominikanische Quellen und Zeugnisse 4), Leipzig: Benno, 2007.

JOHANNES CASSIAN: *Von den Einrichtungen der Klöster. De institutis coenobiorum*, hrsg. v. Antonius ABT (Bibliothek der Kirchenväter I/59), Kempten: Kösel, 1879.

— *Unterredungen mit den Vätern. Collationes patrum. 3 Bde.* Hrsg. v. Gabriele ZIEGLER, Münsterschwarzach: Vier Türme, 2011.

JOHANNES PAUL II.: *Nachsynodales Apostolisches Schreiben „Vita consecrata" über das geweihte Leben und seine Sendung in Kirche und Welt*, hrsg. v. SEKRETARIAT DER DEUTSCHEN BISCHOFSKONFERENZ (VApSt 125), Bonn 1996.

KATHOLISCHE BISCHÖFE DEUTSCHLANDS, RAT DER EVANGELISCHEN KIRCHE IN DEUTSCHLAND und DEUTSCHE BIBELGESELLSCHAFT (Hrsg.): *Ökumenisches Verzeichnis der biblischen Eigennamen nach den Loccumer Richtlinien*, Stuttgart: Katholisches Bibelwerk, ^{2}1981.

KIRCHINGER, Johann: *Katholische Frauenkongregationen der Moderne* (Urban Kohlhammer Taschenbücher: Geschichte der christlichen Orden), Stuttgart: Kohlhammer, 2022.

KIRCHMAIR, Rainer, Martin van OERS und Peter KRAUSE: *Die vatikanischen Vorgaben zur Vermögensverwaltung der katholischen Orden in der Praxis. Erläuterungen zur Umsetzung der Richtlinien für die Verwaltung der kirchlichen Güter der Institute des geweihten Lebens und der Gesellschaften apostolischen Lebens in Österreich und Deutschland*, Wien: Facultas, 2017.

KNOWLES, David: *Geschichte des christlichen Mönchtums. Benediktiner, Zisterzienser, Kartäuser*, München: Kindler, 1969.

KONGREGATION FÜR DIE GLAUBENSLEHRE: *Instruktion über einige Aspekte des Gebrauchs der sozialen Kommunikationsmittel*, hrsg. v. SEKRETARIAT DER DEUTSCHEN BISCHOFSKONFERENZ (VApSt 106), Bonn 1992.

— *Lehramtliche Stellungnahmen zur Professio*, hrsg. v. SEKRETARIAT DER DEUTSCHEN BISCHOFSKONFERENZ (VApSt 144), Bonn 1998.

KONGREGATION FÜR DIE INSTITUTE DES GEWEIHTEN LEBENS UND DIE GESELLSCHAFTEN DES APOSTOLISCHEN LEBENS: *Richtlinien für die Ausbildung in den Ordensinstituten*, hrsg. v. SEKRETARIAT DER DEUTSCHEN BISCHOFSKONFERENZ (Verlautbarungen des Apostolischen Stuhls 97), Bonn 1990.

— *Das brüderliche Leben in Gemeinschaft. „Congregavit nos in unum Christi amor"*, hrsg. v. SEKRETARIAT DER DEUTSCHEN BISCHOFSKONFERENZ (VApSt 116), Bonn 1994.

— „Richtlinien über die Zusammenarbeit der Ordensinstitute in der Ausbildung (8. Dezember 1998)“, in: *ON* 38.2 (1999), S. 43–62.
— *Der Dienst der Autorität und der Gehorsam*, hrsg. v. SEKRETARIAT DER DEUTSCHEN BISCHOFSKONFERENZ (VApSt 181), Bonn 2008.
— *Richtlinien für die Verwaltung der kirchlichen Güter der Institute des geweihten Lebens und der Gesellschaften apostolischen Lebens*, hrsg. v. SEKRETARIAT DER DEUTSCHEN BISCHOFSKONFERENZ (VApSt 198), Bonn 2014.
— „Identität und Sendung des Ordensbruders in der Kirche“, in: *OK* 58 (2017), S. 412–444.
— *Instruktion „Cor Orans“ zur Anwendung der Apostolischen Konstitution „Vultum Dei quaerere“ über das weibliche kontemplative Leben*, hrsg. v. SEKRETARIAT DER DEUTSCHEN BISCHOFSKONFERENZ (VApSt 214), Bonn 2018.
— *Instruktion „Ecclesiae Sponsae Imago“ für den „Ordo virginum“*, hrsg. v. SEKRETARIAT DER DEUTSCHEN BISCHOFSKONFERENZ (VApSt 216), Bonn 2018.
— *Ökonomie im Dienst des Charismas und der Mission*, OK-Sonderheft, 2018.
— *Die Form des eremitischen Lebens in der Teilkirche*, hrsg. v. SEKRETARIAT DER DEUTSCHEN BISCHOFSKONFERENZ (VApSt 233), Bonn 2021.

KONGREGATION FÜR DIE ORDENSLEUTE UND SÄKULARINSTITUTE: „Wesentliche Elemente der Lehre der Kirche über das Ordensleben im Hinblick auf die apostolisch tätigen Institute“, in: *OK* 25 (1984), S. 143–169.

KONGREGATION FÜR DIE ORDENSLEUTE UND SÄKULARINSTITUTE und KONGREGATION FÜR DIE BISCHÖFE: *Leitlinien „Mutuae relationes" über die Beziehungen zwischen Bischöfen und Ordensleuten in der Kirche (14. Mai 1978)*, hrsg. v. SEKRETARIAT DER DEUTSCHEN BISCHOFSKONFERENZ (VApSt 8), Bonn 1978.

KÖNIGSMANN, Josef: „Der Obere und sein Rat im Licht des Kanon 127 CIC 1983", in: *OK* 29 (1988), S. 443–445.

KOTTMANN, Klaus: „Die Ehe als Zulassungshindernis zum Noviziat nach c. 643 § 1 n. 2 CIC. Kanonistische Anmerkungen zur Frage der Dispenszuständigkeit des Ortsordinarius", in: *Aktuelle Beiträge zum Kirchenrecht. Festgabe für Heinrich J. F. Reinhardt zum 60. Geburtstag*, hrsg. v. Rüdiger ALTHAUS (AIC 24), Wien: Frankfurt a. M. und Berlin, 2002, S. 163–176.

KRÄMER, Peter: „Rechtsschutz gegen innerkirchliche Rechtshandlungen", in: *TThZ* 110 (2001), S. 214–229.

KRAUSE, Peter: „Verwaltung von Ordensvermögen – zwischen Institutscharisma und modernen Werkzeugen zur Kontrolle und Steuerung. Anmerkungen zu den Richtlinien für die Verwaltung der kirchlichen Güter der Institute des geweihten Lebens und der Gesellschaften des Apostolischen Lebens", in: *OK* 58 (2017), S. 220–228.

KREMSMAIR, Josef: „Garantiert die Autonomie im CIC/1983 die Eigenart der Ordensinstitute?", in: *ÖAKR* 38 (1989), S. 73–84.

KRUTZLER, Martin: „Das Motu proprio ‚Communis vita'. Die Entlassung eines Religiosen wegen unrechtmäßiger Abwesenheit", in: *Iuris sacri pervestigatio. Festschrift Johann Hirnsperger*, hrsg. v. Wilhelm REES und Stephan HAERING (KST 72), Berlin: Duncker & Humblot, 2020, S. 233–257.

LASSUS, Dysmas de: *Verheissung und Verrat. Geistlicher Missbrauch in Orden und Gemeinschaften der katholischen Kirche*, Münster: Aschendorff, 2022.

LEINSLE, Ulrich G.: *Die Prämonstratenser* (Urban Kohlhammer Taschenbücher: Geschichte der christlichen Orden), Stuttgart: Kohlhammer, 2020.

LOCKHART, Robin Bruce: *Botschaft des Schweigens. Das verborgene Leben der Kartäuser*, Würzburg: Echter, ^{2}1992.

MCDERMOTT, Rose: „Governance in Religious Institutes. Structures of Participation and Representation (Canons 631–633)“, in: *The Jurist* 69 (2009), S. 442–471.

MCDONOUGH, Elizabeth: „The Protection of Rights in Religious Institutes“, in: *The Jurist* 46 (1986), S. 164–204.

MEIER, Dominicus M.: *Die Rechtswirkungen der klösterlichen Profess. Eine rechtsgeschichtliche Untersuchung der monastischen Profeß und ihrer Rechtswirkungen unter Berücksichtigung des Staatskirchenrechts* (EHS.T 486), Frankfurt: Lang, 1993.

— „Zulassungskriterien für einen Ordenseintritt“, in: *EuA* 83 (2007), S. 203–205.

— „Nicht gegeneinander, sondern miteinander! Die ‚Paderborner Ordenskonferenz‘ als Chance eines neuen Miteinanders in der Erzdiözese Paderborn“, in: *Saluti hominum providendo. Festschrift für Offizial und Domprobst Dr. Wilhelm Hentze*, hrsg. v. Rüdiger ALTHAUS (BzMK 51), Essen: Ludgerus, 2008, S. 229–246.

— „Ordentliche und außerordentliche Vermögensverwaltung“, in: *EuA* 84 (2008), S. 311–313.

— „Entschiedenheit leben. Die Klausurformen nach c. 667 CIC", in: *EuA* 85 (2009), S. 434–438.

— „Der periodische Bericht der Institutsleiter an den Hl. Stuhl", in: *EuA* 86 (2010), S. 338–341.

— „Der Stand der Jungfrauen in c. 604 CIC. Eine Sonderform des geweihten Lebens", in: *EuA* 86 (2010), S. 72–77.

— „Eremitisches Leben gemäß c. 603 CIC", in: *EuA* 86 (2010), S. 201–205.

— „‚… secundum ius proprium'. Zum Eigenrecht der Institute des geweihten Lebens", in: *EuA* 89 (2013), S. 92–98.

— „Zwischen Koordination und Krisenmanagement. Die Funktion der Föderationspräsidentin im Lichte der Instruktion Cor orans", in: *Ecclesiae et scientiae fideliter inserviens. Festschrift für Rudolf Henseler CSsR zur Vollendung des 70. Lebensjahres*, hrsg. v. Matthias PULTE und Rafael M. RIEGER (Mainzer Beiträge zu Kirchen- und Religionsrecht 7), Würzburg: Echter, 2019, S. 437–457.

MEIER, Dominicus M., Josef KANDLER und Elisabeth KANDLER-MAYR (Hrsg.): *100 Begriffe aus dem Ordensrecht*, St. Ottilien: EOS, 2015.

MEURES, Franz: „Gemeinsame Suche nach der besten Lösung. Synodalität aus Sicht der Orden", in: *Herder-Korrespondenz* 76.8 (2022), S. 29–32.

MICHL, Andrea: „‚In saeculo et ex saeculo'. Characteristics of the Secular Institutes", in: *Warszawskie Studia Teologiczne* 34 (2021), S. 196–211, DOI: 10.30439/WST.2021.2.11.

MITTERER, Franzsika: *Ordens-Gehorsam im Kontext von Menschenwürde und Menschenrechten. Ein kirchenrechtlicher Beitrag* (Religionsrecht im Dialog 29), Münster: LIT, 2021.

MONTINI, Gianpaolo: „Costituzioni giuridiche o spirituali?“, in: *L'Ancella della Carità* 85 (2007), S. 105–112.

MÜLLER, Ludger (Hrsg.): *Codex Canonum Ecclesiarum Orientalium. Kodex der Kanones der Orientalischen Kirchen*, Bonifatius, 2020.

OHLY, Christoph: „Die Lebensführung im Säkularinstitut gemäß c. 714 CIC. Möglichkeiten und Entwicklungen“, in: *Recht – Bürge der Freiheit. Festschrift für Johannes Mühlsteiger SJ zum 80. Geburtstag*, hrsg. v. Konrad BREITSCHING und Wilhelm REES (KST 51), Berlin: Duncker & Humblot, 2006, S. 759–785.

ÖSTERREICHISCHE BISCHOFSKONFERENZ: „Empfehlungen der Österreichischen Bischofskonferenz für die Spendung der Jungfrauenweihe gemäß can. 604 CIC“, in: *ABlÖBK* 39 (01. 05. 2005), S. 19–25.

PACHOMIUS: *Klosterregeln*, hrsg. v. Heinrich BACHT, St. Ottilien: EOS, [2]2010.

PAUL VI.: *Apostolisches Schreiben „Ecclesiae Sanctae“* (Nachkonziliare Dokumentation 3), Trier: Paulinus, 1967.

— „Apostolisches Schreiben ‚Ministeria quaedam'“, in: *Kleriker und Weiherecht. Sammlung kirchenrechtlicher Erlasse*, hrsg. v. SEKRETARIAT DER DEUTSCHEN BISCHOFSKONFERENZ (Nachkonziliare Dokumentation 38), Trier: Paulinus, [2]1977, S. 24–41.

PERLASCA, Alberto: „L'interpretazione autentica delle leggi ecclesiali: Il superiore e il suo consiglio (can. 127 § 1)“, in: *QDE* 23 (2010), S. 311–323.

PERRIN, Joseph-Marie: *Geist und Aufgabe der Säkularinstitute*, Grünewald, Mainz 1960.

PFAB, Joseph: „Neue Formen des geweihten Lebens“, in: *In unum congregati. Festgabe für Augustinus Kardinal Mayer OSB zur Vollendung des 80. Lebensjahres*, hrsg. v. Stephan HAERING, Metten: Abtei-Verlag, 1991, S. 465–479.

POLLAK, Gertrud: *Der Aufbruch der Säkularinstitute und ihr theologischer Ort. Historisch-systematische Studien*, Vallendar: Patris, 1986.

PREE, Helmuth: „Aktuelle Fragen zur Ordensautonomie“, in: *OK* 45 (2004), S. 153–170.

— „Eremitinnen und Eremiten im CIC/1983“, in: *AfkKR* 179 (2010), S. 353–379, DOI: 10.30965/2589045X-17902002.

PREE, Helmuth und Noach HECKEL: *Das kirchliche Vermögen, seine Verwaltung und Vertretung. Handreichung für die Praxis*, Wien: Verlag Österreich, ^{3}2021.

PRIMETSHOFER, Bruno: „Instituta nec clericalia nec laicalia. Möglichkeiten und Konsequenzen“, in: *OK* 30 (1989), S. 34–48.

— „Der Ortsbischof und die Ordensverbände“, in: *Fides et ius. Festschrift für Georg May zum 65. Geburtstag*, hrsg. v. Winfried AYMANS, Regensburg: Pustet, 1991, S. 149–162.

— „Neue Rechtsentwicklungen im Bereich der gemischten Institute des geweihten Lebens“, in: *Recht – Bürge der Freiheit. Festschrift für Johannes Mühlsteiger SJ zum 80. Geburtstag*, hrsg. v. Konrad BREITSCHING und Wilhelm REES (KST 51), Berlin: Duncker & Humblot, 2006, S. 729–748.

RAVA, Alfredo: „L'ammissione di separati e di divorziati negli istituti religiosi", in: *QDE* 18 (2005), S. 202–212.

REDTENBACHER, Andreas: *Zukunft aus dem Erbe. Charisma und Spiritualität der Augustiner-Chorherren*, Wien: Tyrolia, 2007.

RENEDO, José Luis Sánchez-Girón: „La cuenta de conciencia al superior. Relación entre carisma y derecho", in: *PRC* 102 (2013), S. 211–240.447–482.

RIEGER, Rafael M.: „Der Umgang mit ‚biografischen Brüchen' aus kirchenrechtlicher Sicht", in: *Wissenschaft und Weisheit* 71 (2008), S. 228–244.

ROCCA, Giancarlo: „Il Carisma del Fondatore", in: *Claretianum* 34 (1994), S. 31–105.

SALZBURGER ÄBTEKONFERENZ (Hrsg.): *Die Benediktusregel. Regula Benedicti*, St. Ottilien: EOS, [4]2006.

SARNOWSKY, Jürgen: *Der Deutsche Orden* (Beck'sche Reihe 2428), München: Beck, 2007.

— *Die geistlichen Ritterorden. Anfänge – Strukturen – Wirkungen* (Urban Kohlhammer Taschenbücher: Geschichte der christlichen Orden), Stuttgart: Kohlhammer, 2018.

SCHMIEDL, Joachim: *Das Konzil und die Orden. Krise und Erneuerung des gottgeweihten Lebens*, Valendar: Patris, 1999.

SCHMITZ, Heribert: „Apostolat der Ordensinstitute unter der Autorität des Diözesanbischofs. Zur Spannung zwischen c. 678 § 1 und c. 683 § 1 CIC", in: *AfkKR* 169 (2000), S. 35–83, DOI: 10.30965/2589045X-16901004.

SCHMITZ, Philibert: *Geschichte des Benediktinerordens. 4 Bde.* Zürich: Benziger, 1947.

SCHÖCH, Nikolaus: „Vorstellung der lex propria, der neuen Verfahrensordnung des Höchstgerichts der Apostolischen Signatur", in: *DPM* 15/16 (2008), S. 531–553.

SCHWEIZER, Erich (Hrsg.): *Apophthegmata Patrum. Das Alphabetikon. Die alphabetischanonyme Reihe* (Weisungen der Väter 14), Beuron: Beuroner Kunstverlag, 2012.

SCHWETZ, Florian: *Der souveräne Malteser-Ritter-Orden. Eine kirchen- und staatsrechtliche Betrachtung*, Wien: Sramek, 2019.

SEKRETARIAT DER DEUTSCHEN BISCHOFSKONFERENZ (Hrsg.): *Die Säkularinstitute* (VApSt 73), Bonn 1983.

— (Hrsg.): *Eremitisches Leben im deutschsprachigen Raum. Bestandsaufnahme und Perspektiven* (Arbeitshilfen 313), Bonn 2020.

SEKRETARIAT DER SCHWEIZER BISCHOFSKONFERENZ: *Empfehlungen der Schweizer Bischofskonferenz für die Spendung der Jungfrauenweihe gemäß can. 604*, Freiburg 2006.

SEMMLER, Josef: „Die Beschlüsse des Aachener Konzils im Jahre 816", in: *Zeitschrift für Kirchengeschichte* 74 (1963), S. 15–82.

SOCHA, Hubert: „Die Gesellschaften des apostolischen Lebens im neuen Kirchenrecht", in: *AfkKR* 152 (1983), S. 76–106.

— „Die grundlegende Natur und die Charakteristika einer Gesellschaft des apostolischen Lebens", in: *AfkKR* 165 (1996), S. 373–413.

SONDERMANN, M. Antonia: *Praedicatio silentiosa et ecclesia minor. Eremitisches Leben nach dem geltenden Recht der katholischen Kirche* (BzMK 68), Essen: Ludgerus, 2014.

STAMM, Heinz-Meinolf: „Auf dem Wege zu einem neuen Verständnis der Exemtion“, in: *Apollinaris* 55 (1982), S. 569–589.

STÄNDIGER RAT DER DEUTSCHEN BISCHOFSKONFERENZ: „Empfehlungen für die Spendung der Jungfrauenweihe gemäß can. 604 CIC (25.01.2016)“, in: *Kirchliches Amtsblatt für die Diözese Rottenburg-Stuttgart* 60 (2016), S. 150–152.

STUTZ, Ulrich: „Der Codex Iuris Canonici und die kirchliche Rechtsgeschichte“, in: *ZSRG.K* 7 (1917), S. 5–20.

SUGAWARA, Yuji: „Concetto teologico e giuridico del ‚carisma di fondazione‘ degli istituti di vita consacrata“, in: *PRC* 91 (2002), S. 239–271.

— „Ruolo delle Costituzioni negli Istituti di vita consacrata“, in: *PRC* 98 (2009), S. 663–691.

TIBI, Daniel (Hrsg.): *Kleine ägyptische Mönchsregeln: Regel des Antonius, Regel des Isaias*, St. Ottilien: EOS, 2011.

— „Die Trennung der Religiosen vom Institut. Ein kanonistischer Überblick unter besonderer Berücksichtigung der Leitlinien ‚Il dono della fedeltà‘ und der jüngsten Änderungen des Kirchenrechts“, in: *ZKR* 1 (2022), DOI: 10.17879/zkr-2022-4619.

— „L’adeguata armonizzazione degli elementi spirituali e giuridici nelle costituzioni (can. 587 § 3)“, in: *QDE* 35 (2022), S. 82–90.

— „Warum Kartäuserinnen Stola tragen. Zur Übergabe der Stola an Kartäusernonnen bei der Jungfrauenweihe nach der ‚Pratique de la bénédiction et consécration des Vierges‘ von 1699 und dem ‚Rituel Cartusien de Consecration des Vierges‘ von 1986“, in: *ExF* 1 (2022), S. 169–190, DOI: 10.25365/exf-2022-1-6.

— „Eine Ehe von Geist und Gesetz. Spirituelle und juristische Elemente in Konstitutionen“, in: *EuA* 99 (2023), S. 184–195.

— „Längere Rekursfrist im Entlassverfahren", in: *EuA* 99 (2023), S. 344–345.

WALSH, Maurice B.: „The Authority to ‚Dispense' from Vow or Solemn Pledge", in: *The Jurist* 59 (1999), S. 263–269.

WERNER, Philipp: *Klostermanagement im Team. Praktische Fallstudie über die Einrichtung eines Wirtschaftsrates in einer Benediktinerabtei, seine rechtliche Gestaltung und praktische Arbeit* (Kanonistische Reihe 34), St. Ottilien: EOS, 2022.

WIJLENS, Myriam: „Fides Quaerens Actionem. Eine Analyse der Theorie Ladislas Örsy's", in: *ÖAKR* 40 (1991), S. 367–386.

— „The Church Knowing and Acting. The Relationship between Theology and Canon Law", in: *Louvain Studies* 20 (1995), S. 21–40.

— „Auflösung von Religioseninstituten. Die vermögensrechtlichen Aspekte aus kirchenrechtlicher Sicht", in: *OK* 46 (2005), S. 196–214.

WÜRGES, Stefan: *Die „Institute des geweihten Lebens" und die „Institute des apostolischen Lebens" im CIC/1983. Eine kirchenrechtliche Untersuchung hinsichtlich der Systematik*, Hamburg: Disserta, 2013.

ZUBERT, Bronislaw W.: „Das Apostolat der Ordensleute und seine Einordnung in die Gesamtpastoral der Ortskirche", in: *OK* 30 (1989), S. 310–321.

ZWEITES VATIKANISCHES KONZIL: „Dekret ‚Perfectae Caritatis' über die zeitgemäße Erneuerung des Ordenslebens", in: *Kleines Konzilskompendium. Sämtliche Texte des Zweiten Vatikanischen Konzils*, hrsg. v. Karl RAHNER und Herbert VORGRIMLER, Freiburg i. Br., Basel und Wien: Herder, [35]2008, S. 311–330.

Stichwortverzeichnis

B

C

L

M

N

O

P

Q

R

S

T